U0057913

健康生活

─健康教學的內涵─

鄭雪霏●劉俊昌　編著
黃雅文●黃奕清

編 著 者 簡 介

鄭雪霏

（召集人，第二、四、五、七章）

國立台灣師範大學衛生教育系畢業

美國阿拉巴馬州立大學衛生教育碩士

美國加州大學洛杉磯分校公共衛生研究所
研究

國立台北師範學院初等教育系退休教授

黃雅文

（第一、三、六章）

國立台灣師範大學衛生教育系畢業

日本國立東京大學醫學院公共衛生保健學碩士

日本國立東京大學醫學院公共衛生保健學博士

國立台北師範學院初等教育系教授

劉俊昌

（第八、十章）

國立台灣師範大學衛生教育系畢業

美國密西根大學碩士

美國佛羅里達大學博士

美國明尼蘇達大學公共衛生學院研究

國立台中師範學院環境教育研究所副教授

兼實習輔導處處長

黃奕清

（第九、十一章）

國立台灣師範大學衛生教育系畢業

國立台灣師範大學衛生教育研究所碩士

美國德州大學奧斯汀分校衛生教育博士

現任教於國立台北護理學院運動保健系

編著者序

　　健康是我們應享有的權利，每個人都須要擁有健康的身心，才能夠生存、生活、工作及享受人生。國家必須提供完善的健康保險制度，以維護國民的健康；人們對健康資訊有知的義務，以便獲得最新正確的健康知識及技能，實踐健康生活以促進健康。

　　民國八十四年起師範院校及各大學為因應師資培育多元化的教育改革政策，在課程方面加強了有關健康領域的課程及內容。雖然有關健康領域的書籍甚多，但多屬醫學、公共衛生及心理衛生範圍者居多。筆者均為服務於國立師範學院，教授健康領域課程的教師，深感針對師範院校及各大學有志從事教育工作者，有關師資養成教育中健康內涵的書籍有限。筆者謹以多年來教學經驗及了解學生的需要及興趣，利用授課及研究之餘蒐集有關資料，並加以整理安排，編輯成書，以供各師範院校及大學修習健康課程者之需要。

　　本書內容架構是參考國內新課程及國外如美國、日本、新加坡、香港等地健康教學的內涵為架構。經過一年餘的聯絡與規畫，幾經研考終於成書。其內容涵蓋：緒論、個人衛生、心理健康與情緒管理、食物與營養、家庭生活與性教育、安全與急救、疾病的預防、藥物的使用與濫用、消費者健康、環境衛生與環境保育，以及學校衛生共十一章。若有疏漏及錯誤之處，尚請先進

不吝指正，容後再版修正。

　　感謝心理出版社許麗玉總經理及郭暖卿主任的支持與鼓勵，使筆者們能盡心盡力完成此書。並向行政院衛生署、環保署，台灣電力公司，台大醫院、榮民總醫院、台北市家庭計畫中心等單位致謝，其提供有關的資料及圖表得以充實本書之內容。多謝朱祖明先生與吳芳鶯女士繪製單元插圖，使本書生動活潑。更感激筆者的家屬們不斷的支持與鼓勵，才有今天「健康生活」一書出版問世。

鄭雪霏

劉俊昌

黃雅文

黃奕清

謹識

民國八十五年六月

目錄

1

緒　論

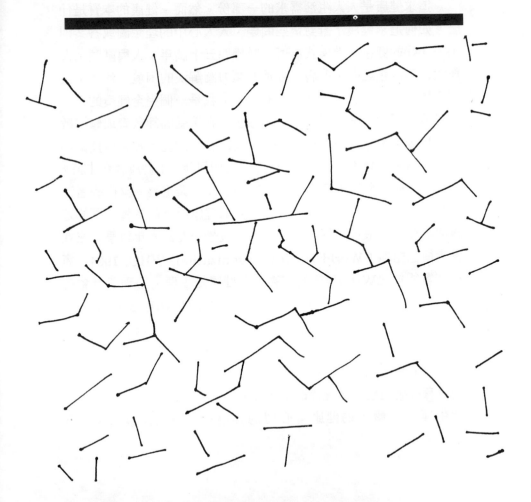

第一節　何謂健康

　　追求健康是人人生活需求的一部份。然而，健康的本質是什麼？如何追求健康？針對這些問題，人人心中的理想圖或答案則不一。好的健康促進模式爲何？歷經四五十萬年，人與獸鬥，人與大自然競順之間，疾病一直是人類力圖解決的困境。然而，沒有了疾病，人類就可沾沾自喜的說：「我是一個完全健康的人。」了嗎？師者，傳道、授業、解惑也。在接受師範教育或修習教育學程後，未來若選擇擔任教職，健康教育的基本知識與技術則成爲必備。但是不知「健康」爲何，又如何談論「健康教育」呢？

　　許多學者針對「健康」提出不同的概念與定義。國內學者江東亮（民71）曾整理了古今中外學者對健康所下的各種不同的定義與解釋。但最被世界各國舉用的定義是一九四六年醫學專家在世界衛生組織（World Health Organization, WHO, 1964）憲章前言所述之WHO健康的定義：「健康是生理、心理和社會完全安寧的狀態，不只是沒有疾病而已。」（Health is a state of complete physical, mental and social wellbeing and not merely the absence of disease or infirmity）。在這個定義中，很清楚的強調①健康的正向意義（positive health）：不只是沒有疾病而已；②健康的三向度（3 dimensions）：健康應含括生理（身體）的健康、心理的健康和社會的健康三大向度

。WHO的健康定義被世人舉用之後，無論在醫療臨床領域、公共衛生領域、教育領域之學者專家，針對此三大向度分門別類的充實其內容並從事其相關之研究發展。讓學子得以有更多的參考資料。然而亦有學者指WHO之定義太過於烏托邦，遙不可及。例如「完全安寧的狀態」，舉凡人類處於世必與人，必與大自然互相適應，而適應的過程又怎可能在完全安寧的狀態之下？國內學者姚克明（民67）曾譯法國著名生物學及病理學家Dubos（1966）的著書《人類的適應》（Man Adapting）。其中提及兩個重要的概念：①疾病、老邁都可以預防或治療的理想乃是人類對健康的幻想；②健康是發揮功能的一種動態能力。Dubos說：與其假設人能達到絕對的理想健康狀態，我寧可見到有血、有肉、有幻想的人，在其試圖適應此真實的世界總是會遭遇一些不能預測的困難。日本學者根岸龍雄、內藤雅子教授（昭和58）認為健康應強調「量的假說」之重要性，將人類像圍棋黑子白子一樣分明地畫分為「完全健康」或「完全疾病」的概念，實際上是不可能的，疾病與健康的概念應是連續量的變化，疾病乃是健康狀況量的偏位而已。即強調了「量的假說」。

　　美國健康教育學者 Cornacchia， Olsen 及 Nickerson（1994）在寫給初等教育師資培育的健康教育參考書中，說明了健康的概念如下：

　　健康包括了多元的現象，無法簡單定義。健康乃有機體從良好健康（good　health）至不良健康（bad　health）或從完好（wellness）至疾病（illenss）連續譜上所呈現的狀態，其間有許多變化。人們期望自己在正向健康的一端，而不是在負向的他端。健康之特性有四：

(一)健康具個別差異

每個人與生俱來的身體，來自於父母的基因。每個個體均擁有許多相同處（如眼、耳、手、腳的數目）及相異處（如大小、體態、皮膚及眼睛之顏色）。每個人高矮胖瘦不等，健康良莠不一。

(二)健康常常改變

健康乃個人遺傳與生存環境互相作用的結果，生存環境隨時在改變，人在適應環境的過程中，健康隨著適應多變之環境而常常有所變化。

(三)健康有賴於自我實踐

每個人都必須發自內心的自我決定，是否要促進或維護自己的健康。透過自我決定、自我實踐，才能謀求健康的習慣與健康的生活，促進或維護個人的健康。

(四)健康是達成人生目標的手段之一

健康是有效率的學習和生活之必要條件。兒童若健康狀態不良，則很難學習聽說讀寫算；而在未來的生活中，可能會發生問題；甚至求職時，可能會因健康不良而遭遇困難。

目前臺灣地區兒童壓力源中，才藝班的學習為重要壓力來源。望子成龍、望女成鳳乃父母之期望。常云，每一種才藝技能之獲得均可在財富數串後加上一個0，唯獨健康是居數串的首，若學會一種才藝又有健康，則財富為10；兩種才藝時，財富為

100；三種才藝時，財富爲1000；以此類推。但是當失去健康時，所有居財富數串之首的1即消失，所有習得再多的才藝技能頓時全歸於零。因此，在訂定各項人生目標的同時，請務必將健康之促進與維護設定爲基本的人生目標。

因此，Cornacchia, Olsen和Nickerson（1994）等人將WHO所闡釋的健康定義中三大範疇：「身體的」、「心理的」、「社會的」之狀態，修正爲「健康是一種複雜的現象，其組成含括了身體的（Physiological）、心理的（Psychological）、社會的（Sociological）和精神的（Spiritual）互助關係。」

身體方面包括人體組織系統之構造與功能；心理方面又分生理需求面的睡眠、食物、衣服、飲水等心理需求，及情感需求面的愛與被愛、安全、成就、自尊、獨立、被接受等；社會方面可分爲人與環境兩大部分，人的社會需求爲朋友、家庭、教師、警察等，環境需求如職業、醫療、媒體、科技、公平等。身、心、社會三層面都極爲重要，互相影響，互爲基礎。但Cornacchia等人認爲健康最重要的核心，應是精神層面，人們健康與否取決於其價值觀之認同、社會道德之認知與對人性的關懷等，如果一個人認爲健康極具價值，則將試圖滿足其心理層面的生理需求及情感需求；努力於適應社會層面中的人與環境；並積極地了解身體層面的構造與功能，健康其生活習慣，將健康導向連續譜上更正向的方位。

日本醫學博士小阪樹德（平成元年）於醫學概論一書中，闡述了疾病、健康與醫學的發展史。人類的起源，依放射性同位素追蹤結果推測約有4000萬年之歷史。人類經舊石器時代、新石器時代，直至西元前7000年～西元前3000年開始農耕部落、紡織、

陶器此乃原系文化之初。此時，人類的疾病也開始使用藥草治療。原始生活對靈與信仰之依賴，自此轉向文明之發展。人類在地球上出現以來就已經有疾病存在了，因此，有人說醫學的起源與人類的誕生一樣的古老，從化石或以前出土的人類骨骼、牙齒資料探究疾病的古病理學結果指出，生命發生的同時，疾病就存在了，而疾病的種類隨著時代環境之不同而改變。爪哇原人的大腿骨曾發現骨組織的增生，約一萬年前石器時代人被發現有外傷、關節炎、上顎洞炎、腫瘍、先天性股關節脫臼及蛀牙等。最有趣的是，石器時代人的頭骨常被發現有小孔，這些小孔被認為是為了治療骨折或原因不明的頭痛。此外，助產是人類很早就有的醫療行為，根據古記錄，有老婦人依自己的分娩經驗幫孕婦助產，因此，助產術乃是深具歷史的古老醫療行為之一。我國神農和黃帝乃最古老之醫神。神農牛首人身，嘗百草、敎民藥效、著神農本草經，記載三百六十五種藥草，乃中國最古之藥學書籍。黃帝及其醫師臣子問答記錄之黃帝內經，論及人體生理、病理、養生法及經絡、鍼灸、按摩、物理療法之一部漢方寶典。

■圖1-1　行政院衛生署徽章■

　　現今世界衛生組織、世界醫學會徽章中以蛇身纏杖為象徵。傳說中的古希臘醫神（Asklepios）手中扶有蛇樣纏身之拐杖，

此象徵健康、不老、長壽，醫學取其意義，以此圖案為象徵。蛇脫皮後，有新的身體，因此蛇有再生、復活、返老還童等守護、摩力及神祕之象徵、杖則意味著地面上成長之植物生命，象徵著力量、權威與命令。我國行政院衛生署亦以asklepios之杖為徽章。（如圖一）（行政院衛生署，民84）

十九世紀以後，近代醫學更是將生理學、組織學、病理學、細菌學、微生物學、內分泌學、營養代謝等發揮得淋漓盡致。公共衛生、衛生教育、健康促進等學科，則是現代人面對疾病與健康時廣被探討的學科領域。而我國除固有之中醫藥傳統醫學，亦有習自歐美先進諸國之西洋醫學，面對現今之疾病預防及健康生活品質提升，如何將我國優良之固有傳統醫學國粹及取自西方之醫療之科技、公共衛生與衛生教育對策兼容並進，促進人們的健康，則是健康領域的一大重要課題。

 ## 影響健康的因素與健康指標

隨著時代的變遷、社會文化、醫療科技的發展，人類的健康狀態、疾病型態乃至死亡層面亦有所不同。臺灣地區依據行政院衛生署公共衛生概況（民84）之報導，臺灣地區居民之平均壽命（如圖1–2），民國四十年時，男性為53.38歲，女性為56.33歲；到了民國八十二年統計，男性延長為71.61歲，女性延長為77.52歲，有顯著的增加。

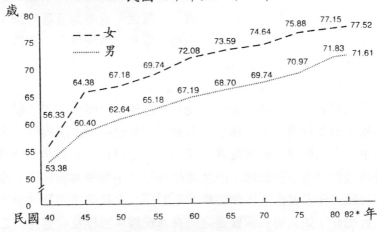

民國四十年至八十二年

■圖1-2 臺灣地區居民平均餘命■

　　然而，生命量的延長是否就能代表生命品質亦相隨提升？讓我們從臺灣地區十大死因來思考學者專家們對影響健康因素的探討，並了解臺灣地區的各項健康指標。根據行政院衛生署（民84）的資料（如圖1-3）顯示，民國四十一年主要死因為急性傳染病如胃炎、十二指腸炎、腸炎、大腸炎、肺炎等；轉變至民國八十二年時之主要死因為惡性腫瘤、腦血管疾病等慢性疾病和意外事故等，而消化系統疾病及急性傳染病已不在十大死因之列。在民國四十一年時，健康促進之重點偏重於傳染性疾病病因之預防；而民國八十二年的健康促進或影響健康之因素，則不得不考量慢性疾病及意外事故的預防之策略。國內外流行病學專家之論著或研究結果（陳建仁／Dever, 1976）對於傳染病時代、慢性文明病的致病模式或影響健康之因素多所闡釋。

民國四十一年與八十二年 每十萬人口死亡數

民國四十一年 950.80 524.12 民國八十二年

排名	民國四十一年		民國八十二年	
1	胃炎、十二指腸炎、腸炎、大腸炎（除新生兒之下痢）	135.01	107.05	惡性腫瘤
2	肺　炎	131.47	65.62	腦血管疾病
3	結核病	91.56	63.65	意外事故及不良影響
4	心臟疾病	49.03	59.99	心臟疾病
5	中樞神經系之血管病變	48.78	25.74	糖尿病
6	周產期之死因	44.06	18.01	慢性肝病及肝硬化
7	腎炎及腎水腫	36.31	13.71	腎炎、腎徵候群及腎變性病
8	惡性贅瘤	30.74	13.50	肺　炎
9	支氣管炎	28.13	10.96	高血壓性疾病
10	瘧疾	27.45	8.89	支氣管炎、肺氣腫及氣喘

■圖1－3 臺灣地區十大死因之變化■

　　早期傳染病的疾病模式——三角模式（如圖1-4），特別強調病原的重要。而環境和宿主亦是導致傳染疾病的重要因素，因此，在具有傳染病危機的社會裡，影響健康的重要因素為環境的清潔衛生、病源或媒介的存在與否、宿主的抵抗力強弱等。

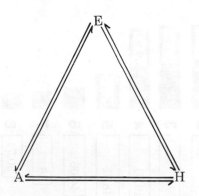

■圖1-4　疾病的三角模式：環境(E)、病原(A)和宿主(H)的相互作用引起疾病的發生■

　　Dever（1976）曾對美國喬治亞州十三大死因：心臟病、癌症、腦血管疾病、交通事故、其他事故、流行性感冒、呼吸系統疾病、血管系統疾病、殺人、周產期死亡、糖尿病、自殺、先天異常等，提出慢性流行病模式（如圖1-5）模式中主張環境、人類生物學（遺傳）、醫療及生活習慣，乃影響現代人健康最重要的四大因素。

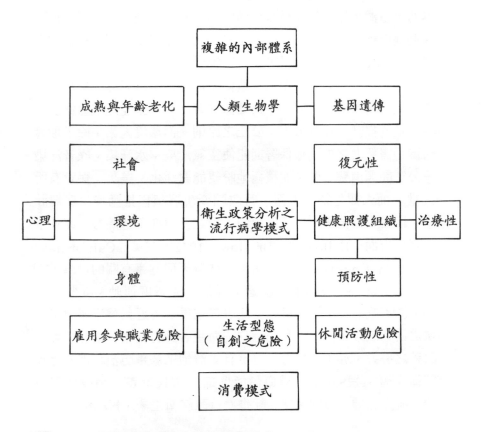

■圖1-5　影響疾病死因之流行病學模式（G. E. Alan Dever）■

　　表1-1一是Dever針對此十三大死因的研究結果，平均而言，四大因素對死亡的影響力是：醫療體制為11％、環境為19％、人類生物學（遺傳）為27％、生活型態為43％、。Dever的研究與發表震撼了醫療衛生領域，從加拿大、美國、歐洲、日

本乃至臺灣地區，衛生行政機構開始了解生活型態、健康習慣對人們健康促進的重要性，紛紛在國家衛生經費的分配做適度的調整。由Dever的研究我們知道，影響現代人健康的四大素中其重要性依次爲醫療體制、環境、遺傳，而生活型態影響比率最高。臺灣地區醫療網的設置及全民健保之實施，期望能達成醫療資源質與量的提升，達到公平、公正之原則。而環境因素，除了環境清潔仍需努力之外，環保署期能使空氣汙染、水汙染、噪音汙染等公害問題消聲匿跡，並積極地盼望能對淨化、美化、保育有所貢獻。而人類生物學方面，行政院衛生署積極推動優生保健計畫，而各大學術研究單位對遺傳工程之努力亦不遺餘力。此外生活習慣方面，Belloc ＆ Breslow（1972）在美國California的Alameda County所作研究指出七種每天與健康有關的行爲：①不吸菸、②不過度飲酒、③適當睡眠、④適度運動、⑤體重控制、⑥不吃零食、⑦吃早餐，此研究結果影響近代醫療或健康領域之研究或政策甚鉅。我國行政院衛生署針對健康習慣之培養或改善之努力，亦不遺餘力。訂定有臺灣地區菸害防治計畫（行政院衛生署，民82a）、健康體能促進、國民營養、事故傷害防治、視力保健、口腔保健等計畫（行政院衛生署，民82b）。

■表1－1　健康方策分析之流行病學模式■
（ G. E, Alan Dever ）

全死亡比率（1973年）	死　　因	流行病學模式中影響死因之各要素比％			
		醫療體制	生活習慣	環境	人類生物學
三四、〇	心臟病	一二	五一	九	二八
一四、九	癌症	一〇	三七	二四	二九
一三、四	腦血管疾病	七	五〇	二二	二一
四、二	交通事故	一二	六九	一八	一
三、八	其他事故	一四	五一	三一	四
三、八	流行性感冒	一八	二三	二〇	三九
二、七	呼吸系統疾病	一三	四〇	二四	二四
二、六	血管系統疾病	一八	四九	八	二六
二、二	殺人	〇	六六	三〇	五
一、九	出產障害及早期乳幼兒期疾患	二七	三〇	一五	二八
一、八	糖尿病	六	二六	〇	六八
一、四	自殺	三	六〇	三五	二
〇、八	先天異常	六	九	六	七九
	比率配分平均值	一一	四三	一九	二七

綜觀上述資料，多以死亡原因爲主要衛生指標。然而只有死亡資料，並不能了解生命或健康之品質。因此，在衛生領域中常使用下列衛生或健康之指標來探討人的健康水準。日本學者中島紀惠子（ 1988 ）等人指出，所謂健康指標是指「測量某社會的健康水準，以提供該社會公共衛生之努力方向，同時可與國際比較。」然而近年來，有許多的學者對健康指標各有不同的看法，

如有名的生活品質QL（Quality of Life）、每日生活活動指標ADL（Activities of daily Living）等（McDowell & Newell, 1987；Teeling Smith, 1988），本章因篇幅有限，暫不予討論，僅就國際通用的各項指標加以陳述。（行政院衛生署，民84）

(一)盛行率Prevalence Rate

1.點盛行率（Point Prevalence rate）

$$= \frac{在某特定時點的現存病例數}{該時點之人口數} \times 10{,}000$$

2.期間盛行率（Period Prevalence Rate）

$$= \frac{在某一期間內所有的病例數（包括現存的及新.發生的病例數）}{該期間中點之人口數}$$

(二)死亡率

1.粗死亡率Crude Death Rate

$$粗死亡率 = \frac{一年內總死亡數}{年中人口數} \times 1{,}000$$

2.周產期死亡率Perinatal Mortality rate

$$(1) \frac{懷孕28週以上之晚期胎兒死亡數＋活產後一週內死亡數}{一年中的活產數} \times 1{,}000$$

$$(2) \frac{懷孕28週以上之死胎數＋活產後一週內死亡數}{懷孕28週以上之死胎數＋活產數}$$

世界衛生組織是優先使用(1)之定義

⑶新生兒死亡率Neonatal Mortality Rate

嬰兒出生（活產）後，在未滿4週內（28天）之死亡數。

$$新生兒死亡率 = \frac{一年內未滿4週之早期嬰兒死亡數}{一年內之活產總數} \times 1,000$$

3.嬰兒死亡率Infant Mortality Rate

每年一千個活產嬰兒中未滿一歲即死亡之數目。即新生兒死亡率＋新生期後嬰兒死亡率。

$$嬰兒死亡率 = \frac{一年中未滿1歲之嬰兒死亡數}{一年內之活嬰總數} \times 1,000$$

4.年齡別死亡率Age－specific Death Rate

$$年齡別死亡率 = \frac{一年內某一年齡組之死亡總數}{該年齡組年中人口數} \times 1,000$$

5.年齡別死亡率Age－Sex Specific Death Rate

$$年齡別死亡率 = \frac{一年內男（女）性某一年齡組死亡人數}{該年男（女）性該年齡組之年中人口數} \times 1,000$$

6.原因別死亡率Cause－specific Death Rate

$$原因別死亡率 = \frac{某一年內由於某一原因死亡之人數}{該年年中人口數} \times 100,000$$

7.孕產婦死亡率Maternal Mortality rate

孕產婦死亡係指在懷孕期間或懷孕終止後42天之婦女死亡。

$$孕產婦死亡率 = \frac{一年內由於各種產褥原因（包括懷孕與生產所引起之疾病及傷害）}{一年內之活產總數}$$

$$\frac{所致孕產婦死亡數}{} \times 1,000$$

標準化死亡比Standardized Mortality Ration（SMR）

實際死亡數與以標準人口死亡率推算出的期望死亡數的比。

$$標準化死亡比 = \frac{實際死亡數}{期望死亡數}$$

(三)出生率

1.粗出生率Crude Birth Rate

一年內每1,000位年中人口之出生數。

$$粗出生率 = \frac{一年內之活產總數}{年中總人口數} \times 1,000$$

2.一般生育率General fertility Rate

一年內每1,000位育齡婦女平均之活產數。（育齡指15～49歲）

$$一般生育率（我國用者） = \frac{一年內之活產總數}{15～49歲育齡婦女之年中人口數} \times 1,000$$

(四)粗自然增加率 Rate of Natural Increase

即粗出生率減粗死亡率。

$$粗自然增加率 = \frac{一年內之活產總數 － 一年內之死亡總數}{年中人口數} \times 1,000$$

第三節 台灣地區公共衛生概況

一、一般概況

　　行政院衛生署每年針對臺灣地區公共衛生概況，均有書面的報告。民國八十三年臺灣地區粗出生率為15.31％；粗死亡率為5.40％；自然增加率為9.91％。八十二年底人口年齡組成，十五歲以下佔25.15％；15～64歲佔67.75％；65歲以上佔7.10％。八十三年底每平方公里人口密度達585人，人口密度以臺北市最稠密，每平方公里9763人；臺東縣密度最低，每平方公里僅72人。十五歲以上未婚者佔33.81％；有配偶者佔58.82％；喪偶及離婚者佔7.37％。6歲以上人口受教育狀況，大專以上程度佔13.13％；高中職佔28.14％；初中職佔20.56％；小學程度佔31.11％；自修及略通文字者佔1.08％；不識字者佔5.98％。

二、醫療照護體系

　　臺灣地區國民平均壽命延長，十大死因以慢性疾病和意外事

故為主；而國人平均每日熱量可獲量，由民國四十五年的2262大卡增至民國八十一年的3048大卡；每十萬人法定傳染病死亡人數，由2.57人減為0.10人；每萬人口擁有醫師數，由5.29人增為12.48人。自民國八十三年起，實施全民健康保險。為解決醫療資源分佈不均，使醫療人力及設施能合理成長，全面提升醫療品質，自民國七十四年七月開始施行醫療網計畫，橫的方面建立區域性醫療網；縱的方面建立分級醫療作業制度。由於維持原狀居臺灣地區十大死因第三位，自民國七十九年起陸續於全省十七個醫療區域，輔導輔助辦理緊急醫療及救護計畫。對於老年慢性病人出院後長期照護療養之需求，特於護理人員法第三章訂有護理機構之設置與管理，護理機構可依法提供居家服務，而居家服務項目可望納入保險給付。此外，護理之家、日間照護均陸續擴大辦理。為滿足山地離島居民醫療保健之基本需求，山地離島地區每一鄉均設有衛生所，除培育公費醫療人員分發服務，民國六十八年開始實施巡迴醫療，定期調派醫護人員深入偏遠之無醫村落提供醫療服務；民國七十七年起於澎湖及山地鄉辦理電話等通訊醫療服務，使民眾可在交通不便的狀況下，也能隨時得到適當的緊急救護和普通疾病診治。

三、保健服務

近年來各種環境污染、社會變遷之影響，先天異常疾病高居新生兒及嬰兒死因之第二位及第一位。自民國七十四年起政府實施優生保健工作，內容包括婚前及優生健康檢查、產前遺傳診

斷、新生兒先天代謝異常疾病篩檢，並成立優生健康諮詢中心。此外，爲貫徹人口政策、緩和人口成長和提高人口素質，自民國六十年起實施「家庭計畫」，內容包括避孕等計畫生育。直至民國七十九年起實施「新家庭計畫」，目標由既往之舒緩人口數量轉移至人口素質之提升、降低未成年婦女生育率、不孕症夫婦人工協助生殖技術管理等均是重點工作。

婦幼衛生工作自民國四十一年起即全面積極推展，孕婦健康檢查管理、宣導母乳哺育、建立0～6歲兒童體位及生長常模、研訂0～6歲兒童健康檢查時程及項目標準、訂定出生通報作業流程，以正確掌握新生兒及嬰兒死亡率，並找出高危險群新生兒，提供保健服務。並擴大辦理傷害防治事故工作，學齡前3～5歲兒童於幼稚園、托兒所辦理健康檢查，所有學齡前兒童均領有兒童健康手冊，0～4歲可免費接受六次健康檢查。

國人平均壽命雖不斷延長，但中老年人罹患心臟病、腦中風、高血壓、糖尿病者眾多，因此中老年病預防保健爲公共衛生之重點工作。其中，以血糖、血壓、膽固醇的控制爲主。而癌症爲臺灣地區十大死因之首，自民國六十八年起開始建立全國性癌症登錄及監視系統，並出版癌症登記調查報告。根據民國八十二年資料：男性前三大癌症肝癌、肺癌、胃癌；女性爲子宮頸癌、乳癌、大腸直腸癌。因此，癌症防治計畫中以子宮頸癌、肝癌、大腸直腸癌、乳癌爲重點工作。且吸菸與肺癌的關係密切，因此菸害防治計畫乃衛生保健之重點工作。

近視（表1－2）、齲齒乃兒童及學生健康兩大問題，因此，視力保健及口腔保健乃學童保健之重點工作。而對於勞工之健康，則辦理職業病防治工作。近年來，社會的壓力與生活緊張

使得精神病患日增，精神疾病防治工作主要以「發展積極的治療、復健，減少消極的收容、養護」為政策導向，並積極辦理各種心理衛生宣導活動。而國民營養宣導教育、事故傷害防治法、健康體能促進及全面衛生教育工作亦為保健服務之重點工作。

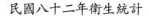

民國八十二年衛生統計

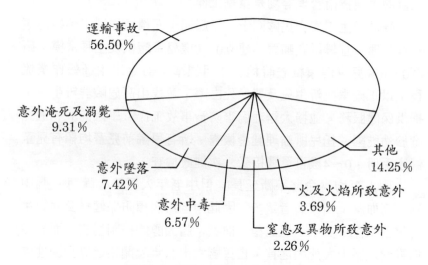

運輸事故
56.50％

意外淹死及溺斃
9.31％

意外墜落
7.42％

意外中毒
6.57％

窒息及異物所致意外
2.26％

火及火焰所致意外
3.69％

其他
14.25％

■臺灣地區事故傷害死因百分比■

■表1-2　全國國民中小學各年級男女學生近視罹患率(%)■

年別 年級別	民國七十五年			民國七十九年		
	男	女	合計	男	女	合計
小 學 一 年 級	2.4	3.5	3.0	5.2	5.5	5.3
小 學 二 年 級	4.9	8.3	6.6	11.6	18.9	15.2
小 學 三 年 級	10.1	9.0	9.6	17.3	25.6	21.3
小 學 四 年 級	13.3	21.1	17.1	21.4	29.2	25.2
小 學 五 年 級	21.0	26.8	23.8	25.1	37.4	31.1
小 學 六 年 級	26.4	31.8	29.0	38.4	39.8	39.1
國 中 一 年 級	39.6	47.7	43.5	45.3	58.6	51.7
國 中 二 年 級	50.3	66.7	58.1	67.5	72.1	69.1
國 中 三 年 級	59.4	67.4	63.3	72.4	80.3	76.2

資料來源：第三次全國中小學生眼屈折狀況調查研究報告（民國八十年）

四、傳染病預防

　　臺灣地區因國民生活水準提升，衛生環境改善，鼠疫、瘧疾等急性傳染病已相繼消聲匿跡。但因出入國旅遊及經貿往來仍頻，為防杜傳染疾病之引進，檢疫港區衛生則極為重要。民國七十八年成立行政院衛生署檢疫總所專司其職，並於北、中、南、東部設置疫情監視站，負責疫情資料之處理與報告。對嬰幼兒、

國小一年級與育齡婦女提供各項預防接種服務。而根除三麻一風
（小兒麻痺、先天性德國麻疹症候群、麻疹及新生兒破傷風）計
畫，則分別期望於民國八十四年根除小兒麻痺、先天性德國麻疹
症候群、新生兒破傷風；於民國八十九年消除麻疹流行。國人
有15％～20％爲B型肝炎帶原者，因此B型肝炎防治爲傳染病
防治的重點工作。而愛滋病、梅毒、淋病、軟性下疳、非淋菌性
尿道炎、疱疹、尖型溼疣等七種性病爲性傳染病防治之重點。日
本腦炎、登革熱、結核病及癩病、烏腳病、恙蟲病、營養衛生管
理、外籍勞工管理等均爲傳染病防治之重點。

五、食品衛生管理與藥政管理

　　食品衛生管理方面，所有食品添加物均須經查驗登記發給許
可證，始得使用。此外，辦理罐頭食品、冷凍食品、優良肉品標
誌等。食品加工廠自主衛生管理，並建立營養師制度、公共飲食
衛生管理及特殊營養食品管理等。藥物化妝品等，則訂定藥政法
規及稽查抽驗制度，對藥效誇大不實之廣告亦從重處罰，民國七
十一年頒布「優良藥品製造標準（Good Manufacturing Pra-
ctices, GMP）」以確保藥廠之製藥水準。而食品亦推行食品
GMP之主要目的，在提高國產加工食品之品質與衛生安全。

第四節　健康教育與健康促進

　　近年來社會急速變遷，醫藥衛生雖有長足進步，卻也有若干亂象如濫用藥物、糖果含鉛；國民生活與經濟躍進，卻有若干壓力危機如環境污染、青少年飆車殺人、金融無信；國民營養改善，卻暗藏疾病隱憂如營養過剩、肥胖等問題。平均餘命由民國四十年至今延長了約二十歲左右，然而老人照護、慢性疾病、退休後生活何去何從等種種問題，隨著社會的急速變遷因應而生。面對今日的社會，如何促進人們的健康？以往的健康教育是否足以滿足人們促進健康的需求？

一、健康教育內容之轉變

　　健康教育一詞源於一九一九年，由美國兒童健康組織首次採用，而我國於民國十八年以後才引進。早期的衛生教育由於當時的十大死因以腸胃炎、肺炎等急性傳染病為主，人們健康最大的威脅乃急性傳染病，因此為促進人們的健康，就必須針對急性傳染病之預防與治療提出最好的公共政策，而健康教育亦以如食品清潔、環境清潔、個人清潔習慣等防治急性傳染病之教育內容為當時重要的衛生政策之一。而今日十大死因以惡性腫瘤、腦血管

疾病、心臟病、糖尿病、高血壓等慢性文明病為主，健康教育內容又當如何轉型？一九七六年Alen dever提出慢性流行病之健康方策，主張對慢性文明病健康之四大重要方策：遺傳、環境、健康照護體系及生活型態。其中，以生活型態對慢性文明病時代的人們之健康影響最鉅。遺傳方面，除了遺傳工程之努力外，早期民國六十年代的家庭計畫重點在於減緩人口數量的壓力，因此普及有偶婦女對避孕方法的接受，當時健康教育宣導等工作遂成為重要的成功政策。今日出生率、自然增加率均已急降，人口問題重心轉移至人口素質之提高，自民國七十九年起陸續實施新家庭計畫、優生保健等措施，降低未成年婦女生育率、使青少年有正確之性知識等，都必須藉由健康教育的廣施。因此，正確的性教育、婚姻觀、使每個人能做遺傳、優生、延續健康下一代的正向最佳決定等內容，成了現今衛生教育的重要內容。環境方面，傳染病時代以清潔衛生為首要工作，而今我們的環境清潔仍未能令人滿意，登革熱仍頻傳之際，清潔衛生之教育仍不可少。三大公害：空氣汙染、水汙染、噪音汙染等工業時代的產物，現今仍危機四伏，因此杜絕公害等環境權教育仍應努力。邁向未來，健康教育應朝多元的、正向的綠化、美化環境，環境保育，建設自助、互助溫馨社會之心理環境而努力。健康照護體系方面，臺灣地區近年來醫療照護體系變化極大，醫療網的規畫、全民健康保險的實施、專科醫師制度的建立、基層衛生服務的強化、都需要藉由衛生教育的宣導，使民眾或消費者充分的了解與運用，才不至造成醫資源之浪費。作者常言，衛生教育乃衛生政策與民眾、消費者間不可或缺的溝通橋樑，因此，醫資源的利用成了衛生教育重要的內容。此外，影響現代人健康最重要的因素「生活型態

」、「健康行為」，當然也是現今衛生教育的重心內容。

二、健康行為與生活型態

　　有關健康行為，早在西元前四千年Hippocrates（ B.C. 4000
）已明確地指出，要適當研究醫學應包括生活方式中是否有飲
酒、飲食過量、運動等行為。

　　近二十年來，許多學者努力於健康行為與健康狀態的探討。
第一次探討行為因素與身體健康狀態的研究，始於1965年Belloc
& Breslow等人在美California州的Alameda County的cohort
study。其行為因素界定為七種每天與健康有關的行為習慣：①
不吸菸、②不過度飲酒、③適當的睡眠、④適度的運動、⑤體重
控制、⑥不吃零食、⑦吃早餐。Alameda County研究的系列報
告及模倣Alameda County study在其他地區所作的研究報告，
都確定健康行為（ health practice ）與健康狀態（ health sta-
tus ）有正向相關。

　　一九六六年Kasl and Cobe 將健康行為（ Health Related
Behavior ）分成三大類：

㈠是防患未然的「預防性健康行為」（ Preventive health be-
　vavior ），，如早期最常用於健康信念模式（ Health Believe
　Model ）中的健康檢查，如接受X光檢查、預防注射等預防性
　健康行為。此外，運動、飲食（營養）、繫安全帶、戒菸等行
　為亦屬於此。

㈡是自覺有病後所採行的「疾病行為」（ illness behavior ）

如：明知症狀卻疏忽它、不管它，詢問朋友有關症狀細節，或
尋求醫療照護等均屬之。

㈢是經醫師診斷後所採行的「疾病角色行爲」（Sickrole　Be-
havior）如：是否遵從醫囑服藥、特殊飲食或運動等。

在許多文獻中名詞上使用生活型態而非健康行爲，Haris及
Guten於一九七九年將生活型態的內容整理爲五大類：

㈠健康習慣

充足睡眠，鬆弛，對飲食提高警覺，尤要限制食量，避免過
度勞累。

㈡安全行爲

繫安全帶或其它防備裝置，常檢查各類狀況，備妥急救設備
及緊急時電話號碼。

㈢預防性健康照護

如健康檢查、口腔檢查。

㈣避免環境中的危害

如污染及犯罪。

㈤避免有害物質

如菸及酒。

依據上述探討，健康行爲應包括預防疾病及增進健康有關的
行爲。前者爲減少或去除既存既存的高危險性行爲（risk　be-

havior）；而後者則表示積極主動地建立新的行爲模式。

三、健康促進

1980年美國疾病預防及疾病促進中心提出國家目標（Objectives for the Nation），指出健康促進的場所（Settings）應可分：

- 工作場所Workplace
- 學校School
- 醫院Clinical settings（hospital）
- 社區Community

促進健康（Health Promotion）一辭，沿用由來已久，健康不能只消極地「維護」，更要積極地「促進」，1920年Winslow曾定義「公共衛生是一門預防疾病，延長壽命，增進健康與效率的科學與藝術」。

一九五三～一九五五年間美國Clark & Leavell闡述疾病成立過程，強調整體性的醫療保健概念（comprehensive Health Care or Comprehensive Medical Care）並提出三段五級的預防理念。此三段五級中，初段預防可分成兩級：①促進健康（Health Promotion）、②次段預防（Secondary Prevention）。

加拿大衛生福利部部長H. M. Lalonde 一九七四年提出的Lalonde Report此報告中強調影響健康四大因素：①醫療體制、②遺傳、③環境、④生活型態，其中以生活型態最爲重要。

其後，於世界引起喧然大波，改善健康的重心由政府、社會的設施轉移到個人的責任且逐漸擴大，此舉招致強烈的批判，例如：R. Anderson指稱健康或疾病大大歸因於個人的責任，無異是將貧困、性別差異、職業危險、環境衛生等以厚厚的菸幕掩蓋。

另外，R. Labonte & S. Penfold亦評論「疾病之根源應由社會結構中尋找」，因此，爲改善健康，透過集合型態的行爲來改變社會是必要的。甚至於有人認爲將健康歸因於個人的責任，而將個人意欲或意志的選擇不能導向健康者批評爲不自覺，不注意的話，那麼低所得、低學歷、無能力選擇健康行爲者，將變成被批評的受害者。

因此，最初生活型態只重視個人的行爲改變，逐漸地開始重視社區的連繫，甚至於涵蓋了生態的領域。

十餘年來世界各國推展健康促進計畫時呈現了健康責任歸屬的界定問題。健康責任歸屬的爭議甚多，而大部分的健康促進計畫以「健康是個人的責任」（personal responsibility）爲依歸，假設健康與否取決於個人健康行爲的良莠，平時多注意運動、營養、不吸菸、不酗酒等良好行爲者應比較健康。因此在計畫中以建立個人健康行爲資料，制訂健康行爲改變（Behavior Change）有關的措施。然而，社會學者評之忽略了貧窮、種族、性別、年齡、社會階層等影響因素，因此歐洲諸國提出了健康市鎮計畫（Healthy City Project）以「健康是社會的責任」（Social responsibility）爲依歸，由政府各行政單位如衛生、環保、交通、財經……等各單位組成聯合委員會共同推展市鎮的各項改革。至一九八九年報告（Minkler, 1989）爲止，共計八

十五個市鎭參加了該項計畫，而日本亦由最初的『健康促進計畫三支柱——運動、營養、休閒』，演變至今同時推展『健康的市鎭』。根據責任歸屬的不同，健康促進計畫之內容亦爲之迥異，「個人責任」者其內容在於獲得慢性病自我管理的技巧：如壓力處理、運動、營養、不吸菸、不酗酒等衛生教育工作爲主流。「社會責任」則著重於社會資源的利用與開發和社會問題的改善等環境介入（ Enviromental lntervention ），如交通、健康服務體系的規畫、環境改善等。

四、健康行爲、衛生敎育與健康促進的關係

㈠衛生敎育與健康促進之定義

　　依健康責任觀的不同各學者對衛生教育與健康促進之定義則各有不同。

1.衛生敎育（ Health Education ）

　　美國衛生教育局指出，衛生教育是促使人們能自願選擇有益健康行爲之所有學習設計的總合。

Bureau of. Health education, U. S. Department of Health and Human Services. Public Health Service, center for Disease Control, Atlanta, Georgia, June 1980.

" Health education is any combination of learning opportunities designed to facilitate voluntary adaptations of behavior conducive to health "

　　WHO則主張衛生教育的重點在於民眾及行為。其目標在鼓勵民眾採行健康的生活型態，明智地運用現有的衛生服務，能個別或集體地決定並改善自己的健康狀態及生活環境。

　　World Health Organizaations（WHO）Expert committee on Planning and Evaluation of Health Education Services.

　　" The focus of heaalth education is on people and on action. In general, its aims are to encourage people to adopt and sustain healthful life patterns, to use judiciously and wisely the health services available to them, and to make their own decisions, both individually to improve their health status and environment "

2.健康促進（Health Promotion）

　　O'Donnell主張健康促進是幫助人們改變生活型態以達最佳健康狀態的藝術與科學。

　　" the art and science of helping people change their lifestyle to move toward a state of optimal health。 "

　　而美國疾病管制中心（CDC）定義，健康促進是結合衛生教育與相關的組織、政治、經濟介入，促使行為、環境改變，以增進或保護健康。

　　" Health promotion is any combination of health education and related organizational, political, and economic interventions designed to facilitate behavoral and environmental adaptations that will improve or protect health. "（CDC, 1980）

㈡健康行爲、衛生教育與健康促進的關係

　　由上述健康責任觀，衛生教育與健康促進各家定義，及衛生教育的目的在於知識的普及（Knowledge）、態度的改變（Attitued）、行爲的實踐（Practice），即K. A. P的改善等概念，欲達最佳健康狀態，必須藉由健康促進的各項衛生計畫的達成。而衛生計畫中必須包括衛生教育與健康服務兩大範疇，而兩者必須以健康科學爲基礎，透過KAP改變的各種教育作用，達到衛生教育的目的，實踐健康的生活，與健康的行爲。

第五節 衛生行政組織與社區中之醫療保健

一、衛生行政組織

　　良好的組織型態可協助提升工作績效管理。國際上治理全球衛生之行政組織爲國際衛生組織（World Health Organization, WHO）。我國衛生行政組織（行政院衛生署，民84）分爲中央、省（市）、縣市（區）和鄉鎮市等四級（如圖1-6）。行政院衛生署是我國中央最高衛生機關，成立於民國六十年，現在編制設有五處一室，掌理我國衛生業務。①醫政處：負責醫事人

員管理、醫療業務管理、醫療制度規畫、精神衛生、全民健保規畫；②保健處：負責家庭計畫、職業病防治、衛生教育、中老年病防治、護理業務；③藥政處：負責藥政、藥商管理、中藥、醫療器材、化妝品管理、輸入藥品管理、國產藥品管理；④食品衛生處：負責食品安全、食品查驗、食品輔導、食品營養；⑤防疫處：負責傳染病防治、流行病學、檢疫、後天免疫缺乏症候群防治；⑥企劃室：負責衛生研究、考核、衛生企畫、圖書資料（行政院衛生署，民84a）。

　　省市衛生主管機關有：臺灣省政府衛生處、臺北市政府衛生局及高雄市政府衛生局，分別負責策畫、督導和執行臺灣省和北、高兩市公共衛生工作及醫療服務。在臺灣省各縣市設有衛生局。臺北市、高雄市各區則設有衛生所。臺灣省各縣市之鄉鎮市各設有衛生所。山地、離島及較偏遠村落設有衛生室或保健站。為提升鄉村之醫療藥保健服務水準，自民國七十二年起，在偏遠鄉鎮設立群體醫療執業中心。

　　行政院衛生署附屬機關有麻醉藥品經理處、藥物食品檢驗局、預防醫學研究所、檢疫總所及中央健康保險局。省衛生處內部組織分七科七室及省立醫院等三十八個附屬機關。臺北市於民國五十六年七月改制直轄市，直接隸屬行政院，臺北市政府衛生局行政組織包括七科八室、六個綜合醫院、三個專科醫療院所及十二個衛生所、十個保健站。高雄市於民國六十八年七月改制為直轄市，高雄市政府衛生局設有七科五室、六個市立醫院與家庭計畫推廣中心、慢性病防治中心及十一個區衛生所、二個保健站。民國八十一年金門縣衛生院改制為金門縣衛生局，設有四課、一個縣立醫院及四個鄉鎮衛生所、八個鄉村保健站。民國八

十一年連江縣衛生院改制爲連江縣衛生局，設有二課、一個縣立
醫院及四個鄉鎮衛生所。

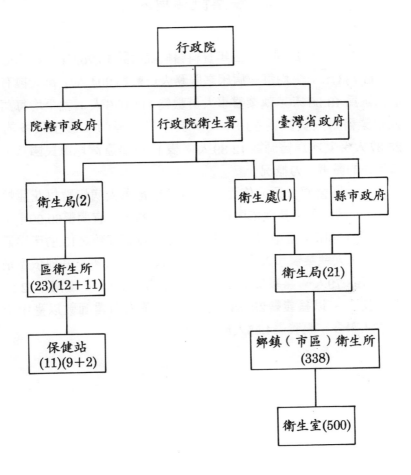

另福建省金門、連江縣計有2個衛生局，8個衛生所。

■圖1-6 現行各級衛生行政系統■

二、醫療設施與人力

　　臺灣地區依民國八十三年資料醫療院所計 15,752 家，病床數為 103,733 床，平均每一病床之服務人口數為 204 人，每人擁有病床數為 48.98 床。執業醫事人員數為 114,076 人，就平均每萬人執業醫事人員數為 53.87 人，其中以護理師、護士最多約 25.37 人，其次為醫師數 12.89 人。表 1－3 是臺灣地區民國八十二年底的醫事人力概況。

　　就地區醫療資源分佈而言，各縣市每萬人病床數以花蓮縣 219.19 床為最多，其他依序是嘉義市123.25床，宜蘭縣69.90床，臺北市69.58床、臺中市65.87床。反之，以嘉義縣之13.87床為最少。每萬人執業醫事人員數以臺北市100.06人最多，其他依序是臺中市98.79人、嘉義市89.76人、高雄市78.32人、臺南市72.20人，反之，以嘉義縣20.78人最少。每萬人口醫師數以臺中市25.78人最多，嘉義縣4.55人最少。

■表1-3 臺灣地區醫事人力■

民國八十二年底

類別＼區分	執業醫事人員數	每一執業醫事人員服務人口數	每萬人口執業醫事人員數
醫　　　　師	23491	894	11.19
中　醫　師	2701	7773	1.29
牙　醫　師	6540	3210	3.12
鑲　牙　生	124	169315	0.06
藥　　　　師	11521	1822	5.49
藥　劑　生	7853	2674	3.74
醫事檢驗師	3896	5389	1.86
醫事檢驗生	433	48487	0.21
醫用放射技術師（士）	1671	12564	0.80
護　理　師	19904	1055	9.48
護　　　　士	30392	691	14.48
助　產　士	1012	20746	0.48
總　　　　計	109538	192	52.17

三、社區醫療保健資源的運用

　　每個人都生活在社區中，了解社區醫療資源善加運用，有益自己及家人之保健。臺灣省、臺北市、高雄市、金門縣、連江縣、每一鄉鎮市區皆設有衛生所或保健站，其服務範圍除了預防保健外，並有各項門診服務。且省市、縣市亦分別設有省縣市立醫療院所，為民眾提供各類專科的診療服務，在各社區亦有各種規模不一的公私立醫院診所，詳情可洽詢各地衛生所。圖1－7是區域性保健醫療體系之介紹，2,000人以下社區設衛生室；2,000人以上鄉鎮設衛生區域醫院。

　　其中衛生所為民服務的工作項目包括：

㈠醫療服務

　　有門診醫療服務、健康檢查、醫療檢驗和檢查、緊急救護、病患轉診和行政相驗等工作。

㈡衛生保健計畫

　　有婦幼衛生、家庭計畫、傳染病防治、成人病防治、精神病防治和衛生教育等。

㈢衛生行政工作

　　有醫政、藥政、食品衛生和營業衛生管理工作等。

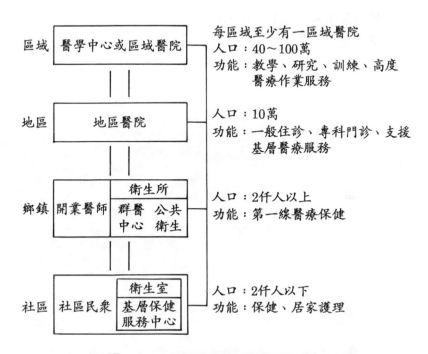

■圖1-7　區域性保健醫療體系■

　　家庭計畫工作內容有避孕指導、配合優生保健推行婚前健康檢查及產前遺傳診斷。傳染病防治工作為加強三麻一風之根除工作、協助傳染病病媒源之調查、追蹤、消毒等工作。成人病工作主要內容是對四十歲以上社區民眾辦理高血壓、糖尿病等疾病的篩檢、治療、轉介管理以及保健、心理適應和生活環境等指導。臺灣省各地衛生所於村里間設置基層保健中心，辦理社區綜合保健工作，由一位公共衛生護士全權負責一地段中所有民眾之保健工作，包括於門診或至社區家庭訪視為民眾量血壓、血糖、尿

糖，依檢查結果作衛生教育，並指導民眾至衛生所或醫院作進一步詳細檢查。

　　健康是權利，保健是義務，善用社區的醫療保健資源，將有益個人、家庭、學校、工作場所及社區人們的健康。

摘　要

　　健康的本質是什麼？如何追求健康？好的健康促進模式為何？在接受師範教育或修習教育學程後，未來如選擇擔任教職，若不懂「健康」為何，又如何談論「健康教育」呢？本文從健康五大特性：①健康具個別差異、②健康的年齡特性、③健康常常改變、④健康有賴於自我實踐、⑤健康是達成人生目標的手段之一，重新探討，並由回顧人類健康史的過程，進入健康教育內容該以健康行為中心之省思，讓我們一起遨遊健康教育古今。

參考文獻

中文：

行政院衛生署（民82a）。《衛生白皮書》。臺北：行政院衛生署。

行政院衛生署（民82b）。《國民保健計畫》。臺北：行政院衛生署。

行政院衛生署（民84a）。《公共衛生概況》。臺北：行政院衛生署。

行政院衛生署（民84b）。《中華民國衛生年鑑》。臺北：行政院衛生署。

行政院衛生署（民84c）。《衛生統計㈠公務統計》。臺北：行政院衛生署。

江東亮（民71）。什麼是健康呢。《中華民國公共衛生學會雜誌。第一期》。p. 12－30。

姚克明（民67）。人與其環境之關係。《摘自臺灣省公共衛生教學實驗院：人類的適應（292－312頁）》。臺北：臺灣省公共衛生研究所。

陳建仁（民84）。《流行病學》。臺北：文笙書局。

日文：

小阪樹德（平成元年）。《醫學概論》。日本東京：株式會社。

中島紀惠子、松本女里和久常節子（1988）。《公眾衛生、社會福祉》。日本東京：金芳堂。

根岸龍雄、內藤雅子（昭和58）。《公眾營養學》。日本東京：
　同文書院。

英文：

Andersen, R. M. （1989）. *Designing and Conducting Health Surveys*. Jossey−BAss Publishers. San Francisco：Oxford.

Belloc, N. B. & Breslon, L. （1972）. relationship of Physical Health Status and Health Practices. *Prev Med；1：*409.

Cornaccia, H. J., Olsen, L. K. & Nickerson, C. J. （1994）. *Health in Elementary Schools*. Boston：Mosby Year Book.

Dever, A. E. Alan （1976）. An Epidemiological Model for Health Policy. *Social Indicators Researcch, 2,* P. 453−466.

Harris D. And Guuten, S. （1979）. Health Protective Behavior；An Explanatory Study. *Journal Of Health And Social Behavior 20：* 17−29.

Hippocrates （4000 B. C. ）. *On air, water And Place.*

Kasl SV, Cobb S. （1966）. Health behavior, illness behavior, and sickrole behavior,. Sick−role Behavior. Arch. Environ. *Health, 12：*531−42.

Leavell, H. R. & Clark, E. G. （1953）. *Textbook of Preventive Medicine*. New York：MacMillan.

McDowell, I. & Newell, C. （1987）. *Measuring Health, A*

Guied to Rating Scall and Questionnaires. New York：Oxford Univeersity Press.

Minkler M. （1989）. Health Eduucation, Health Promotion and the Open Society：An Historical Perspective, *Health Education Quarterly, vol. 16（1）*：17－30.

Teeling Smith, G. （1988） *Measuring Health： A Practical approach.* New York：John Wiley & Sons Ltd.

World Health Organization（1969）. Techn. Rep. Ser., No. 432, Research in Health Organization, Report of WHO Sciontific Group.

2

個人衛生

　　台灣地區近十年來，在政府和全體國民共同努力之下，經濟快速發展，國民生活素質顯著提升，教育水準普遍提高，國民健康狀況也有顯著的改善。例如，國民平均壽命延長、出生率及死亡率下降、死亡原因轉型、國民營養不良的情況顯著改善、醫療服務水準提高，以及傳染病有效的加以控制（鄭雪霏，民78）。雖然國人已享有這些成果，但仍然面臨著一些危害健康因子之威脅，主要有：

● 吸菸人口不減，反而年齡下降及女性吸菸人口增加、意外事故頻繁，其中以交通事故居首、火災也層出不窮、酒廊到處可見，檳榔攤、及嚼檳榔人口年年增多、藥物濫用問題日趨嚴重、缺乏適量及適當的運動、以及肥胖人口增多等。

　　這些健康危險因子之形成，主要是和個人健康行為（Health behaviors）及生活型態（Lifestyle）有關。

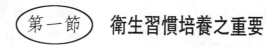

第一節　衛生習慣培養之重要

　　世界衛生組織（W. H. O.）在一項研究中發現，人類的健康與壽命，取決於下面數種因素及其所占的百分比：

一、生活型態：60％

二、遺傳因素：15％

三、社會因素（安定與動盪）：10％

四、醫療保健：8％

五、氣候（酷熱或嚴多）：7％（引自時報周刊，民79）

又根據行政院衛生署之統計資料顯示，近幾年來，台灣地區五至十四歲兒童之十大主要死亡原因依序是：

- 意外事故及不良影響、惡性腫瘤、肺炎、心臟疾病、腦血管疾病、腎炎、腎徵候群及腎病、敗血症、腦膜炎、及他殺。

　　同時期，十五至廿四歲青少年之十大主要死亡原因則是：

- 意外事故及不良影響、惡性腫瘤及氣喘、糖尿病、肝炎及肝硬化、以及高血壓病（行政院衛生署，民82）。

　　這項統計資料給我們一種警訊，以前認定為中老年時期才容易得的病如慢性病、退化性疾病，已提早發生在青少年，乃至於兒童身上。而這些疾病的發生，主要和生活型態有關。然而個人的生活型態，是奠基於幼年時期的行為方式，一旦成為習慣，要改變它將是相當的困難。

　　今日，很不幸的是，隨著科學及醫學的發展及昌明，人們漸漸認為健康與疾病的責任全交賦給衛生專業人員，而免除自己的責任。事實上從前面所述的各年齡層疾病的成因來分析，都與下面七項健康危害行為有密切的關係，包括：

- 不吃早餐、吸菸、喝酒、濫用藥物、熬夜、缺乏運動、休息和睡眠不足、長期處在高度心理壓力狀態下等之生活習慣。

　　個人衛生習慣的培養，主要目的是使每個人能表現健康的行為，建立良好的生活型態，為自己健康負起更大的責任。美國 Dever 在一九八〇年即指出，影響健康的因素可分為四大類：

一、醫療照顧因素占 11％。

二、環境因素占 19％。

三、遺傳因素占 27％。

四、生活方式因素占43％。

可見醫療照顧對健康的頁獻是最少的，而生活方式所居的頁獻最大。（黃松元等，民80）。健康教育中很重視健康習慣的培養，健康行為的改變是促進健康的根本要件。健康行為必需透過有計畫的健康教育，從幼兒及兒童時期開始，以周遭的生活環境為出發，學習主動的建構自己的知識，這知識是融合在日常生活中，並透過各種活動，與生活環境產生互動，才能真正建構知識。如此方得以達到個人能解決生活問題，及配合社會大環境的需要。

今日，台灣地區學童及青少年常見的健康問題如下：

一、學習感官的問題

如視力不良，對學生來說，最嚴重的是近視。其次是聽力障礙，導音性及感音性的聽力不良。這兩種視力及聽力的感受器官發生問題，都會直接的影響學生的學習效果，學生資訊的獲得管道主要是靠視覺，約百分之八十的資訊，由視覺器官（眼睛）來接受；其次是聽覺，約百分之二十的資訊靠聽覺器官來接受。千萬不可忽視眼睛及耳朵的保健，以免日後造成遺憾及不便。

二、口腔牙齒的問題

根據衛生單位的統計，學童約有八成至九成的齲齒率，而其

治療率偏低，造成國人口腔健康普遍不良的現象。而口腔（特別是牙齒）是我們食物進入人體的第一道門，如果出了問題，不但影響食物的消化，也會影響我們顏面的美觀及聲音的遺憾。

三、飲食不均衡，體重過重的問題

近年來，台灣經濟繁榮，國人飲食習慣漸受西方文化的影響。速食文化發達，而營養觀念不健全，體重過重者，用各種途徑減肥，因此，引起問題層出不窮，且為商人大作文章引進各種昂貴的減肥方法。飲食習慣應自幼培養，終身貫徹實踐，才能達到健康、健美、美容的目的。這些內容將在食物與營養的章節中詳細討論。

四、缺乏適當及適量的運動

民國八十二年台北醫學院附設醫院小兒科部曾做過調查即發現，國小學童四分之一以上都過胖，而肥胖的原因除上述因飲食不均衡及過量外，很重要的因素之一是缺乏適當及適量的運動，尤其對都市的學童而言，更覺嚴重。在媒體資訊發達的今天，許多人終日鎮坐在電腦之前，即可獲得重要的資訊，回家後又穩坐在沙發上觀看電視直至就寢，長期缺乏運動的結果，使得體重過重而危害身體健康。也有人認為每日的工作量或上學活動量已經足夠，所以不需要刻意地運動，這種想法並不正確。以學生及白

領階級而言，其工作量有限、對心、肺、肌肉缺乏足夠的訓練。培養規律的運動習慣，增強個人的體能與活力是非常重要的課題。

五、熬夜及睡眠不足

青少年及成人，白天為應付繁忙的學業及工作，晚上需完成學校的作業或流連於電視或其他聲色娛樂場所，或課後打工、兼職等工作，以取得更多的生活費用，因此延誤了作習時間或剝奪了睡眠及休息時間。

六、菸、酒、檳榔及藥物濫用

拒菸及禁菸的活動，近年來在台灣雖受到廣大民眾的重視，在公共場所禁菸已被認同，但洋菸開放進口後，在廣告大力促銷下，兒童、青少年及女性吸菸人口增加。

同樣的，洋酒及檳榔也在促銷情形下，不只是成人的消費品、兒童、青少年以及女性的消費者，漸漸增加，危害國民健康。安非他命、海洛因、古克鹼等毒品之濫用，也浸食青少年的身心健康，拒菸、拒毒、拒檳榔的教育必需要從青少年與兒童開始，以達到預防重於治療的理念。勿養成以菸、酒、檳榔、藥品來代替情緒的發洩。

七、長期處於心理壓力下之生活

由於父母管教態度、方法的不得當、家庭經濟問題（如經商失敗、賭博欠債）、學業問題、交友不慎、單親家庭等問題，帶來兒童、青少年的心理壓力，如無適當管道加以疏解，長期下來，造成偏差行為及心理疾病（精神疾病），在這多元化工商業的社會中有增加的趨勢。

由以上所述各種青少年及兒童常見的身、心健康行為問題，在這本書中，我們先後加以探討其成因及預防方法外，並希望能透過良好習慣的培養，從小養成健全的生活習慣，在日常生活中能實踐健康生活。

第二節　視力保健

視力情況正常與否，對一個人的影響是全面性的，包括健康情形、學習成績、環境適應、生活習慣、興趣取向、個性等，以至於未來的前途。視力的良好對個人的重要性由此可見。然而，國人卻有相當比率的視力不良問題，尤其是兒童及學生，已成為相當嚴重的健康問題，值得國人重視。

一、台灣地區學童視力問題

　　近年來，台灣地區經濟發展，社會型態變遷，加以升學造成壓力，不當的閱讀習慣及都市的生活環境，使得視力不良的人口不斷地增加，單就近視而言，台灣地區的近視罹患率早已高居世界第一，遠高於目前美、法的百分之八及日本的百分之十五。這種視力不良的情形在學生群中尤為嚴重，根據衛生署主持的「第三次全國中小學目屈折狀況調查研究」顯示，台灣地區高三學生近視罹患率高達百分之八十五點五，國小六年級學童也達百分之三十五點一（行政院衛生署，民80）。因此，有計畫的實施視力保健工作是刻不容緩的。所謂「預防重於治療」，國小甚至學齡前階段學童的視力保健工作是十分重要的。

二、眼球的構造與視力不良

　　眼球本身是一種基本光學的構造，類似一個水球，內含一個可以自動調節度數的鏡片，即水晶體。光線由水球前端的窗口進入，即透明的眼角膜，穿過水晶體，而成像在水球的後端，即視網膜。眼球的基本光學功能，是接收外界光線，經過角膜及水晶體的折射與聚焦作用，投射在視網膜上，因而成像（見圖2−1）。

　　在這成像的過程中，任何一處的構造發生異常，將會影響成

像的結果，造成視力的不良。一旦學童出現視力不良的情形，將
對學童的學習與健康產生重大的影響。

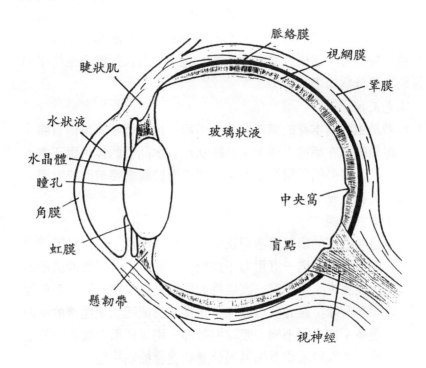

脈絡膜

視網膜

睫狀肌

鞏膜

水狀液

玻璃狀液

水晶體

瞳孔

角膜

中央窩

虹膜

盲點

懸韌帶

視神經

■圖2-1　眼球構造■

㈠近視

　　形成近視的原因很多，但多以眼球本身的問題所引起，如角膜的屈度、水晶體的屈光率、水晶體的面屈度及眼球的軸長等，都會影響視力，造成近視眼（見圖2—2）。若以近視發生的原因區別，可分爲如下二種：

1.先天性近視

　　乃是由眼睛本身的構造缺陷所引起，這種近視與遺傳有關。這類眼球在構造生理上，其睫狀肌或水晶體的作用與正常人不同，結果因爲屈光度大，物體成像於視網膜前而成近視。

2.後天性近視

(1)假性近視

　　這類近視的眼球構造與正常眼球並無不同，但由於睫狀肌的痙攣（肌肉一直用力不放鬆），使得水晶體機能調節的功能喪失，水晶體一直維持大的屈光度。所以睫狀肌的痙攣一解除，視力就可以恢復正常。造成睫狀肌痙攣的原因很多，如光線不夠、眼球過勞等，均可能引起睫狀肌的痙攣，如同腿部肌肉如果過分運動就會抽筋一樣。

(2)惡性近視

　　這類近視並不常發生，但卻是較嚴重的一種。它與遺傳有關，乃是由於未知的原因造成眼球退化，鞏膜及脈絡膜都有退化性的變化，喪失正常眼球的彈性，所以眼軸變長而成近視。這類病人因爲眼球組織都有退化性的變化，常常併發眼球內出血或視網膜剝離。

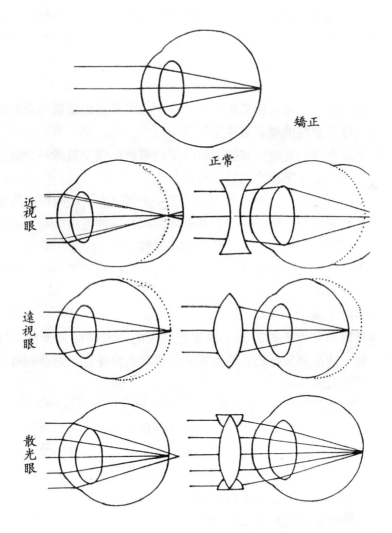

■圖2-2 視力不良及其矯正■

　　在上述的幾個近視類型中，除了先天性近視只能由優生學的
途徑來解決外，後天性的近視應可藉由人為的努力來加以改善或
預防，因此可由治療及預防兩方面來著手：

3.治療方法

(1)單純的近視，因其眼底仍正常，故可使用眼鏡或隱形眼鏡
等物理性的矯正方法來改善。

(2)退化性的近視，其眼底有合併網膜退化症，有進一步退化
的可能，需要定期追蹤檢查。

(3)假性近視可針對原因予以矯正，便可以在一段時間內恢復
正常視力。如因睫狀肌緊張所引起的假性近視，可用藥物
使睫狀肌麻痺，恢復其本來的度數。

(4)角膜手術是被確定能減輕度數的方法，其效果仍在慎重評
估之中。

4.預防方法

具體預防近視的方法，應掌握健康的四大條件：營養、運
動、休息、良好的生活方式。而這四大條件也是遠視的有效
預防方法。

(1)均衡的營養

要預防近視，重要的是要避免偏食，注意均衡的飲食。若
為了治療近視，而專吃特定的食物，會因營養不均衡而降
低視力。如維他命A是有益視力的營養素，但若只靠維他
命A，則不能有效提高視力，因為尚有其他的營養素對眼
球的健康有相當重要的影響，如維他命B群。一旦缺乏，
會引起腳氣病及影響視力，如民國五十三年時便曾發生過
嚴重的病例。

(2)休息

休息是為了讓眼球肌肉的緊張狀態得以放鬆，其方式包括：

①全身休息：最好的方法便是睡眠。契合焦點的主要器官是肌肉，一旦發生疲勞，就缺乏彈力，因而形成了近視。為了獲得良好視力必須要有充分的睡眠：

「充分睡眠→恢復肌肉彈力→提高視力」

②局部休息：如在讀書時應挺直腰部，有適度的照明，眼睛和書本的距離至少維持三十公分，一小時中應該讓眼球有五至十分鐘的休息時間，並避免連續使用眼睛。又如看電視時，最適當的距離是電視畫面長度的六至八倍，且每看三十分鐘的電視，應閉閉眼，起身運動，作個姿勢的改變，讓眼睛得到暫時的休息。

(3)眼球運動

即眼球訓練，亦即鍛鍊眼球肌肉，以達提高視力的目的。以下是二項簡易的眼球運動：

①望遠凝視法：這是凝視相當距離的一個固定地點的練習。凝視遠方，即讓契合焦點的工作，在自然的狀態下進行，可讓「毛樣肌」得以休息；也可作為角膜契合焦點的訓練。

②視點移動法：這是在五公尺以內的凝視訓練法。繼續凝視附近的一點，不久，眼睛就會感到疲勞，因為水晶體的毛樣肌停留在不動的狀態，最易疲勞，所以，改變凝視點，反而能讓水晶體和毛樣肌休息，同時也訓練了它們的調節力。但只能在相當長的時間後，偶而加以移

動。

(4)改變生活方式

使用眼睛的行為，是融合於日常生活中的，一旦發生近視，表示目前的生活方式不合於眼睛的活動，故須立刻改變，才能使眼球的健康得到適當的保護。

(二)遠視

遠視和近視是相對的，在眼睛休息的時候（亦即沒有調節作用的情況下），遠方的事物經過眼睛的光學系統，成像在網膜的後面，這個眼睛便有遠視。

造成遠視的原因多半是天生的，有些是眼球軸前後太短了，所以物體成像到網膜後，也有些是因為角膜前房晶體這個光學系統的屈光率太小，好像凸透鏡的度數太少一樣，使像距太長而成像到網膜後。後天造成的遠視並不像罹患近視的數量那麼多，而是相當少的。

遠視的治療，配戴適宜的凸透鏡即可。

(三)散光

散光的眼球不能像正常眼一般將物體的像投落在網膜上，而是同樣一個物體一部分成像在網膜上，一部分的像卻落在網膜的前面或後面，這就如同正常眼戴上一個圓柱形鏡片一樣的結果，致使「遠的東西看不清楚，近的東西也模模糊糊」。

輕微的散光有時候並不會引起視力的障礙，也不會引起什麼症狀，像這種生理性的散光並不須要治療。假如散光嚴重到影響視力，或是自覺頭痛，不能專心讀書，或是必需瞇起眼睛看東西

時，就必須加以矯正了。

　　散光的矯正並不困難，只要配戴一個圓柱透鏡，即可改善。而近視眼併有散光現象時，只需配戴上近視度數適宜的隱形眼鏡，便能併同改善散光的問題。輕微的散光也可以用隱形眼鏡來矯正。

㈣斜視

　　斜視就是俗稱的「斜眼」、「鬥雞眼」。斜視不僅影響外在的美觀，也關係著視力。因此，斜視必須加以矯治。

　　斜視的矯正愈早愈好，時間愈久，視覺功能的發育受到阻礙愈大，以致於造成弱視，將愈不易改善。

　　矯正斜視的方法很多，依斜視類型、程度、視力好壞及屈光狀態等有所不同。包括有屈光不正的矯正、遮蓋治療、縮瞳劑和散瞳劑的使用、視軸訓練、弱視訓練及手術治療等，經過眼科醫師詳細檢查後，配戴合適的眼鏡及擬定治療的方針，進行斜視的矯治工作。

　　斜視的矯正必須早期診斷與早期治療。最重要的是能耐心與醫師合作，因為矯正過程需要歷經一段至少半年以上的漫長日子，一旦半途而廢，將會功虧一簣。

㈤先天性白內障和青光眼

　　這兩種眼球疾病發生在學齡兒童身上的比例很少，較不常見。

四、眼球外傷

　　小孩容易發生眼球外傷，如遊戲時不慎被尖形的玩具、飛標、刀子、鉛筆、筷子等挫傷。故眼球外傷的發生防不勝防。然而，一旦發生眼球外傷後，處理得當與否，將決定了眼球的預後。因此，對這脆弱的「靈魂之窗」眼球外傷的處理必須相當慎重。

　　緊急的處置：
- 勿妄自加以檢查或壓迫。
- 勿投以任何眼藥膏。
- 小孩應立即保持禁食狀態（包括不得飲水），俾能盡早送醫處理。
- 避免嘔吐及打噴嚏。
- 急速送醫。

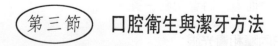

第三節　口腔衛生與潔牙方法

　　現代仍有許多人有錯誤的觀念，以為牙齒壞了沒有關係，只要再換假牙就好。殊不知假牙沒有天生的自然牙好用，更不知牙齒只要稍多加照顧，即可練就「金剛不壞之軀」，長期為我們效

勞。牙齒不僅咀嚼食物，尚具有幫助說話、輔助顏面的輪廓、並會刺激牙齦、顎骨、顏面和頸部的生長發育等功能，對人類而言功不可沒。

一、牙齒的結構

牙齒的健康型式在早期便已建立，若在形成期疏於照顧，則乳齒和恆齒就會喪失它健康的基礎，即使日後接受修補或配戴假牙，也無法和天然牙齒相抗衡。

(一)琺瑯質（牙釉質）

牙齒由外形可分為牙冠和牙根兩部分。牙冠是指露於口腔的部分，而牙冠的表面一層便是琺瑯質，它主要是鈣與磷所組成，為人體中最堅硬的組織。它除了咬碎食物之外，也保護下層的牙本質，但在形成後，卻無法再生。同時，在琺瑯質內部並不具備神經與血管，因此，一旦有病變時並不呈任何徵兆，無法及早治療。所以，進行定期的口腔檢查，才可早期發現早期治療，確保牙齒的健康。

(二)象牙質（牙本質）

牙冠部琺瑯質及牙根部牙骨質的內層的構造，便是象牙質。它是一種鈣化骨樣組織，能對生理和病理的刺激產生反應，因此被認為是種活的組織，且能不斷生長。在硬度方面較琺瑯質柔軟，且富有彈性。

在象牙質中有無數的小管，管內有成齒質細胞突，對外界來的刺激具有疼痛反應。

㈢牙髓

牙齒中央有個凹洞，稱作牙腔，富含神經、血管和淋巴管，總稱為牙髓。「牙髓」具有形成新的牙本質和維持牙齒生命的功能，且由於牙髓內的痛覺神經末稍，會接受冷、熱物理和細菌的刺激，因而也擔負了牙齒感覺的職責。外來的刺激會使牙髓發生退化甚或死亡，整個髓腔及根尖孔也會逐漸的變小。

㈣牙骨質（白堊質）

牙骨質為覆於牙根部牙本質的外側組織，具有與骨髓相同的構造，通常能持續的生長。牙骨質中有許多堅韌的纖維會延伸入顎骨內，藉著這些纖維使牙齒牢固地吊立在顎骨內。所以牙骨質主要的功用是使牙周纖維附著牙根上。

人類的牙齒不同於人體內的其它組織，具有特殊的構造與硬度，而表面硬度更較石膏和方解石硬得多。一般而言，門牙是用來切斷食物，犬齒、小臼齒是撕裂食物，而臼齒是用來研磨食物。在我們口腔大部分所看到的，只是牙齒的牙冠部分，牙根部分則是嵌在齒槽骨之中。由於看不見牙根，大部分的人很容易將牙根的長度與數目估計錯誤，長的牙根像樹根一般將牙齒牢牢的固定在顎骨上，牙齒才能承受在咬硬物時幾近五十磅的力量。而牙根的大小、形狀和數目和所承受咀嚼力有關，例如：臼齒由於需作研磨食物的工作，故要較門牙具有寬大的咬合平面，使它能承受較多的咬合力量，因而需要較多的牙根支持。而牙根所處的

位置則與咬合力量的分散有關。正常的牙齒形態和排列也與口腔的衛生有密切關係，若牙齒的頰、舌、近心和遠心側表面過度凸出不平的話，食物和細菌便會不易清除而積留在牙齦和牙齒之間，造成牙菌斑，並進而形成牙結石，再加以齒齦會喪失正常食物對它適當的刺激和按摩而會造成牙齦炎和牙齦退縮。牙齒除了需有正常的形態外，並需有適當的排列和接觸點，若排列得不緊密或接觸點被破壞時，則牙齒與牙齒之間的空隙會很容易發生食物的堆積，因而造成牙齦炎和牙周病的問題。

二、口腔的疾病

(一)齲齒（蛀牙）

齲齒（蛀牙）是牙科最常見的流行疾病，是一種牙齒琺瑯質部分產生脫鈣現象，及有機部分遭受破壞的疾病。一旦成為齲齒後是無法不治而癒的，且不能像其他病變的組織由於適當治療而恢復成原來的健康外觀。齲齒不能以預防接種的方法來加以免疫預防，而齲齒的發生並非單一的因素造成，導致齲齒的原因很多，但廣為人們接受的理論是化學寄生或生酸學說，認為齲齒形成三大要素為：生酸細菌、酵素、及接受酵素作用的物質，只要除去其中任何一個要素，就可防止齲齒的發生。

除此之外，還有一些其他因素也可導致齲齒的發生。

1.牙齒本身的健康

牙齒的健康情形會直接影響齲齒的發生機率。母親妊娠時營

養的不足，會直接影響胎兒的牙齒，懷孕過程中，藥物及感染疾病也會造成胎兒牙齒的不健康。小孩生長過程罹患疾病及營養不足也會影響其本身牙齒的健康。

2.唾液

唾液中所呈PH值、唾液的黏度、抗菌性等也會影響齲齒罹患的機率。

3.牙齒本身形態上的特徵

深而窄的咬合面溝或者頰面或舌面的小點，食物、細菌殘渣都很容易積留其內，因而這些區域容易發生齲齒。

4.牙齒的位置

若齒列不整的話，很容易使食物、細菌、碎屑存留，則發生齲齒的機會相對增大。

總之，我們若能有效控制上述因素，則齲齒的罹患機率將能減低。

(二)齒齦炎與牙周病

齒齦炎是牙周病的早期階段，如果治療及時，通常可避免嚴重的牙周病發生。齒齦炎與牙周病都是由於牙菌斑引起，即是由於細菌營養物不斷在牙齒上沉積形成的。久而久之堆積的牙菌斑變硬或鈣化成為牙結石，若不加以除去或治療，此牙結石會使牙齒與牙齦分離，發炎而致牙齒鬆動，甚至脫落。食後立即刷牙，及使用牙線是預防牙菌斑及牙結石產生的最好方法。

三、預防口腔疾病的方法

預防口腔疾病，便應自改善形成疾病的原因著手。對於這些會造成口腔疾病的因素，有效的預防方法有如下幾點：

㈠個人衛生方面：

有四大口腔保健原則，分別是：

1.飯後立刻刷牙

若能勤刷牙，掌握最佳的刷牙時機，並徹底的刷淨牙齒，則能保持口腔的衛生，破壞齲齒形成的環境與機會。同時由於口腔的清潔，降低了牙結石形成，因而減少了牙周病發生的可能性。

2.均衡的營養

適度而均衡的飲食，是人體維持健康之道，也是口腔健康的基本原則。有許多人們偏好醣類食物，往往對口腔健康有不良的影響。口腔中的乳酸菌愈多，齲齒率愈高，而這種乳酸菌可經食用低醣的食物而減少。

3.牙齒塗氟

適量的氟能降低牙齒的琺瑯質對酸的溶解度，常使用的局部氟劑是百分之二的氟化鈉和百分之八的氟化錫，通常利用此法可減少百分之四十至六十以上的齲齒率。

4.定期口腔檢查

齲齒的早期是沒有疼痛的感覺，常會為人所疏忽。所以定期

的口腔檢查也是口腔的保健基本原則。定期檢查應視年齡及各人狀況而定，一般而言，定期檢查開始時期大約在一歲至一歲三個月左右，幼兒及學齡兒童則需三至六個月檢查一次，老年人應每半年至一年檢查一次，而其他人需至少每年口腔檢查一次。

欲維持口腔健康，有賴人們遵守這口腔保健四大原則，以便達到「早期預防、早期發現、早期治療」的目標。

(二)口腔衛生教育：

應自個人接觸最密切的家庭及學校兩方面來著手：

1.家庭方面

父母對子女的口腔衛生習慣應加以細心觀察及督促，養成子女良好的口腔衛生習慣，方能使子女保有健康美麗的牙齒。因此，在家中，父母應留意以下幾點：

(1)父母要督促子女是否按時刷牙。

(2)注意食後是否刷牙。

(3)不讓子女吃太多甜食，而且注意子女的飲食習慣。

(4)定期帶子女接受口腔檢查。

2.學校方面

學校應教導學生有關口腔保健的知識及技能，並營造學生實踐的環境，以利良好口腔衛生習慣的養成，故應著手如下幾點：

(1)口腔衛生教學：應教導學生正確的刷牙方法、選擇適當的牙刷、正確的口腔保健知識、及定期口腔檢查的觀念的指導。

(2)口腔衛生環境：校內合作社不應販售含糖飲料，同時應供應均衡營養的學校午餐、建立便於學生餐後潔牙的相關設施等。

(3)口腔衛生服務：由健康中心安排學生定期的口腔檢查、口腔缺點矯治及追蹤、口腔衛生諮詢服務等。

四、適當的潔牙方法

要保持牙齒的衛生，最重要的就是在適當的時機進行刷牙及牙縫殘渣的刮除，只要將牙齒表面徹底的清潔，便能有效確保牙齒的健康。

㈠貝氏刷牙法

刷牙的方法很多，目前廣爲全國牙醫師公會全國聯合會推行的是貝氏（Bass）刷牙法。本法的特點爲：

- 右邊開始，右邊結束。
- 刷外側牙用同側手，則內側牙用對側手。

本法的刷牙方式及程序如下：

1.牙刷握法

姆指前伸，握住牙刷柄。

2.刷牙齒外面的方法

(1)門牙外側：將刷毛對準牙齒與牙齦交接處，刷毛要涵蓋一點牙齦，才能周全地把牙齒表面刷乾淨。刷上顎（上排）時刷毛朝上，刷下顎（下排）牙時刷毛朝下，做短距離水

平運動，兩顆牙前後來回刷十次。

(2)左、右外側面：將刷毛對準牙齒與牙齦交接處，刷毛與牙齒呈45度至60度角。同時將刷毛向牙齒輕壓，使刷毛略呈圓孤，讓刷毛側邊也與牙齒有相當大範圍的接觸。牙刷定位後做短距離水平運動，兩顆、兩顆牙前後來回刷十次。

3.刷牙齒咬合面的方法

把牙刷平放咬合面上，使刷毛和咬合面垂直，做短距離水平運動，兩顆、兩顆牙前後來回刷十次。

4.刷牙齒內面的方法

(1)牙齒內面：雖此為不易看清楚且不易刷的地方，但刷毛仍要對準牙齒與牙齦交接處，刷柄貼近大門牙，做短距離水平運動，兩顆、兩顆牙前後來回刷十次。

(2)刷左、右側後牙內面時，伸出口外部分的牙刷柄應對準人中下方（鼻尖下）方向外斜伸出。

(3)刷門牙內面時，刷柄與門牙平行並貼近咬合面。

(4)刷左側牙內面用右手，刷右側牙仕面用左手。

5.刷牙的順序

(1)先刷上顎（上排）牙，再刷下顎（下排）牙。

(2)口訣：右邊開始，右邊結束。

(3)先從右邊最後一顆牙外面開始，刷到左邊牙外；然後到左邊咬合面、左邊牙內面再回到右邊牙內面；然後再右邊咬合面如此才不會有遺漏。

6.注意事項

(1)刷牙時，一定要對著鏡子張大嘴巴刷牙。

(2)口腔內的牙菌斑隨著時間增長，當沒有進食時，牙菌斑依

　　然會形成。所以要養成每日潔牙的習慣，將吃甜食時間集中，吃過東西後和睡前要刷牙。

㈡牙線的使用

　　使用牙線可以去除嵌在牙縫間的食物殘渣，同時徹底清除附著在牙齒表面的牙菌斑，亦可輕微的刺激周圍的牙肉，以增加其血液循環以保健康。牙線的使用方法，如圖2—3所示，而操作牙線時，有幾點要領如下：

1.嵌入牙線時不能太快，要慢慢以拉鋸方式導入。
2.每次可將一邊的牙線纏一些到另一邊，便可得多次清潔的牙線線段。
3.使用牙線後，要即時漱口。

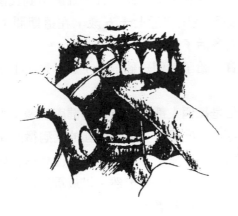

■圖2-3　牙線使用方法■

第四節　健康檢查與慢性病

　　在人生的歷程中，「生、老、病、死」是人生必經的現象，凡人皆無法避免，但在有生之年，誰都希望能活的快樂幸福一些，活的健康長壽一點。在過去數十年中，醫學的迅速進步，促使世界上大多數的傳染病為之大減，有些傳染病甚至絕跡。公共衛生的受到重視，經濟的繁榮安定，人們的生活大有改善，更由於衛生與營養的改進，人類的壽命也隨之延長。例如：臺灣地區在民國四十一年，國民平均壽命為五十五歲，到民國八十二年，國民的平均壽命延長至將近七十五歲，在這期間，增長約二十歲，即平均每人多活了二十年。

　　由以上事實，給了我們一個信念，那就是：「健康長壽是可以謀求的」。

　　疾病和老化是每個人都必須面對的健康問題，尤其是到了中年以後，人體各部分的器官，雖無明顯的疾病徵狀，但潛在病因或危害健康的因子或已發生，生理功能或已衰退，如何能對身體健康的狀況有所了解，防患於未然，以最新的醫學知識與技術，盡早消除病因，並促進健康。

一、健康檢查

㈠何謂健康檢查

　　健康檢查（Health　Examination）：是一個人在身心處於正常情況下，接受醫生、護士、醫事人員等各類專業人員，應用各種科學的方法，實施身體的（生理的）、心理的檢查。而與有了任何身心的狀況再去求醫診治有別。因此健康檢查，是一種預防工作，也是一種積極的保健方法，藉此檢查，往往能發現未能自覺的早期輕微的疾病及缺點。對於健康檢查，必須自幼與以教育，因此對學童實施健康檢查，除了建立學童的健康資料、早期發現疾病、早期治療外，在教育上更具有下列的意義。

㈡健康檢查的意義

　　⑴測知生長發育情形及健康狀況。
　　⑵養成個人重視身心健康的觀念。
　　⑶促進家庭、學校對於個人健康的注意。
　　⑷政府藉以明瞭國民健康的狀況，根據檢查結果之統計，作
　　　爲推行公共衛生與健康促進之參考及依據。
　　學校實施學生健康檢查，是一項教育活動，學童從小培養此種良好習慣，並學習了解健康檢查的理由、過程與結果，以期熟悉檢查的項目及方法，日後更可應用於一生，以預防疾病，增進健康。

㈢健康檢查的實施

　　人類自母體受孕的胎兒期以至嬰兒期、幼兒期、兒童期、青少年期、成年期、中年期直到老年期，各個時期為了解自己的健康情況，都應按照各時期的需要，實施定期的健康檢查。其中尤以嬰兒期和中年期以後的老年期兩個階段，較容易發生異常變化，所以檢查次數要更多更為重要。（鄭雪霏，民80）

健康檢查的時期

　　依據生長變化各時期的需要，定期健康檢查可分下列各時期：

(1)產前檢查（胎兒期）：

　①目的
  - 保護母體健康，使順利的生產健康的胎兒。
  - 明瞭產婦和胎兒的生理和發育情形。
  - 及早預防或治療異常疾病，減少流產或意外疾病的發生。
  - 實施適當的衛生教育。

　②檢查次數
  - 第一次檢查宜在懷孕四個月以前。
  - 懷孕七個月以下，每月一次。
  - 懷孕八、九個月，每月二次。
  - 懷孕十個月，一星期一次。

　③檢查項目
　　檢查項目包括測量身高、體重、血壓（發現血壓過高應立即治療，以防妊娠毒血症）、驗血（包括血色素、血

型和梅毒血清反應）以及驗尿（以明瞭腎臟是否病變）。並檢查胎位、胎向、胎心音、及測量骨盤大小等。

④產前遺傳診斷：羊膜腔刺穿檢查

了解產前細胞遺傳診斷及羊水分析是每個孕婦應有的衛生保健知識，可以預防第二代遺傳性疾病及先天性缺陷兒的產生，是優生保健工作中很重要的一環。

產前細胞遺傳診斷對下列孕婦有益：

- 高齡孕婦：三十四歲以上者。
- 曾生育先天性缺陷兒者：尤其是染色體異常兒（如唐氏兒）、無腦兒和脊柱裂兒者。
- 本胎次有生育先天性缺陷兒之可能者。
- 本人或配偶有遺傳性疾病者。
- 家族中有遺傳性疾病者。
- 有習慣性流產者。

羊膜腔穿刺術：是從孕婦的子宮內抽取20cc羊水，用科學的方法檢查胎兒的細胞染色體新陳代謝物質，在懷孕的中期即可診斷胎兒的情況。最好在懷孕第16～18周施行最為適當。

羊膜腔穿刺術普通可以診察三類疾病：

第一類是染色體變異，最常見的是唐氏症，有這種病的小孩子大都智力遲鈍，同時身體有其他的缺陷，因為這些小孩子身上每一個細胞都比正常人多了一個染色體，三十四歲以上的孕婦生這種孩子的可能性比年紀輕的的孕婦高。

第二類的是開放性的神經管缺陷，無腦症及脊柱裂是其中的兩個例子。

第三類是某些遺傳性的疾病，其中以新陳代謝的疾病佔多數。

本項穿刺術大多是在醫院的婦產科門診部，或者婦產科醫師的診所施行，只需要一兩個小時便可以回家，不需住院。

據統計，產前診斷的結果顯示百分之九十五以上的胎兒的染色體都是正常的。

偶有少數的診斷結果顯示不正常的胎兒，婦產科醫師和遺傳學家會盡量幫助他們，讓他們了解胎兒罹患的病症，使他們能做一個適當的選擇與決定，即讓這個不正常的孩子出生，或要求做人工流產。（資料來源：台北市政府衛生局：產前遺傳診斷）

(2)嬰幼兒健康檢查：指出生至入學前。

　①出生至周歲每月檢查一次。

　②一～二歲：每三個月檢查一次。

　③二～六歲：每半年檢查一次（幼稚園時期）。

(3)學生健康檢查：依照我國政府規定，凡是學生都要接受健康檢查，不可敷衍而流於形式，以致失去教育意義。（教育部規定於民國八十五年開始實施）實施情形請看第六章學校衛生。

(4)醫院之健康檢查：

　醫院之設備與條件比較完善，一般來說在經濟及時間許可下當然檢查越詳細越好。茲將健康檢查聲譽卓著的醫院，

設計檢查的項目列於下以供參考：

①臨床檢查（包括血壓、胸腹部檢查）。

②血液常規檢查。

③尿液常規檢查。

④糞便常規檢查。

⑤梅毒反應試驗。

⑥血型鑑定，血凝及血流時間測定。

⑦肝功能試驗。

⑧腎功能試驗。

⑨甲狀腺功能測定。

⑩血糖檢查（飯前及飯後二小時）。

⑪血脂肪（膽固醇、三酸甘油脂、血脂蛋白等）檢查。

⑫肺功能測定。

⑬心電圖檢查（包括運動試驗）。

⑭愛克斯光檢查。

　　Ⓐ胸部。Ⓑ腹部。Ⓒ上胃腸道。Ⓓ膽囊。

⑮胃鏡檢查。

⑯乙狀結腸鏡檢查。

⑰專科會診。Ⓐ眼科。Ⓑ耳鼻喉科。Ⓒ牙科。Ⓓ婦科。

⑱其他特殊檢查。

　健康檢查除了可以早期發現疾病，早前給予治療外；還可以給我們一種「健康的自覺」。在一套周詳的檢查完畢後，如果一切正常，會更加強了我們的自信心，可以全心全力致力於學業和事業上的努力，免除了後顧之憂。

　健康檢查的意義是在積極而有效地防患疾病於未然。為了維

護我們的健康，確保個人的幸福與美滿，定期做健康檢查實在是
必要的。

二、慢性病

從榮民總醫院歷年來健康檢查常見的疾病統計與衛生署統計
的台灣地區十大死亡原因的比較，筆者綜合歸納出數種台灣地區
成年人常見的慢性病，且這些疾病都和兒童、青少年時期起由於
生活習慣（生活型態）的不良，如：飲食不均衡、缺乏適當和適
度的運動、吸菸、喝酒、缺乏適當的休閒活動、以及壓力沒有妥
善的調適等因素有密切的關係。茲將五種慢性病略述於下：

㈠肥胖症

由於皮下脂肪大量堆積而引起的超重，一般診斷「肥胖症
」，可依下列二個條件來判定：

1.實際體重比標準體重超出百分之二十以上。

2.上臂外側皮層扭捏起厚度超過2.5公分以上。

台北醫學院附設醫院小兒科主任林守田指出，在過去調查即
發現，國小學童（指都會區的學童）四分之一以上都過胖，而肥
胖、膽固醇過高是心血管疾病、糖尿病等慢性病的危險因子；兒
童發胖，體內脂肪細胞已改變，埋下疾病伏因，將來慢性病發病
年齡必提早。（民生報，民82年2月17日）。

專家分析，目前兒童多忽略早餐，以致午餐易攝食過量，而
且常吃零食，因此容易發胖且營養不均，所以家長應盡可能準備

早餐，且培養兒童均衡攝取各類食物的習慣，才能為未來奠下健康的基礎。

在第三次全國營養調查中發現，中老年女性肥胖的比例相當高，中年女性中有四成人口超過標準體重的20％，二成超過30％；老年女性中則有四成五的比例超過理想體重的20％。中年男性有二成的體重超過20％，有6％的人超過30％，老年男性則有16％超過理想體重的20％，足見肥胖情形嚴重。在美國肥胖症是十大死因中，心臟病、癌症、糖尿病和血管硬化症的危險因子，也與腎結石、骨節炎、高血壓、高血脂、低活動量、心理健康等問題有密切關係。（梁文薔，民82）。

至於對付肥胖之道，莫過於「控制飲食」、「適量運動」、「調適壓力」和「行為改變」四方面著手。（詳細內容請參考第三章食物與營養，理想體重的維持。）

㈡冠狀動脈性心臟病

冠狀動脈有了病變而使血液循環發生障礙所致的心臟病就叫做「冠狀動脈性心臟病」，此種疾病皆為心肌缺氧所致，故又稱「缺氧性心臟病」，簡稱心臟疾病。心臟病是美國人的十大死因的第一位，台灣地區此病的患者也逐年增加凸顯這個疾病對健康的威脅已與日俱增。

1.冠狀動脈性心臟病發生的原因：

目前尚未完全瞭解，依據專家研究，促成血管硬化的「危險因素」至少有下列各項：

(1)高血壓。

(2)吸菸。

(3)血脂肪過高。

(4)糖尿病。

(5)肥胖。

(6)缺少運動。

(7)緊張。

(8)遺傳因素。

2.心臟疾病的預防方法：在日常生活中要注意下面各點

(1)有高血壓、糖尿病、血脂肪過高症（膽固醇或三酸甘油脂過高），應及早矯治。

(2)保持理想體重，預防肥胖。

(3)養成每天運動的習慣，但不宜過度，以不引起症狀為原則。

(4)有吸菸習慣者要戒菸，以免引起肺部及支氣管的問題。

(5)注意情緒的變化，避免情緒激動、憤怒與過分憂慮，保持輕鬆、和諧的心情。

(6)如發現有心臟疾病的症狀，應遵醫服藥治療。

㈢高血壓

1.何謂高血壓

高血壓的意思是指動脈血壓持續的升高，依世界衛生組織的定義，成人的高血壓是指收縮壓（高壓）高於或等於160毫米汞柱及／或舒張壓高於或等於95亮米汞柱，成人的正常血壓值是收縮壓低於或等於140亮米汞柱，舒張壓低於或等於90亮米汞柱，介於兩者之間稱為邊際性高血壓。

衛生署於民國八十二年，乃依美國高血壓防治委員會一九九

三年修定的血壓標準做為國內的新標準，其分類如下：

⑴130／85mmHg以下者稱為「正常血壓」。

⑵收縮壓130－139mmHg或舒張壓85－89mmHg稱為「正常但偏高之血壓」。

⑶收縮壓140－159mmHg或舒張壓90－99mmHg者為「輕度（第一級）高血壓」。

⑷收縮壓160－179mmHg或舒張壓100－109mmHg者為「中度（第二級）高血壓」。

⑸收縮壓為180－209mmHg或舒張壓110－119mmHg者為「重度（第三級）高血壓」。

⑹收縮壓高於或等於210mmHg或舒張壓高於或等於120mmHg者為「極重度（第四級）高血壓」。

資料來源：民生報：83年3月7日第23版；

中央日報：83年3月30日第11版；鍾雍泰，民83

正常人的血壓值在早、晚會有變動，晚上的血壓值一般較低。

2.高血壓的成因

96～99％的高血壓是很難找出血壓升高的原因，稱為「原發性高血壓」，反之如能確定是某種因素造成者則稱為「續發性高血壓　」其原因有：

⑴使用藥物造成：如長期使用類固醇、麻黃素等治療過敏性鼻炎。

⑵因懷孕造成：生理改變，增加身體負擔。

⑶因器性疾病造成：如主動脈狹窄、腎臟疾病等。

(4)體重過重、攝取過量的食鹽、吸菸、飲酒、缺少體能活
動、情緒不穩定（生氣等）等。

3.高血壓的治療

高血壓患者，在初期（輕度及中度血壓）如果沒有其他心臟
血管疾病危險因子或標的器官之損傷時，可先行「非藥物治
療」，即是生活型態改變療法。其作法包括：

(1)控制體重：體重略減四～五公斤，就會有降低血壓效果。

(2)攝取適量的食鹽：每日鹽量攝取，不超過五公克。

(3)避免吸菸：吸菸有害心臟血管及肺。

(4)飲酒適量：每天不宜喝超過三十公克的酒。

(5)體能活動：規則進行中度體能消耗的有氧活動，可能對高
血壓的預防及治療有益，且具減輕體重效果。

(6)飲食配合：鉀、鈣、鎂、咖啡，及脂肪等膳食應經營養
師、醫師、護士評估後而進行配合。

當實行非藥物治療無效時，必須立即進行藥物治療，同時也
須配合非藥物治療，效果才好。

㈣糖尿病

1.糖尿病的成因

糖尿病是人類所知的最古老疾病之一，科學進步、醫學昌明
的今日，對此病的原因，還不十分明瞭，但相當多的病人和
胰臟機能的衰退有關。在正常情況下，人體的胰臟分泌定量
的胰島素，幫助身體來利用葡萄糖並供應熱能。如果胰島素
的分泌量，不夠應付身體需要，使身體不能利用糖分，於是
過多的糖就聚在血裡，造成血糖上升，小便也含有大量的

糖，便發生了糖尿病。

　糖尿病可藉著遺傳因子傳給下下代，父母均有糖尿病的子女，發病的約占60％，糖尿病人與正常人結合，其後代可能變成帶有糖尿病遺傳因子。據調查，糖尿病的發生，多在四十歲以後，而且病人的體型多是肥胖者。

2.糖尿病的症狀

　早期或輕微的糖尿病，多半沒有什麼典型的症狀，病重時則可引起多尿、口渴、饑餓、疲倦、體重減輕、身上發癢、腳酸麻刺痛、反複性皮膚炎或泌尿道炎症、傷口不易癒合、等現象。其中以「吃得多、喝得多、尿得多」合稱糖尿病三多。越吃越多，越變越瘦，更是糖尿病特徵之一。

　若檢查小便，發現尿中有糖，就表示已有了中等程度的嚴重性了。正常血液中之糖含量，在禁食十二小時後，每一百西西血液中，若檢查高於140毫克時，幾乎就可以下診斷。（高謙次，民70）

3.糖尿病的治療

　糖尿病是一種全身性、慢性、進行性疾病，但是今日醫療進步，只要經過適當的衛生教育和生活型態的改變，都可以過相當正常的生活。一般說來，任何一位糖尿病患，都要遵守下列各點：

⑴飲食控制

　①飲食控制是糖尿病最基本的治療，約有三分之一的病人，只要注意飲食，就可以獲得令人滿意的控制。

　②忌吃含糖的點心與飲料，每餐可吃一小碗的飯或麵食，少量瘦肉（以雞、魚較佳），蔬菜則可儘量多吃。不甜

之水果如蕃茄或番石榴，多吃無妨；而甜之水果如橘、
梨、蘋果、香蕉則每日限吃其中的一個。

③飲食要規律化，定時定量，不可隨意增加或減少。切忌
肥胖，儘量保持理想體重。

(2)適當的運動

①每個糖尿病人，都應該從事合理而有規則的運動，因為
它不但能保持體態的正常，並且可以預防肥胖的產生。

②運動可以消耗血糖，減少對胰島素的需要量，有助於病
情的改善。

③如果事先打算做一些額外吃力的運動，可以酌量多吃些
額外的食物；例如要游泳或打一局網球，約須先吃半個
三明治及半杯牛乳，要想打十八洞高爾夫球，就要吃全
份才夠了。

(3)生活規律化

①精神緊張或疲倦，會造成血糖不穩定的現象。抽煙、酗
酒、喝咖啡，亦會使糖分的平衡有所變化。

②作息有定時、不熬夜、不貪睡、不貪玩。定期每月或隔
月作血糖檢查，若不適，隨時請醫師診察。

③每年應作一次綜合性全身健康檢查。

(4)藥物治療

①有些病人，單是節制飲食或增加運動，還是不夠，於是
就必須注射胰島素（ Insulin ）來幫助身體利用血糖，
尤其是年青就得糖尿病的人，否則便無法穩住病情。

②口服降血糖藥物，多半用於四十歲以上，病況輕微，而
飲食控制無效者。口服降血糖藥有潛在的副作用，必須

在醫師指示下才能服用，以免發生意外。（高謙次，民
70）

㈤癌症

據估計全美國有三分之一人口會發生癌症，每年的總死亡數
中有五分之一是死於癌症，其中有一半是死於肝癌、乳癌或結直
腸癌。在台灣地區，癌症是十大死因之首，每年約有22,000人以
死於癌症，佔總死亡數的20％以上，大部分是死於肝癌、肺癌與
結直腸癌。（李龍騰，民84）

1.癌細胞的成因

癌症的產生至今仍然不是完全明白，但是，多數學者均相信
這　是一種多重因子、多重步驟所發展出來的，簡單地說，
一個正常具有功能的細胞要變成一個癌細胞，至少要經過三
期：

⑴起始期

分裂中細胞的去氧核醣核酸（DNA）遭受化學性、病毒
性或物理性等因素之傷害，受傷的細胞可以再修補，或者
維持受傷狀態不變，而將這種受傷的DNA再傳給子代細
胞。

⑵促進期

許多化學性的促進劑來自飲食中或環境中，一旦被促進劑
作用之後，很可能在短期內（一、二年內）即形成癌症。

⑶進行期

被促進劑作用的細胞逐漸形成癌細胞而發生轉移、生長。
這種多重因素、多重步驟理論正暗示著癌症的發生是：

①同一種癌症可能由好些種危險因子共同作用之結果。

②必須有累積到一定量的作用才會出現癌症。

③由於個人感受性有所不同，並不是暴露於相同危險因子者，每一個人都會發生相同的癌症。（李龍騰，民84）

2.致癌因素

目前被研究的致癌原相當多，尤其是吸菸，被認為與肺癌的發生具有非常密切的關係，以下簡述一些和癌症有關的因子：

⑴飲食

①飲食中脂肪含量和乳癌的發生有關。

②飲食中脂肪太高、纖維太少和結直腸癌的發生有關。

③維生素A似乎可保護免於發生肺癌。

④維生素C和維生素E可能保護細胞受傷害。

⑤硒（Se）可能與細胞傷害的預防有關。

⑥黃麴毒素與肝癌的生成有關。

⑦食品添加物中的硝酸鹽和亞硝酸鹽可能和膀胱癌等之發生有關。

⑵輻射線

所有致命的癌症中，大約有3～12％是與輻射線有關。

⑶病毒感染

例如：B型肝炎病毒和肝癌間的關係。

⑷職業性致癌原

3.常見的癌症

⑴肝癌

①形成原因

　　肝癌是台灣地區男性癌症死因之首位，也是中國人特別
多的癌症之一，肝癌通常和肝硬化同時併存，因此，常
常被認為先有肝硬化再有肝癌，事實上並不完全如此。
目前有不少證據相信，B型肝炎病毒，C型肝炎病毒和
肝癌形成具極密切的關係，至於化學性致癌原方面，一
般較懷疑黃麴毒素與肝癌具有密切的關係，其他被懷疑
的肝癌致癌原尚包括：砷、酒精、雄性激素及吸菸等，
均在被研究中。

②症狀

　　肝癌在早期並沒有明顯的症狀，通常要到很晚期才會出
現右上腹部疼痛、疲倦、食慾不振、體重減輕、黃疸等
症狀，甚至可以在右上腹部摸到腫塊，防治肝癌的最佳
方法就是找出高危險群病人，例如：有肝癌家族史者、
慢性肝炎或肝硬化病人，定期給予抽血檢查和做腹部超
音波檢查，必要時進行電腦斷層攝影檢查，以及早偵測
出早發的肝癌，及早予以手術切除和／或併用其他治療
方法。

(2)肺癌

　　以國人最易發生癌症的部位來說，氣管、支氣管及肺（以
下簡稱「肺癌」）之發生率有逐年增加趨勢。

　　近年來，肺癌更是台灣地區男性癌症死亡中，僅次於肝癌
之第二大癌症死亡原因，也是女性癌症死亡原因之首位，
每一年全台灣地區將近有4,000人是死於肺癌，所以，肺
癌是一項很值得重視的常見癌症。

①形成原因：

　　由於肺癌在初次診斷時已有81％左右發生癌細胞轉移，病人的三年存活率也只有2～18％，所以，防治肺癌的最有效方法還是在防止肺癌的發生，也就是找出發生肺癌的危險因子，以避免這些危險因子的暴露。

　　美國，多爾（Doll）和匹妥（Peto）氏的估計，80～85％肺癌是因吸菸所引起，但是，中國大陸地區的報告則認為中國男性、女性肺癌分別有56.7％和25.5％是歸因於吸菸所引起，所以，在引發中國人發生肺癌的機轉上，尚須要對其他危險因子做更深入的研究，目前懷疑與肺癌形成有關係的危險因子有職業性致癌原（砷、氯甲基醚、芥氣、鉻、多環芳香烴及游離輻射等之暴露）、室內、外空氣污染、個人病史（慢性肺結核等）、家族聚集（遺傳或共同暴露）、低維生素A攝取等，也被懷疑與肺癌之形成有關。台灣地區女性肺癌中，除了吸菸與二手菸暴露之影響以外，相信尚有其他女性所共有之暴露與美國不同所致。

(3)胃癌

　　胃癌也是台灣地區最重要的癌症死因之一。每年有一千人左右死於胃癌。愈近的年代，死於胃癌的危險性愈小，但是愈早出生的世代和年紀愈大者，死於胃癌的危險性愈高。

①形成原因

　　從移民研究中，可發現環境因子在胃癌的發生過程中扮演著相當重要的角色，國外的研究很多支持吸菸會增加罹患胃癌的危險性，飲酒也會增加此危險性，而新鮮蔬

果、全麥麵包、維生素C和胡蘿蔔素的攝取，則具明顯
的保護作用。硝製品及經特殊處理的魚、肉攝食太多，
也會增加罹患胃癌的危險性。

②症狀

早期的胃癌可以說沒有什麼特殊症狀，等到出現症狀
時，通常都已快到晚期；胃癌最常見的第一個症狀就是
上腹部不適，感覺有悶痛或隱隱作痛，常伴隨有消化不
良、食慾減退，甚至胃口不佳等情形；之後，病人可能
會有貧血或體重減輕等症狀，這些症狀大多數和消化性
潰瘍的症狀差不多，因此，常常會被疏忽，而以為是胃
炎或胃潰瘍等，而延誤了早期發現的機會。

③診斷

胃癌的確定診斷必須靠病理組織切片檢查，發現有癌細
胞才可診斷。臨床上，可以用X光上消化道攝影檢查或
作內視鏡檢查，前者可以同時觀察到胃部蠕動情形，所
以，可以有機會看到胃病變的部位及其侵犯程度，但對
早期胃癌、良性或惡性潰瘍的鑑別診斷有時卻很困難。
做內視鏡檢查已經成為診斷上消化道病變的主要利器，
仔細檢查之下，常可發現早期胃癌，同時可以順便做活
體切片檢查。

④治療

胃癌的治療，最有效的方法當然是外科手術切除，手術
之主要目的在摘除胃癌及可能受侵犯的組織，以期能完
全治療。

胃癌的治療率並不太理想，大約只有25％左右有的病人

能活過五年以上，日本人的治療率所以能提高，主要是因為能提高早期癌的發現。這種早期胃癌的診斷主要靠內視鏡檢查，也要靠民眾的警覺性提高，和醫師的警覺性夠也有很大的關係。

(4)乳癌

近四十年來，台灣地區女性乳癌的年齡標準化死亡率有逐年增加的趨勢。台灣地區女性乳癌年齡別死亡率，每個年代都有兩個高峰期，分別是五十五歲至五十九歲及七十歲以上，且乳癌死亡率也隨著年代增加而上升，都市地區乳癌之死亡率明顯高於鄉村地區。

①乳癌的高危險群

Ⓐ家族中曾有一等親罹患乳癌。

Ⓑ個人一側乳房曾罹患乳癌。

Ⓒ曾接受過高劑量或長期輻射線照射。

Ⓓ生產第一胎的年齡愈晚者。

Ⓔ初經較早或停經較晚者。

Ⓕ偏好高脂肪飲食者。

Ⓖ有乳房纖維囊性疾病，尤其是纖維囊腫在病理組織上出現上皮增生者。

②乳癌的臨床症狀和診斷

乳癌病人最常見的主訴就是摸到硬塊，也就是在柔軟的乳房上輕輕觸診，可以摸到感覺不平的凸起，比較堅硬的組織塊，惡性硬塊的特徵通常不會痛，大多長在乳房的外上方，境界不明；乳頭原本正常而變成下陷時，則可能表示癌組織已侵犯至乳頭下方；乳癌侵犯至真皮、

皮下組織或淋巴管時，可能引起皮膚陷縮，或造成像豬
皮橘子皮樣的腫脹粗糙變化。

乳癌的肯定診斷是靠病理組織證明，臨床上可為乳房硬
塊進行乳房X光攝影、乳房超音波、紅外線攝溫術等協
助診斷。

③乳癌的處理

確定乳癌之後，就要決定乳癌的臨床分期，特別要注意
有無淋巴蔓延或遠處轉移，及用骨骼同位素掃瞄檢查有
無骨骼轉移，用肝臟超音波檢查等看有無肝臟轉移，作
胸部X光攝影檢查看有無肺臟轉移，再決定手術的方法
和是否需要輔以其他治療方法。

乳癌如果不治療，平均存活期間，共有2.7年，五年存
活率共有18％，如果接受治療，一般來說，零期的五年
年存活率是100％，第一、二、三、四期的五年存活率
分別是85％、75％、40％和小於10％。

④乳癌的預防

防治乳癌全靠平日定期作乳房自我檢查、定期醫師檢
查，如必要時進行乳房攝影檢查，以期能早期發現病
變，早期施以正確的治療。

資料來源：林瑞雄、李龍騰，民84，衛生保健概論。

第五節　休閒活動與健康

在緊張而忙碌的工商業社會裏休閒活動是文明的產物，時代
的象徵，人類隨科技之發達，機械化之普及，而使工作時間大大
減少。相反地，餘暇時間也就相對的增多。根據專家們之估計，
到西元二千年時，每天餘暇時間除了上班、用餐、睡眠外，將達
每天總時數的四分之一，也就是為六小時。因為餘暇的時間劇
增，世界各國對於餘暇時間的利用，也就格外地重視，比如休閒
方式與生產力的探討、自然環境資源之利用與開發、休閒場地設
施之增闢、康輔人員之培訓與休閒體系與組織之建立等。對於休
閒活動與健康的關係，我們應更為重視。

一、休閒活動的意義

「休閒」原文為（Re－create），意即再造、復原之義。以
下為諸學者對它的看法：

㈠Anderson, J. M.

認為休閒活動乃在使參加者恢復其元氣，豐富其人生的活
動。

㈡Neumyer, M. H. & Orosby, N.

　　認為除了睡眠、吃飯、上班外，在餘暇時間內所從事的自發性活動為休閒活動。

㈢野口原三郎等

　　認為利用餘暇時間所從事有益身心健康的各種活動，為休閒活動，舉凡人生樂趣之增進，幸福生活追求、身體健康之促進等為其效用。

　　由上述學者的看法，得悉所謂「休閒活動」，均有下列共同性：

● 在餘暇舉行，不求任何報酬，活動本身是一種享受。

● 自發自動地去參與（主動性），以發展身心，創造機體活力。

● 自由選擇自己喜愛的活動，給予當場直接的滿足。

　　國際性的休閒活動會議，早在一九三二年洛山磯世運會時即已舉行，二次大戰後至一九五七年美國費城續辦一次，會中決議成立國際休閒活動協會，並對現代休閒活動給予明確的定義：

　　「休閒活動是有益於健康、幸福、生活能力以及大眾（市民）化的活動。」

二、休閒活動的本質

　　Peter Mashall曾說：「我們要講究的並非生命的長短，而是生命的內容；不是要活得多久，而是要活得多美。」例如：一個人在每天工作後，能從一些休閒活動中得到身心的協調，而享受平衡的生活，達到身心的和諧。然而在時間的消耗上，有些人則把工作與休閒混為一談，雖然二者均在利用時間，但其本質上

有所不同。工作是一個人被支配著要做些什麼？是被動的，個體被時間所束縛；而休閒活動是自由去運用時間，同時自我負責。另一方面，工作是一種盡力、競爭、鬥爭、專心等表現；而休閒則是興趣、放鬆、休息及消遣，二者迥然不同。今天在我們社會中，較多人往往忽視了休閒活動的重要性，其原因何在？最主要即是一個人過分地重視工作，而認為休閒活動即是懶惰和逃避事務的表現。但我們有現代化的工商業社會，人民有錢也有閒去休閒，可惜少有現代化的休閒設備，難怪反社會性與非社會性不良習性與青少年問題，弊態叢生，日日可見。昔日的聲色酒食與迎神賽會，完全是貧窮社會的一種休閒方式，這種不調和的社會象徵，長久下去，小者影響我們的精神生活與身體的健康，大者將破壞我們社會的秩序與安寧，所以休閒活動要想在今日緊張、競爭的社會型態負起它的使命，則有待大家對「休閒活動」有正確的觀念與認識，方能盡其功。

三、休閒活動的動機

㈠馬斯洛（ A. H. Maslow ）的五大基本需求

　　1.生理上的需求。

　　2.安全感的需求。

　　3.愛及社會活動的需求。

　　4.自尊心、榮譽感的需求。

　　5.成就感、自我實現的需求。

㈡國內學者認為

1.知識的趨向：電視、報章、雜誌等。

2.社交的趨向：宴會、舞會、郊遊等。

3.娛樂的趨向：跳舞、運動、電影、音樂等。

四、休閒活動的本質特徵

㈠休閒本身包含活動。

㈡休閒本無固定的形式。

㈢休閒乃個體主動的決定。

㈣休閒乃自由地運用時間。

㈤休閒乃自願去參與。

㈥休閒活動普遍為人們所採用。

㈦休閒活動的經驗是可貴的、有意義的。

㈧休閒活動的項目是有彈性的。

㈨出於內在的需求。

㈩給予直接與當場的滿足。

五、休閒活動的領域

在了解休閒活動領域之前，應先對教育、體育、運動與競技等彼此關係，有所認識：

㈠健全的教育必須包括體育，而體育則包括運動、競技、遊戲與
　休閒活動等。

㈡不合理的體育固然不是健全的體育，然不重視體育的教育，也
　不是健全的教育。

㈢體育是一種教育，是以各種經過選擇與組織的大小肌肉活動作
　為手段或方法，來發展人類適應社會能力，以達教育目的。

㈣休閒活動並不就是體育，而體育不等於休閒活動，但二者有極
　密切關係，休閒活動是構成體育的必需材料。

㈤體育發自人類的理智，是有必需的；而將運動、競技與休閒活
　動發自人類的天性，是必然的，不可阻止的。

　　綜上所述，教育包括體育，而體育則包括運動、遊戲、競技
與休閒活動（如圖示）：

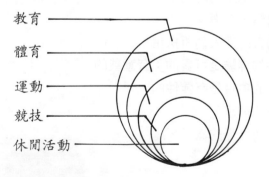

　　由上圖所示，休閒活動是構成體育的必須條件，其方法、方
式、內容、手段、用以達成教育的目的，是發自人類的內在傾
向，是不可或缺的體能活動。（馬布雷，79年，休閒與運動的重
要性）

六、休閒活動教育價值之判斷

關於休閒活動價值之高低，有下列諸基準作為判定之依據：

㈠興趣

從該活動中所獲得滿足感與成就感之高低，均直接或間接影響個人參與該活動之興趣，興趣越高，則該活動愈具休閒價值。

㈡年齡

該活動所適合的年齡層越廣，則越能為大眾所接受，故其休閒活動之價值亦越大。

㈢性別

男女均可參與的活動，其價值高於僅限於單性所能從事的任何活動。

㈣場所

隨時隨地可實施的休閒活動項目，其價值亦越大。

㈤技術

技巧性是培養興趣的基礎，藉以提高參與者之興趣。

(六)組織型態

該活動本身之組織型態，以富變化性、組織性、漸進性與教育性爲佳。

(七)地方社會之型態

任何一項活動之推展，必須配合當地社會之型態，期能產生共鳴而共同來參與。

(八)活動之目的

休閒活動的主要目的在於當場直接滿足，健康之促進而技術性之培養，乃爲次要。

七、休閒活動的功能

日本松田岩男與清原健司認爲從事正當休閒活動，可獲得下列三種功能：

(一)消除疲勞。

(二)消除壓力。

(三)改善人與人之關係或提高生活品質。

做爲一個現代人，如何在忙碌、緊張、焦慮中適應環境，放鬆自己，讓思緒獲得平靜，需要有適當的休閒活動來調劑，所以，休閒是當前重要課題。

八、如何選擇休閒活動

㈠要選擇自己喜好的活動，不可一味追趕流行。

㈡活動要以有創造性或挑戰性爲前題，才能滿足自我價值的肯定，滿足創造的慾望、冒險的歷程以及增進心靈的活動。

㈢活動的性質要與工作性質要有異質性的，因休閒活動與工作之間常扮演著潤滑劑的角色，如工作是屬靜態、固定且重複單調式的，則宜選擇動態、多變化式的活動，以調節生活。

㈣活動宜選擇內容豐富而多樣化的活動，且爲能力所及有助於恢復身心疲勞、借此提高工作效率。

㈤活動要配合個人的能力、年齡、性別、時間、金錢、才能使自己放鬆心情，而能更積極的達成自我實現的目標。

摘　要

近年來國人健康的狀況已由傳染性的疾病轉型爲非傳染性及退行性的疾病，如癌症、心臟血管的疾病、糖尿病、肥胖症等慢性病。這些慢性病是因長時間的生活習慣，如飲食習慣、運動習慣、休息與睡眠的習慣、菸、酒、檳榔與藥物使用習慣、壓力與情緒的調適等因素而造成。

影響我們健康的重要因素有：環境因素、遺傳（生物）因素、醫療照顧體系及生活型態。而其中影響我們健康至巨的是生活型態，亦即我們日常的健康生活行爲。兒童及青少年應從幼兒開始即培養避免各年齡層的疾病關係最密切的七項健康危害行爲如：不吃早餐、吸菸、喝酒、濫用藥物、熬夜、缺乏運動、休息和睡眠不足、長期處在心理壓力狀態下等之生活習慣。

台灣地區兒童及青少年常見的健康問題有：視力不良、牙齒的病變、飲食不均衡、體重過重，缺乏適量的運動、熬夜及睡眠不足、菸、酒、檳榔及藥物的濫用，以及長期處於心理壓力下之生活。我們應加以探討以便改善其健康態度，促進其實踐健康生活。

健康檢查是一種積極的保健方法，能了解個人的健康狀況，及早發現輕微的疾病及缺點，以便早期治療。學生及社會人士有必要實施定期的健康檢查，以維護健康。檢查結果要做適當的處理及追蹤治療才有其檢查的意義。

在今日經濟起飛、生活繁榮的工商業社會裡、成年人常見的

慢性病有：肥胖症、冠狀動脈性心臟病、高血壓、糖尿病、癌症及退行性關節病。我們要探討其成因、症狀及預防方法，以獲得正確的知識、態度及行為技能，以防患疾病於未然。

　　休閒活動是有益於健康、幸福、生活能力的活動。其具有：消除疲勞、壓力、改善人與人之關係及提高生活品質的功能。我們宜選擇具有：知識性、社交性、體能性、宗教性及娛樂性休閒活動，配合我們的興趣、性別、年齡及能力，以達到疏解身心的疲勞、放鬆自我、提高生活的品質。

問題討論

一、影響健康的重要因素有些什麼？何者為最重要？為什麼？

二、台灣地區學童及青少年常見的健康問題有那些？其產生的原
　　因為何？如何預防？

三、健康檢查的意義為何？就學童及成人來說該檢查那些項目？

四、目前學童健康檢查的情形如何？

五、何謂慢性病？常見的慢性病有那些？其成因及預防方法？

六、試說明貝氏（Bass）刷牙法特點？

七、如何使用牙線？

八、何謂休閒活動？其與健康的關係如何？

參考文獻

中文：

中華民國體育協會（民75）。《體育健康休閒活動研動研究法》。幼獅文化事業公司。

中央健康保險局編製（民84）。《全民健康保險手冊》。

台北市政府衛生局（民83）。《產前遺傳診斷》。

行政院衛生署（民80）。《第三次全國中小學眼球屈折狀況調查研究報告》。

林瑞雄等編著（民84）。《衛生保健概論》。空中大學。

姚振華等（民78）。《兒童牙齒保健》。黎明文化事業公司。

時報週刊（民79）。影響人類健康與壽命的因素。《台北市時報周刊》。

馬布雷（民79）。《休閒與運動的重要性》。全國社會體育會議資料。

徐有能（民78年8月）。休閒教育的科際整合。《師友226期》。

教育部（民81）。《學生視力保健手冊》。教育部。

黃松元（民80）。《健康促進與健康教育》。師大書苑。

曹春典（民82）。《中老年人的心臟血管疾病》。健康世界雜誌社。

曾晨（民78年8月）。休閒生活教育的理想。《師友226期》。

榮民總醫院內科部體檢科編印（民73）。《邁向健康大道》。

賴弘明（民79）。《口腔保健手冊—正確使用牙刷、牙線的方法

》。台北市牙醫師公會。

蔡武甫（民80）。《眼睛疾病的治療與保健》。健康世界雜誌
　　社。

蔡長啟（民82）。我國發展休閒活動的應有措施。《國民體育季
　　刊》。

鄭雪霏等（民80）。《健康教育》，台北市：新學識文教中心出
　　版社。

3

食物與營養

　　人類為了存活本能，攝取食物而展開飲食生活，或飲食行為。飲食行為的意義涵蓋的層面不只是營養生理，也綜合了文化、歷史的脈動。戰爭前後糧食缺乏時期，食物攝取以量的補充為主，糧食好轉後營養教育的重點由量的補充轉為質的重視，例如營養素的攝取應增加動物性蛋白質、鈣質等內容。

　　以公共營養學的角度可將人類的歷史分成四個階段：①對抗飢餓等低營養問題的對策時代；②營養素不足（營養缺乏症）的對策時代；③營養過剩，不均衡的慢性非傳染病預防對策時代；④健康促進對策時代。

　　在慢性疾病為主要死因的社會裡，營養對策的重心應從醫療領域移向保健領域，控制體重於理想範圍乃健康促進工作重要的一環。

　　近年來與飲食生活息息相關的成人病驟增，肥胖、高血壓、糖尿病等問題使得營養教育工作與饑餓時代的內容與使命截然不同，而被迫面對另一個新紀元。根據日本的一項調查報告顯示：所得的增加未必與營養價值高的食品的支出增加成正比，反而與購買奢侈的嗜好食品、加工食品的支出費用增加，在外用餐的支出費用增加等成正比。而且營養學的要素有四個不同的層次：①營養素級。②食品級。③料理級。④糧食級。其中實驗室、學校營養教學則以營養素的生化為主，又稱分子級要素，亦即在分子中尋找問題與解答。

　　然而以公共營養學的觀點來說，為讓一般民眾了解如何的吃才健康，恐怕胺基酸、飽和脂肪酸等營養素專有名詞只有使民眾更加困惑。而食品級、料理級才是顧及民眾需要的營養教育方向。此二級又稱為個體級要素。在民眾、個體間尋求營養上的問

題與解答，而糧食級則與生產、流通、經濟等問題有關。此級又稱爲國家級要素。民眾衛生教育效果最佳的選擇應是個體級要素的食品與料理。早在一九六五年 Breslow 教授以長達九年時間首開健康行爲研究領域時，即以是否每天吃早餐及是否有吃點心的習慣列爲七大健康行爲之一探討其與死亡的相對危險率，分別爲 1.1 倍、1.2 倍。臺灣地區坊間盛行鹽酥雞等油炸食品，是否影響健康乃從食品、料理、飲食習慣層面探討臺灣本土健康問題之例一。攝食動物內臟乃臺灣本土特有飲食材料之一，探討常吃內臟海鮮等高膽固醇食物與健康的關係，乃從食品料理層面探討臺灣本土健康問題之例二。（姜逸群，黃雅文，民81）

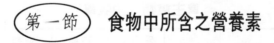

第一節　食物中所含之營養素

　　民以食爲天，食物乃人體維生供給人體營養素的根本來源。各種食物依其特性，含各種不同的營養素，今就行政院衛生署之食物六大分類，五穀根莖類、奶類、蛋豆魚肉類、蔬菜類、水果類、油脂類等，依序說明之。

一、五穀根莖類

　　這類食物是供給人體熱能的主要來源。五穀雜糧乃國人慣用

之主食，一般穀類所含之營養素爲蛋白質12％、脂肪2％、醣類75％、水分10％，礦物質富含鐵和磷，維生素富含維生素B群。一碗稀飯＝半碗飯＝2片吐司麵包＝麵條一碗，約供應136Kcal熱量，4g蛋白質，30g醣類。

　　五穀類食品缺乏鈣質、維生素A、枸櫞酸、蛋白質品質較差，又五穀類所含胚芽及糊粉層，在加工時常被輾除，因此，均衡膳食，配合食用其他五大類食物，以補五穀根莖類不足。（林蘊玉，宋申蕃及張作櫻，民84）

　　行政院衛生署所訂「食物代換表」中，所列一分主食類（五穀根莖類），所含營養素及各食物種類相當之分量，重量一覽表如下：

■主食類代換表■

食物類別	重量	份量	蛋白質 (g)	脂肪 (g)	醣類 (g)	熱量 (kcal)
主食類	見表	見表	2	──	15	68

食　物　種　類	份　　　量	重　量（公克）
米及其他五穀	¼碗	20
飯	¼碗	50
稀飯	½碗	250
麵粉（中筋）	1½湯匙	20
饅頭（中）	¼個	30
餃子皮	3～4張	30
餛飩皮（薄）	7～8張	30
（厚）	3張	
春捲皮	2張	30
麵條（乾）		20
（溼）		25
（熱）	½碗	50
油麵		50
麵線		20
米粉（乾）		25
米粉（溼）		35
冬粉（乾）	½包	20
土司麵包	1片	25
小餐包	1個	25
麵包（漢堡用或熱狗用）	半個	25

麥粉	4湯匙	20
麥片	2湯匙	20
蘇打餅干	2～3片	20
太白粉	1½湯匙	20
玉米（生）	⅓根（中）	80（帶心）
玉米粒	½杯	50（EP生重）
洋芋（小）	1個（1公斤11個）	90（EP生重）
蕃薯	½個（1公斤8個）	60（EP生重）
芋頭（檳榔心芋）	¼個（1公斤4個）	60（EP生重）
山藥（小）	1個（1公斤14個）	70（EP生重）
菱角	12個	80（EP生重）
荸薺	10個	100（EP生重）
乾豆類（生） （紅豆、綠豆、豌豆、蠶豆、刀豆）		20
皇帝豆		60
鮮蠶豆		75
蓮子	33粒（大）	20
栗子	7顆（大）	20
爆米花（不加奶油）	1杯	15
薏仁		20
蘿蔔糕 （6×6×1.5cm³）	1塊	70

白年糕	¾條	30
芋粿		30
湯圓（無餡）	10粒	30
速食麵（－½t油）	¼包	20
（不用調味包）		
速食米粉（－½t油）		
（不用調味包）	⅓包	20
油條（－1t油）	1根	35
燒餅（－½t油）	½個	30
天婦羅（－½t油）		50

以下之主食類每份仍為蛋白質2公克、醣類15公克、熱量68卡，但由於其在製作過程中曾添加糖，故不適用於糖尿病患者。

食　物　種　類	份　　　量	重　量（公克）
葡萄干麵包		25
菠蘿麵包（－½ t 油）		25
可口奶滋	2片	18
清蛋糕		25
發糕		25
冰淇淋（－½ t 油）		70
甜年糕		30
綠豆糕（－1 t 油）		25

二、奶類

嬰幼兒、兒童，青少年期骨骼生長發育及成年以後，預防骨質疏鬆症的發生，鈣質的攝取極為重要。奶類含有豐富的鈣質與蛋白質。一般而言，各種動物所分泌的乳汁最適合動物子代的需求，例如：對人類嬰兒健康最有益的奶來源，為人體的母乳；對小牛而言，最有利其健康之奶來源為母牛所分泌之乳汁——牛奶。人類母乳與牛奶之營養成份比較表如下：（王果行等，1995）。

■人乳與牛乳之主要組成（平均值）■

組　　成　　分	人　乳 （／100ml）	牛　乳 （1／100ml）
能量，Kcal	74.7	70.1
蛋白質，g	1.06	3.25
酪蛋白，g	0.37	2.49
乳清蛋白，g	0.56	0.41
脂肪，g	4.54	3.80
乳糖，g	7.1	4.7
鈉，mg	18.9	76.8
鉀，mg	55.3	143
鈣，mg	27.1	137
磷，mg	14.1	91
鎂，mg	3.5	13
鐵，mg	0.05	0.04
銅，mg	0.05	0.01
鋅，mg	0.12	0.39
維生素A，μgRE	61	27
維生素B_1，μg	14	43
維生素B_2，μg	37	156
維生素C，mg	5.2	1.1

　　牛奶組成平均水分87％、蛋白質3.5％、脂肪3.7％、醣類4.9％、礦物質0.07％、及維生素。依據行政院衛生署（民83）中華民國飲食手冊（二版）之奶類代換表中說明每分奶類所含營養素，及其名稱、分量、計量如下：

■奶類代換表■

全脂	每份含蛋白質8公克、脂肪8公克、醣類12公克、熱量150大卡		
	名　　　稱	份　　　量	計　　　量
	全 脂 奶	1　杯	240毫升
	全 脂 奶 粉	4 湯匙	35公克
	蒸 發 奶	½　杯	120毫升
脫脂	每份含蛋白質8公克、脂肪0公克、醣類12公克、熱量80大卡		
	名　　　稱	份　　　量	計　　　量
	脫 脂 奶	1　杯	240毫升
	脫 脂 奶 粉	3 湯匙	25公克

資料來源：行政院衛生署（民國83）·中華民國飲食手冊（二版，p.附～2）·臺北；行政院衛生署。

三、蛋豆魚肉類

　　蛋、豆、魚、肉類含有豐富的蛋白質。雞蛋全蛋水分約佔3／4，蛋白質為12～14％，脂肪10～12％，礦物質約佔1％。蛋

白含7／8水分與1／8蛋白質，蛋黃營養價值較高，含1／6蛋白質及豐富的鐵、磷和鈣。欲保持新鮮品質應注意家庭冰箱小心控制冷藏，在華氏29～31度。

黃豆中蛋白質可高達40％，其製品豆漿、豆腐干、豆腐等。

魚貝類是一種極佳的蛋白質來源，魚類蛋白質含量約為15％～24％，貝類則約9％～22％之間，魚貝類所含的蛋白質不僅含有全部九種的必需胺基酸，且其胺基酸組成比例與人體組織蛋白質之胺基酸比例極為接近，能被人體有效的利用約有87％～98％，因為若組成比例與人體組成過於懸殊，將造成極端不平衡的毒性問題。而且魚貝類所含結締組織極低（只佔蛋白質總量的3％～5％），肌纖維構造較短，嫩滑爽口，易於被消化吸收，尤其對老人、小孩或消化系統有障礙的人而言，優點無比。絕大多數的魚貝類脂肪含量低於5％，但依各種魚貝類而異，脂肪含量可由0.1％～22％。但魚油中所含高度不飽和脂肪酸為Omega－3系列之脂肪酸，具有較強的降低血液膽固醇效果。此外，有些研究指出，魚貝類脂肪中有一種Eicosapentaenoic，簡稱為EPA的脂肪酸能減緩血管中血液之凝固時間，換言之，具有預防心血管或腦血管血栓引起心臟病、腦中風等的現代文明病。此外魚貝類含有脂溶性維生素E及維生素B群，和豐富的礦物質如：鐵、銅、碘、鋅、鉻、釩、鉀、鈉、鈣、磷、鎂等。（行政院衛生署，民75）

肉類可分為家禽和家畜兩類。豬肉、牛肉、羊肉為臺灣常被食用之家畜肉類，雞鴨鵝肉為臺灣常見之家禽肉類。根據行政院衛生署每份蛋、豆、魚、肉類之代換表，食物名稱、重量如下：

■肉類代換表■

(一)每份含蛋白質7公克，脂肪5／3公克，熱量43大卡以下

項　　目	食　物　名　稱	Ep生重（公克）	Ep熱重（公克）
水　　產	魚翅（乾），干貝（乾），小魚乾。	10	
	蝦米。	20	
	馬加，旗魚，鱈魚，吳郭魚，鰱魚，鯉魚，紅目魚，鮭魚，烏魚，白鯧，虱目魚，白帶魚，海鰻，鮪魚（罐頭）。	35	30
	鯊魚皮。	40	30
	烏賊，槍烏賊（小管），河螃蟹（毛蟹），海螃蟹，龍蝦，大蝦，蝦仁。	45	
	干貝（鮮）。	60	40
	蛤蜊肉，牡蠣（蚵仔）。	75	90
	海參。	100	60
	脆魚丸。	60	30
家　　畜	牛肉（瘦），豬大里肌，後腿赤豬肉，前腿赤肉，豬大排。	35	30
家　　禽	雞胸肉、雞腿、鵝肉。	35	35
	鴨腳。	40	
內　　臟	雞肫，豬心，豬肝，豬腰，豬肚，牛心，牛肝，牛腰。	40	30
	豬小腸。	70	45
蛋	雞蛋白。	70	25
	田雞。	40	

(二)每分含蛋白質7公克，脂肪5公克，熱量73大卡以下			
水　　産	河鰻。	35	
	魚丸（包肉）。	60	60
家　　畜	豬腳。	30	25
	羊肉。	35	30
家　　禽	鴨肉。	35	30
內　　臟	雞肝，豬舌，牛舌。	40	30
蛋	雞蛋，鴨蛋。	50	
加工食品	洋式火腿。	30	
	豬肉鬆，魚鬆。		15
	豬肉干。		15
(三)每分含蛋白質7公克，脂肪8公克，熱量100大卡以下			
家　　畜	牛尾。	35	
	牛腩。	40	30
內　　臟	雞心。	40	30
(四)每分含蛋白質7公克，脂肪8公克，熱量100大卡以下			
家　　畜	豬肉（三層肉）。	55	50
內　　臟	豬大腸。	110	55

■豆製品之代換表■

▲每Ex含蛋白質7公克，脂肪5公克，熱量73大卡。

食　物　類　別	1Ex份量	1Ex重量（公克）
麵　　腸 （＋1t脂肪、烤麩、－5公克醣）	½條	40
麵　　（油麵筋泡） （－1t脂肪、－5公克醣）		20
豆　　腐	一四方塊	100
黃　豆　乾	¾塊 （一塊100公克）	70
五香豆干（－5公克醣）	2½塊	45
豆　　漿（－5公克醣）	1杯	240毫升
豆　　皮（乾）	1½張	15
豆　　包（溼）	⅔個	（溼25公克）
臭　豆　腐	5×5×1 （公分）	60
油豆腐（－1／2t脂肪）	三角形1½塊	35
油豆腐泡（溼） （－1t脂肪）	2（大）	65
豆　腐　乳（－3公克醣）	15～18（小）	45
干　　絲		25
百　　葉（結）		25
素　　雞	張	50
毛　　豆（－5公克醣）	¾條	60
黃　　豆（－5公克醣）		20

四、蔬菜類

　　蔬菜含有豐富的纖維質、礦物質和維生素。臺灣位於亞熱帶地區，依四季不同的氣候，盛產不同的蔬菜，依可供食的部分觀之，可分為葉菜類、花菜類、果實類、種子類、莖菜類、塊莖類、根菜類等。若依所含營養素之不同，則可分為甲種蔬菜和乙種蔬菜兩種。依據行政院衛生署（民83）公佈之蔬菜類代換表。

■蔬菜類代換表■

甲種蔬菜：每份100公克（可食部分）可任意選食，含少量的蛋白質及醣類，熱量低於30卡，可略而不計。

小黃瓜	黃金白菜	西洋菜	蘆筍	蕃茄	大蔥
胡蘆瓜	捲心白菜	高麗菜	綠竹筍	白蘿蔔	蔥
冬瓜	山東白菜	髮菜	冬筍	青蘿蔔	茴香
胡瓜（大黃瓜）	荿仔菜	紅鳳菜	桂竹筍	芋莖	
蔭瓜	荿仔菜心	白花菜	茭白筍	豇豆	
瓠瓜	油菜	綠花菜	麻竹筍	紅豇豆	
絲瓜	萵苣	空心菜		四季豆	
苦瓜	韭黃	綠莖甘藍		綠豆芽	
南瓜	芥菜葉	九層塔		茄子	
	芥菜心	白莧菜		青椒	
	捲心芥菜	莧菜		洋菇	
	青江菜	韭菜		草菇	
	茼萵			枸杞葉	

| 菠　　菜 |
| 芹　　菜 |
| 雪　裡　紅 |
| 榻　粿　菜 |

乙種蔬菜：每份100公克（可食部分）含蛋白質2公克，醣類5公克，
　　　　　熱量30大卡，可當配菜用。

荷蘭豆（豌豆莢）	蓮　藕	樹子仔	鹹酸菜	菜乾類：
青豆仁	黃豆芽	甜　菜	榨　菜	蔭瓜(醃)
肉　豆	蒜花（苔）	木耳（溼）		鹹菜乾
紅蘿蔔	韭菜花	海帶（溼）		高麗菜乾
洋　蔥	蕃薯菜	青　蒜		筍　乾
芥　藍	紅蕪菁	皇帝豆		蘿蔔乾
				海　帶

（註）蔥，薑，蒜頭，辣椒，香菇，金針，茴香，芫荽，如當調味
　　　品少量使用，可不計其熱量。

五、水果類

　　各種水果具有其特殊香味與顏色。水果對人體最大的貢獻，
尤其是供給維生素，由以維生素C含量最多。

　　水果類每分含量代換表依水果種類、分量、重量（可食部分
E. P）（購買時形狀A. P）如下表：

■水果類代換表■

每1EX含醣10公克熱量40大卡			
水 果 種 類	分　　　　量	AP（公克）	EP（公克）
蕃石榴	⅓個（5個／公斤）	60	60
柑橘類	1個（7個／公斤）	150	110
椪　柑	半個（7個／公斤）	140	100
木　瓜	¼個（2個／公斤）	125	90
楊　桃	1個（6個／公斤）	170	140
草　莓	8個（67個／公斤）	120	120
柚　子		190	100
哈蜜瓜		240	170
蘋　果	小1個（10個／公斤）	100	80
香　蕉	半隻（7吋長）	65	40
葡　萄	8粒（大）	100	80
	12粒（小）	100	80
西　瓜（黃）		330	210
（紅）		310	190
荔　枝	5粒（50粒／公斤）	100	60
芒　果（小）	1個（10個／公斤）	90	60
（大）	¼個（5個／2公斤）	90	60
烏　梨	½個（13個／2公斤）	80	70
鳳　梨	2片	150	90
李　子		80	70

蓮　霧	2個（13個／公斤）	155	130
香　瓜		200	150
水　梨	1個（8個／公斤）	120	90
文　旦（白）	½個（2個／公斤）	270	120
（紅）	½個（2個／公斤）	280	140
柿　子（軟）	1個（10個／公斤）	90	70
（硬）		90	80
龍　眼	12個	110	60
枇　杷	6個	160	100
櫻桃（新鮮）	15個	110	90
葡萄柚	半個（3個／公斤）	170	100
桃　子	1個（8個／公斤）	125	100
釋迦果	半個（5個／公斤）	100	50
椰子汁	⅔杯		180
蕃茄汁	1杯		240

　　為了更清楚了解各種食物所含熱量與營養素，行政院衛生署（民84）特於每日飲食指南中列表如下：

■每100公克食物所含熱量與營養素的含量比較■

食物	熱量（卡路里）	蛋白質	脂肪	鈣質	鐵質	維生素A	維生素B群	維生素C
五穀根莖類	++++	+	-	-	-	○	+	-
汽水可樂	++	○	○	○	-	○	○	○
後腿瘦肉	+++	++++	+++	-	+	-	+++	-
魚	+++	++++	++++	+	-	-	+	○
蛋	+++	+++	++++	+++	+	++	++	○

全脂奶	豬肝	豆腐	深綠色深黃紅色蔬菜	淺綠色蔬菜	深黃色水果 如：木瓜 芒果	枸橼類水果 如：橘子 柳丁	蘋果
○	+++	○	++	++	+++	+++	+
+	++++	+	++	+	++	++	++
+	++++	-	++	+	+++	+++	-
-	++++	++	+	-	-	-	-
++++	-	++++	++++	+++	++	++	+
+++	++	+++	-	-	-	-	-
+	++++	++	-	-	-	-	-
++	+++	++	-	-	+	+	+

第二節　營養與健康

　　存在於食物而且是人類為了維持健康及生命所必需的物質，稱之為營養素（王果行等，民84）。於上一節中，我們知道六大類食物個別所含的營養素。而營養素對人體健康有什麼影響呢？

　　一般而言，營養素可分為六大類：

- 醣類（carbohydrate），即碳水化合物。
- 脂質（Lipid）。
- 蛋白質（protein）。
- 維生素（vitamin）。
- 礦物質（mineral）。
- 水分（water）

　　而各營養素對人體的功能大致上可分為三類：

1. 提供人體熱能。

　　五穀根莖類是熱能主要來源。在上一節中，我們知道五穀根莖類所含的營養素主要是醣類。此外，油脂類所含的營養素脂肪，最主要的功用亦是供給熱量，日常生活的體力來自醣類和脂肪所產生的熱量。因此，五穀根莖類與油脂類食物合稱為熱量性食物。

2. 提供人體構造和修補所需的物質。

　　蛋白質是人體生長發育與新陳代謝的必須原料。因此，蛋豆

魚肉類所提供的營養素——蛋白質爲提供人體構造和修補的重要來源。

3. 提供人體調節生理作用所需的物質。

蔬菜與水果富含各種維生素、礦物質等營養素。而維生素與礦物質正是調節人體生理作用的重要物質。蛋豆魚肉類、蔬菜類與水果類因其構造修補、調節生理等特殊功能，合稱爲保護性食物。

一、醣類與人體健康

醣類可分爲單醣類、雙醣類、寡醣類、多醣類，血液中所含的糖爲葡萄糖（單糖的一種），又稱爲血糖（blood suger），正常人的血糖範圍是80～120毫克／100毫升（mg／dl），若高達160mg／dl，即罹患糖尿病。

乳糖（雙糖的一種），僅存在乳汁及乳製品。小腸的乳糖酶（Iactase）將乳糖分解成半乳糖及葡萄糖後，才能被吸收利用。大部分的東方人、黑人和少部分的白人，隨著年齡的增加，乳糖酶的活性降低，無法分解乳糖，在飲用乳糖後發生脹氣、腹痛或腹瀉的現象，稱之爲乳糖不耐症（lactose intolerance）。

寡糖不爲人體消化道吸收，但在腸道後段會被一些腸道微生物發酵而產生酸及氣體。因此，吃過多豆類食物後，常會引起腹瀉、脹氣和放屁。膳食纖維（dietary fiber）爲多糖類，並不提供熱量，但具有下列功能：（王果行，民84；行政院衛生署，民77）

- 使糞便軟化，預防便秘。
- 降低血膽固醇，減少心臟病罹患率。
- 預防大腸癌及其病變。
- 預防憩室病及痔瘡。
- 減低肥胖的發生。
- 延緩血糖上升，促進糖尿病的穩定。
- 促進毒性物質的排泄。
- 影響礦物質的吸收。

醣類主要功能在於供給熱量（每公克被消化的醣類可以提四卡醣類），形成體內特殊生理機能之物質（如DNA、RNA）節省蛋白質（醣類足夠時，蛋白質可完全用來構造或修補組織）、調節脂肪代謝（醣類不足時，脂肪代謝速率慢，不完全氧化易引起酮中毒ketosis），促進腸胃道功能（乳糖促進腸道微生物生長，合成維生素B群，增強鈣質吸收。）膳食纖維可促進腸的蠕動。

二、脂質與人的健康

食物的脂肪酸可分為飽和脂肪酸和不飽和脂肪酸。脂肪酸分子中的碳原子均以單鍵結合者，稱為飽和脂肪酸（Saturated fatly acid, SFA），若碳鍵中有雙鍵者，稱為不飽和脂肪酸（Unsaturated fatly acid）。食物及人體內脂肪均為混合油脂，沒有任何一種天然脂肪完全由飽和脂肪酸或不飽和脂肪酸組成。例如：豬油含飽和脂肪酸約42％，不飽和脂肪酸約57.5％。

黃豆含飽和脂肪酸約15.5％，不飽和脂肪酸約84.5％。一般來說，動物脂肪富含肉豆蔻酸、硬脂酸、棕櫚酸等飽和脂肪酸。植物油富含油酸、亞油酸、亞麻油酸、等不飽和脂肪酸。但椰子油富含月桂酸，雖呈液體，卻爲飽和脂肪酸。而亞麻油酸，如食物不供給將會缺乏，造成皮膚濕疹、發育停滯，稱爲必要脂肪酸。黃豆油中含量較高約含7％之亞麻油酸。攝取過量脂肪，爲心血管疾病的危險因子。尤以飽和脂肪酸爲最。（林蘊玉等，民84）。脂質主要的功能在於提供能量來源（每公克脂質可提供九大卡熱量），提供必需脂肪酸（如亞麻油酸），攜帶脂溶性維生素（A、D、E、K），身體組織結構的原料（例：組成細胞膜的成分），維持正常體溫，保護震動或撞擊，增加食物美味及飽足感。（王果行等，民84）

三、蛋白質與人的健康

蛋白質爲一種複雜的聚合體，由胺基酸的小分子組合而成大分子。人體的蛋白質由二十二種不同的胺基酸組合而成。其中的十三種，在我們的體內能夠產生足夠的需要量，而剩下的九種（成人只需八種）則必須來自食物的供應，因此，這九種胺基酸我們稱之爲「必需胺基酸」。 它們分別是精胺酸 （arginine）、組胺酸（histidine）（前兩種僅兒童需要）、異白安酸（isoleucine）、白胺酸（leucine）、離胺酸（lysine）、甲硫胺酸（methionine）、苯丙胺酸（phenglalanine）、羥丁胺基酸（threonine）、色胺酸（trytophon）、纈胺酸（valine）。

蛋白質若以品質分類，可分為完全蛋白質、半完全蛋白質，及不完全蛋白質。完全蛋白質含33％必需胺基酸與66％非必需胺基酸（例如：蛋、奶、黃豆、瘦肉），足夠維持健康及促進生長。若必需胺基酸僅25％，則為半完全蛋白質。（例：五穀、蔬菜、水果）。不完全蛋白質不能供給生長，亦不能維持健康（例：玉米）。（行政院衛生署，民75；林蘊玉等，民84）

蛋白質對人體的功能為提供組織原料（如肌肉）、調節生理機能（如：抗體是蛋白質，可維持身體抵抗疾病之能力）、生長與維持組織（如：毛髮生長、腸道內壁更新）、產生熱量（每公克蛋白質產生四大卡的熱量）。

四、維生素與人體健康

一般來說，維生素需要量很少，但通常無法在體內製造，必需由食物中獲得。維生素可分為脂溶性維生素（如：維生素A、D、E、K）和水溶性維生素（維生素B群、維生素C）。缺乏維生素A，易導致夜盲症、乾眼病、上皮組織角質化，妨礙骨骼及牙齒生長、癌症等健康上的問題。但攝取過多，也會造成肝脾腫大、皮膚乾燥、月經停止、流產、胎兒畸形等問題。維生素D可幫助鈣、磷吸收幫助骨骼和牙齒的正常發育，缺乏時容易發生佝僂症（RICKET）、骨質軟化症（OSTEOMALACIA）、攝食過量則容易造成柔軟組織鈣化，心、胃血管鈣質沈積，引發高血鈣症。維生素E（生育醇TOCOPHEROLS）為抗氧化劑，可維持動物生殖機能。缺乏時，引起雌鼠不孕症，攝食過量會減少甲

狀腺激素分泌，有嘔吐、盜汗、疲倦等症狀。維生素K為凝血酶原（prothrombin）的構成物質，可促進血液在傷口的凝固。通常可由人體小腸微生物製造，亦可由食物中攝取，因此缺乏症並不多見，攝食過多則會造成嬰兒黃疸，或嘔吐、貧血、肝腎機能受害。

維生素B群（BComplex）有8種：維生素B1（塞胺thiamin）、維生素B2（核黃素riboflavin）、B3（泛酸）、維生素B6（pantothenic　acid）、菸鹼酸（niacin）、生物素（biotin）、葉酸（folacin）、維生素B12（鈷胺Cobalmin）。除了維生素B12只存在於動物性食物外，其他B群廣布於各種動植物食物中。

維生素B1可作為輔酶，預防腳氣病（beriberi）、威尼凱──柯沙科夫症候群（Wernicke－Korsokoff synrom）、肌肉運動失調、失去記憶、神智紊亂。

維生素B2可輔助細胞氧化還原作用，缺乏時容易發生疲倦、傷口癒合緩慢、口角炎、舌炎、皮膚油性疹、眼睛充血、畏光、發癢等。

維生素B3（泛酸）是合成輔酶A的重要成分。而輔酶A參與脂肪、蛋白質及醣類代謝。易於食物中獲得，除非酗酒或疾病。缺乏症狀為虛弱、抽筋、嘔吐、失眠。

菸鹼酸為醣類、蛋白質、脂肪與能量代謝所需輔酶的主要部分。缺乏將導致癩皮病。癩皮病（若長期以精製玉米為主食）。癩皮病四時期為皮膚炎→下痢→癡呆症→死亡。

維生素B6參與蛋白質及胺基酸的合成與分解。缺乏時，會造成肌肉乏力、暴躁、失眠、溢脂性皮膚炎、貧血、神經緊張。

但攝食過量則易焦慮、失眠、手腳麻痺。生物素的功能與醣類、脂肪、蛋白質新陳代謝反應有關。缺乏症為皮膚疹、肌肉痛、疲倦、面色蒼白、作嘔、脫髮、血膽固醇增加。

葉酸可幫助血液的形成，防治惡性貧血。但攝取過量可能導致神經嚴重受損。維生素B12與紅血球形成有關，可防治惡性貧血及神經系統之疾病。

維生素C又稱抗壞血酸（ Ascorbic　Acid ）。其生理功能可防止維生素A和E的氧化、促進骨骼、牙齒、肌腱結締組織膠原蛋白的合成、加速傷口癒合、刺激鐵的吸收、合成激素、防止受傷感染等。缺乏時易導致壞血症。

五、礦物質與人體健康

礦物質約佔人體體重的4％。鈣與磷占體內礦物質的3／4，鉀、硫、鈉、氯、鎂約占其他的1／4，此外是微量元素。鈣（ calcium ）是構成骨骼、牙齒的原料，可調節血鈣含量，幫助血液凝結，維持肌肉正常收縮。缺乏會導致發育停滯和軟骨症（ Ricket ）、骨質疏鬆症（ Osteoporosis ）。食用大量含草酸高的食物如菠菜、甜菜、芥菜、脂肪供應過高、維生素D不足均會妨礙鈣質的吸收。磷（ phosphorus ）與鈣同樣都是構成骨骼、牙齒的主要來源。人體一歲以前鈣質需要量大於磷。一歲以後各年齡層鈣、磷需要量相同。高磷酸鹽血症易發生手足抽搐，低磷酸鹽血症則肌肉軟弱無力。鎂（ magnesium ）也是構成骨骼、牙齒的原料。鎂離子與鉀、鈉、鈣離子共同調節神經的感應

與肌肉的收縮。缺乏時將擾亂神經與肌肉的正常感應。長期酗酒、腸道疾病是鎂缺乏的原因。鈉（sodium）是人體細胞外液的主要陽離子，可維持體內酸鹼平衡，攝食過量是高血壓的原因之一。鉀（potassium）是人體內液的主要陽離子，攝取量過高將發生高鉀血症導致心臟衰竭。鐵（iron）是構成血紅素及肌紅蛋白的成分。嚴重缺鐵將造成貧血（anemia）。碘（iodine）是構成甲狀腺激素的主要成分，缺乏碘將造成甲狀腺腫（Goister）、克汀症（cretinism，嬰兒甲狀腺發育不良將造成侏儒）。鈷（cobalt）是構成維生素B12的成分，缺乏將發生惡性貧血。氟（fluorine）與牙齒健康有關，水中加少量氟可預防蛀牙，減少罹患骨骼疏鬆症；但長期過量飲用，可能導致骨硬化症（osteosclerosis）。

第三節　均衡膳食

所謂的均衡膳食是指每日的飲食符合各國人民所訂立的每日營養素建議攝取量（Recommended Daily Nutrient Allowances, RDNA）。於RDNA依不同的年齡、性別、工作量，於理想體重的情況下建議應攝取之熱量及各種營養素。我國行政院衛生署於民國八十二年重新修訂國人RDNA如下表：

■國人每日營養素建議攝取量■

(Recommended Daily Nutrient Allowances；RDNA)

行政院衛生署

年齡(1)	身高 公分(cm) 男	女	體重 公斤(Kg) 男	女	熱量(2) 大卡(Kcal) 男	女	蛋白質(3) 公克(g) 男	女	鈣 毫克(mg) 男	女	磷 毫克(mg) 男	女	鐵(4) 毫克(mg) 男	女	碘 微克(μg) 男	女	維生 微克(μgR.E.) 男	女
0月~	57		5.5		115/公斤		2.4/公斤		400		250		7		30		420	
3月~	65		7.4		100/公斤		2.2/公斤		400		250		7		35		420	
6月~	71		8.5		95/公斤		2.0/公斤		500		330		10		40/50		400	
9月~	75		9.6		100/公斤		1.8/公斤		500		330		10		65		400	
1歲~	92		13.7		1250		25		500		500		8				450	
4歲~	113	112	20.4	19.6	1700	1550	30	30	500	500	500	500	8	8	85	80	500	500
7歲~	128	128	27.0	25.0	1900	1650	40	40	600	600	600	600	10	10	95	85	500	450
10歲~	144	145	37.0	38.0	2150	2100	50	50	700	700	700	700	15	15	110	105	550	550
13歲~	163	157	51.0	48.0	2500	2200	65	60	800	700	800	700	15	15	125	110	550	550
16歲~	171	160	61.0	52.0	2650	2100	70	55	800	700	800	700	15	15	135	105	600	500
20歲~	170	158	62	52	輕2200 中2450 重2850 極重3300	輕1800 中2000 重2350 極重2650	65	55	800	700	800	700	10	15	110 125 145 165	90 100 120 135	600	500
25歲~	170	158	62	52	輕2100 中2350 重2750 極重3100	輕1700 中1900 重2200 極重2500	65	55	600	600	600	600	10	15	105 120 140 155	85 95 110 125	600	500
35歲~	167	156	64	54	輕2100 中2350 重2750 極重3100	輕1700 中1900 重2200 極重2500	65	55	600	600	600	600	10	15	105 120 140 155	85 95 110 125	600	500
55歲~	165	152	63	54	輕2050 中2250 重2650	輕1650 中1850 重2150	65	55	600	600	600	600	10	10	105 115 135	85 95 110	600	500
70歲~	162	150	58	52	輕1800 中2100	輕1600 中1800	65	55	600		600	600	10	10	90 100	80 90	600	500
懷孕 第一期					+300		+ 6		+ 0		+500		+ 0		+ 0		+ 0	
懷孕 第二期					+500		+12		+500		+500		+30		+15		+100	
懷孕 第三期							+15		+500		+500		+30		+15		+350	
哺乳期					+500										+25			

註：(1)年齡係以足歲計算。

(2)油脂熱量以不超過總熱量的30％為宜。

(3)動物性蛋白質在總蛋白質中的比例，1歲以下的嬰兒以佔⅔以上為宜。

(4)日常國人膳食中之鐵質攝取量，不足以彌補婦女懷孕、分娩失血及泌乳時之損失，建議自懷孕第三期至分娩兩個月每日另以鐵鹽供給30毫克之鐵質。

(5)R. E.（retinol Equivalent）即視網醇當量。I. U.（International Unit）即國際單位。1RE＝1αg視網醇（Retinol）＝6μgβ—胡蘿蔔素（β—Carotene）。

中華民國八十二年修訂

素(5) 國際單位 (I.U.)	維生素D(6) 微克 (μg)	維生素E(7) 毫克 (mgα-T.E.)	維生素B₁ 毫克 (mg)	維生素B₂ 毫克 (mg)	菸鹼素(8) 毫克 (mg N.E.)	維生素B₆ 毫克 (mg)	維生素B₁₂ 微克 (μg)	葉酸(9) 微克 (μg)	維生素C 毫克 (mg)
1400	10.0	3	0.3	0.3	4.0	0.2	0.3	20	35
1400	10.0	3	0.3	0.3	5.0	0.3	0.4	30	35
2700	10.0	4	0.4	0.5	6.0	0.4	0.5	35	35
3300	10.0	4	0.4	0.5	7.0	0.5	0.5	40	35
3800	10.0	5	0.6	0.7	9.0	0.8	0.7	50	40
男　女		男　女	男　女	男　女	男　女	男　女			
4200　4200	10.0	6　6	0.8　0.7	1.0　0.9	11.0　10.0	1.0　1.0	1.0	70	45
4200　3800	10.0	8　8	0.9　0.7	1.0　0.9	13.0　11.0	1.0　1.0	1.4	100	45
4600　4600	10.0	10　10	1.0　0.9	1.2　1.2	14.0　14.0	1.2　1.2	1.9	140	50
4600　4600	10.0	12　10	1.1　1.0	1.4　1.2	17.0　15.0	1.6　1.5	2.0	150	50
5000　4200	10.0	12　10	1.2　0.9	1.5　1.2	17.0　14.0	1.7　1.4	2.0	200	55
			1.0　0.8	1.2　1.0	15.0　12.0				
5000　4200	5.0	12　10	1.1　0.9	1.3　1.1	16.0　13.0	1.6　1.4	2.0	200	60
			1.3　1.1	1.6　1.3	19.0　16.0				
			1.5　1.2	1.8　1.5	22.0　17.0				
			0.9　0.8	1.2　0.9	14.0　11.0				
5000　4200	5.0	12　10	1.1　0.9	1.3　1.0	16.0　13.0	1.6　1.4	2.0	200	60
			1.2　1.0	1.5　1.2	18.0　15.0				
			1.4　1.1	1.7　1.4	20.0　17.0				
			0.9　0.8	1.2　0.9	14.0　11.0				
5000　4200	5.0	12　10	1.0　0.9	1.3　1.0	16.0　13.0	1.6　1.4	2.0	200	60
			1.2　1.0	1.5　1.2	18.0　15.0				
			1.1	1.7　1.4	20.0　17.0				
			0.8						
5000　4200	5.0	12　10	0.9　0.7	1.1　0.9	14.0　11.0	1.6　1.4	2.0	200	60
			0.8	1.2　1.0	15.0　12.0				
			1.0	1.5　1.2	17.0　14.0				
5000　4200	5.0	12　10	0.7	0.9	12.0　11.0	1.6　1.4	2.0	200	60
+ 0			+ 0	0.8	1.1　1.0	13.0　12.0	+0.2		
+ 0	+ 0	+2	+ 0	+ 0	+ 0	+0.5	+0.2	+200	+ 0
+ 800	+5.0	+2	+0.1	+0.2	+2.0	+1.0	+0.2	+200	+10
+3000	+5.0	+3	+0.1	+0.2	+2.0	+0.5	+0.2	+200	+10
	+5.0		+0.2	+0.3	+3.0		+0.6	+100	+40

(6)維生素D係以維生素D3（cholecalciferol）為計量標準。
　1μg＝40 I. U. 維生素D2.

(7)α－T. E.（α－tocopherol equivalent）即α─生育醇當量
　1. Tα－mgE.＝1mgα－tocopherol.

(8)N. E.（Niacin equivalent）即菸鹼素當量。
　1 N. E.＝1mg菸鹼素＝60mg色胺酸。

(9)葉酸係指食物以酵素（conjugase）處後以Lactobacillus casei進行微生物定量分析所得之「總葉酸量」。

(10)「輕、中、重、極重」表示工作勞動量之程度。

　　理想的三餐分配是早餐吃得好、午餐吃得飽、晚餐吃得少（臺灣省政府，民83）。均衡膳食的原則應是一方面避免攝取不足，另一方面應防止攝取過多。三大營養素的比例應如下：

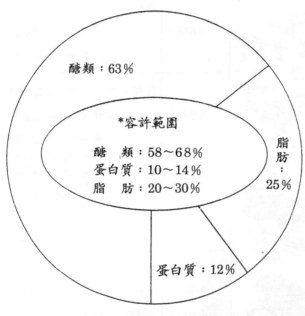

■三大營養素的熱量比例■

選擇食物同時要注意新鮮、衛生及經濟。均衡膳食應：

一、每日飲食指南

　　包括六大類基本食物，依據行政院衛生署（民84）每日飲食指南，建議每天選吃的分量為：

■每日飲食指南■

類　別	份　量	份　量　單　位　說　明
五穀根莖類	3～6碗	每碗：飯一碗（200公克）； 　　　或中型饅頭一個； 　　　或土司麵包四片。
奶　類	1～2杯	每杯：牛奶一杯（240C. C.） 　　　發酵目一杯（240C. C.） 　　　乳酪一片（約30公克）
蛋豆魚肉類	4份	每份：肉或家禽或魚類一兩 　　　（約30公克）或豆腐一塊 　　　（100公克）；或豆漿一杯 　　　（240C. C.）或蛋一個。
蔬菜類	3碟	每碟：蔬菜三兩（約100公克）
水果類	2個	每個：中型橘子一個（100公克） 　　　；或番石榴一個。
油脂類	2～3湯匙	每湯匙：一湯匙油（15公克）。

㈠五穀根莖類3～6碗

如米飯、麵食、甘藷等主食類。

㈡奶類1～2，杯

如牛奶、發酵乳、乳酪等奶類製品。

㈢蛋豆魚肉類4分

如蛋、魚、肉、豆腐、豆干、豆漿。

㈣蔬菜類3碟

深綠色與深黃紅色的蔬菜較佳。如：菠菜、芋藍菜、胡蘿蔔、南瓜等。

㈤水果類2個

如橘子、柳丁、木瓜、西瓜、鳳梨、芭樂等。

㈥油脂類2～3匙

沙拉油等植物性油為佳，花生、腰果等堅果類亦可供給脂肪。

青少年、老年人及孕乳婦由於生理狀況較為特殊，可依本飲食指南做少許改變：

青少年：增加五穀根莖類、奶類及蛋、豆、魚、肉類的攝取量，尤應增加一個蛋或一杯牛奶。

老年人：可適量減少油脂類及五穀根莖類的攝取。

孕乳婦：六大類食物均應酌量增加，為避免骨質疏鬆症，最
　　　　好每日能增加一至二杯牛奶；必要時，可以低脂牛
　　　　奶代替，以降低熱量的攝取量。

二、國民飲食指標

為使國人飲食生活更健康，行政院衛生署（民84）提出國民
飲食指標如下：

㈠維持理想體重

體重與健康有密切的關係，體重過重容易引起糖尿病、高血
壓和心血管疾病等慢性病；體重過輕會使抵抗力降低，容易感染
疾病。維持理想體重是維護身體健康的基礎。

維持理想體重應從小時候開始，建立良好的飲食習慣及有恆
的運動是最佳的途徑。

㈡均衡攝食各類食物

沒有一種食物含有人體需要的所有營養素，為了使身體能夠
充分獲得各種營養素，必須均衡攝食各類食物，不可偏食。

每天都應攝取五穀根莖類、奶類、蛋豆魚肉類、蔬菜類、水
果類及油脂類的食物。食物的選用，以多選用新鮮食物為原則。

㈢三餐以五穀為主食

米、麵等穀類食品含有豐富澱粉及多種必需營養素，是人體

最理想的熱量來源，應作爲三餐的主食。

　　爲避免由飲食中食入過多的油脂，應維持國人以穀類爲主食之傳統飲食習慣。

㈣儘量選用高纖維的食物

　　含有豐富纖維質的食物可預防及改善便秘，並且可以減少患大腸癌的機率；亦可降低血膽固醇，有助於預防心血管疾病。

　　食用植物性食物是獲得纖維質的最佳方法，含豐富纖維質的食物有：豆類、蔬菜類、水果類及糙米、全麥製品、蕃薯等全穀根莖類。

㈤少油、少鹽、少糖的飲食原則

　　高脂肪飲食與肥胖、脂肪肝、心血管疾病及某些癌症有密切的關係。飽和脂肪及膽固醇含量高的飲食更是造成心血管疾病的主要因素之一。

　　平時應少吃肥肉、五花肉、肉燥、香腸、核果類、油酥類點心及高油脂零食等脂肪含量高的食物，日常也應少吃內臟和蛋黃、魚卵等膽固醇含量高的食物。烹調時應儘量少用油，且多用蒸、煮、煎、炒代替油炸的方式可減少油脂的用量。

　　食鹽的主要成分是鈉，經常攝取高鈉食物容易患高血壓。烹調應少用鹽及含有高量食鹽或鈉的調味品，如：味精、醬油及各式調味醬；並少吃醃漬品及調味濃重的零食或加工食品。

　　糖除了提供熱量外幾乎不含其他營養素，又易引起蛀牙及肥胖，應儘量減少食用。通常中西式糕餅不僅多糖也多油，更應節制食用。

(六)多攝取鈣質豐富的食物

鈣是構成骨骼及牙齒的主要成分，攝取足夠的鈣質，可促進正常的生長發育，並預防骨質疏鬆症。國人的飲食習慣，鈣質攝取量較不足，宜多攝取鈣質豐富的食物。

牛奶含豐富的鈣質，且最易被人體吸收，每天至少飲用一至二杯。其它含鈣質較多的食物有奶製品、小魚乾、豆製品和深綠色蔬菜等。

(七)多喝白開水

水是維持生命的必要物質，可以調節體溫、幫助消化吸收、運送養分、預防及改善便秘等。每天應攝取約六至八杯的水。

白開水是人體最健康、最經濟的水分來源，應養成喝白開水的習慣。市售飲料常含高糖分，經常飲用將不利於理想體重及血脂肪的控制。

(八)飲酒要節制

如果飲酒，應加節制。

飲酒過量會影響各種營養素的吸收及利用，容易造成營養不良及肝臟疾病，也會影響思考判斷力，引起意外事件。

懷孕期間飲酒，容易產生畸形及體重不足的嬰兒。

（第四節）　**理想體重與健康**

　　行政院衛生署最近提出BMI身體質量指數，並表列成年人之理想體重範圍如下：

　　身高、體重是最常被使用的幼兒童體格生長的指標（高石、桶口和小島，昭和五十八；李叔佩、王國川、楊慕慈和姜逸群，民84）。

　　體格生長影響健康甚鉅，尤其是消瘦、肥胖都將造成健康上各種障礙。根據報告，肥胖者的總死亡率、疾病別死亡率均較一般體格者高。而肥胖度愈高，糖尿病、高血壓、痛風、心臟病、關節炎、膽結石、腎臟病的罹患危險度亦高。肥胖者糖尿病發生頻率為非肥胖者的3～4倍，肥胖度大者血壓值也高，膽結石患者有50～80％為肥胖者（鈴木，昭和59）。

　　早在1966年美國衛生教育與福利部就提出以下忠告：肥胖者易罹患疾病，死亡率亦高，肥胖者罹患循環性、呼吸性疾病的危險性高且糖質代謝異常者較多，高血壓、糖尿病及關節炎惡化，手術、妊娠的危險性較高（Department of Health Education and welfare, 1966）。

■成年人之理想體重範圍■

身　高 （公分）	理想體重範圍 （公斤）	身　高 （公分）	理想體重範圍 （公斤）
145	41.5—51.0	166	54.5—66.5
146	42.0—51.5	167	55.0—67.5
147	43.0—52.0	168	56.0—68.5
148	43.5—53.0	169	56.5—69.0
149	44.0—53.5	170	57.0—70.0
150	44.5—54.5	171	58.0—71.0
151	45.0—55.0	172	58.5—71.5
152	46.0—56.0	173	59.0—72.5
153	46.5—57.0	174	60.0—73.5
154	47.0—57.5	175	60.5—74.0
155	47.5—58.0	176	61.5—75.0
156	48.0—59.0	177	62.0—76.0
157	49.0—59.5	178	62.5—76.5
158	49.5—60.5	179	63.5—77.5
159	50.0—61.0	180	64.0—78.5
160	50.5—62.0	181	65.0—79.5
161	51.5—62.5	182	65.5—80.0
162	52.0—63.5	183	66.0—81.0
163	53.0—64.5	184	67.0—82.0
164	53.5—65.0	185	68.0—83.0
165	54.0—66.0	186	68.5—84.0

備註：1.理想體重（公斤）＝22×身高^2（公尺^2），即BMI（Body Mass Index，身體質量指數）$\dfrac{體重（公斤）}{身高^2（公尺^2）}＝22$。

2.理想體重範圍為理想體重±10％。

3.根據國民營養調查結果顯示，20～29歲年輕女性之平均體重略於備註1.，計算而得之理想體重，使用上表時可參考理想體重範圍內偏輕之數據。

　　國內文獻對肥胖兒童可能發生的後遺症亦有些探討：肥胖的小孩可能會有下列的後遺症：生長過速、骨骼異常、呼吸道疾病、高血壓、高血脂、醣類代謝異常、皮膚病、肝功能異常、心理與社會障礙（陳偉德，民81；黃伯超，民76；成曉英，民78年）。

　　肥胖的分類有臨床分類、外觀分類、原因分類、細胞形態學的分類、多重因子分類等方法，其中與健康行為習慣有關的有：臨床分類及原因分類，此兩種分類方法極為類似。臨床分類將肥胖者分為單純性肥胖及症候性肥胖兩種。肥胖，但並無任何疾病者稱單純性肥胖症，由病因造成肥胖，為疾病症狀之一者稱症候性肥胖症。依原因分類，肥胖可分為單純性肥胖（Simple Obesity）及伴有合併症之肥胖症（Obesity with accompanies other disorders）（鈴木，昭和59）。

　　而單純性肥胖症分為兩種類型：①未成年期或發育期肥胖症。②成年期肥胖症。未成年期或發育期肥胖症是指自幼兒期身體已肥胖，其體脂肪數目較正常兒童顯著增多，在人的一生當中，有兩個時期脂肪細胞會增殖（數目增加），一是在四歲以內，一是在十歲至十四歲間。若在此二時期內肥胖，就會造成脂肪細胞數目的增加，故又稱為增殖型肥胖症，根據統計，在這時期肥胖的小孩，70％到成人還是肥胖的（小林、楠和松田，昭和61）。

　　因此，除了疾病引發之肥胖需臨床治療之外，自幼預防肥胖等相關教育是重要的（謝明哲，民81）。

　　此外，體重不足、消瘦的原因亦可分為非疾病（單純）性體重不足及疾病症候性體重不足。非疾病（單純）性體重不足之原

因可能是攝取之食物不足以供給身體需要量、飲食習慣不規律不定時、不定量、偏食、休息睡眠過少、神經質心情緊張等生活習慣或心理因素。（林蘊玉、宋申藩和張作櫻，民82）。低營養狀態之幼兒，Kaup體格指數多半在15以下（小林、楠和松田，昭和61；關，昭和53）。

體格的判定法

體格判定的方法大致上可分成標準體重法、體格指數及數脂肪（皮下脂肪厚）等方法，方法的選擇運用依對象、依人對肥胖者的評價或目的之不同而異（鈴木，昭和59）。

我國體格判定用之身高別體重資料，由行政院衛生署頒佈之「中華民國飲食手冊」中附有臺灣地區男女別、身高別體重表，而標準體重之計算公式為：

標準體重（男）＝62＋（身高－170）×0.6
標準體重（女）＝52＋（身高－158）×0.5

體格的判定方法是採用：

$$體格＝\frac{實測體重－標準體重}{標準體重}×100\％$$

體格之判定標準為：
－20％以上為消瘦

－10～－20％為中度體重不足

±10％以內為正常範圍體重

＋10～＋20％為輕度肥胖

＋20％以上為肥胖

但此公式之體格判定僅適用於成人。

（行政院衛生署，民76）

國內高美丁、黃惠英、曾明淑、李寧遠和謝明哲（民80年）依民國七十五至七十七年臺灣地區國民體位測量身高與體重50百分位值計算指出幼兒體格之判定法以重高指數評定法為宜。

重高指數＝小兒體重公斤值÷小兒身高公分值÷重高常數

年齡	重高常數	
（足歲）	男	女
3歲	0.150	0.142
4歲	0.154	0.149
5歲	0.161	0.155
6歲	0.169	0.165

而重高指數評估肥胖之準則（陳偉德，民81），為：

■表3-1　國內體格重高指數評定法■

重高指數	體重狀況
＜0.80	瘦弱
0.10～0.89	過輕
0.90～1.09	正常
1.10～1.19	過重
≧1.20	肥胖

而國外體格指數的算法很多，常用的方法如下：（小林、楠和松田，昭和61：馬場、小林和楠，昭和61年）

■表3-2　國外體格指數的算法■

比體重	$W / L \times 10^2$
Kaup指數	$W / L^2 \times 10^4$
Rohrer指數	$W / L^3 3 \times 10^7$
Livi指數	$W / L \times 10^3$
Ponderal指數	$L / \sqrt[3]{W}$
Quetelet指數	$W_{(g)} / L$
Quetelet－Pfaundler指數	$W_{(g)} / L^{2.5}$

W：體重（Kg）　　L：身高（cm）

　　而在學齡前幼兒時期常被使用之算法為Kaup指數，小學以後之學童時期則用Rohrer指數。其體格的判定基準如下：

Kaup指數	體格
20以上	肥　　　胖
20～18	體 重 過 重
18～15	普 通、正 常
13～15	體 重 不 足
13以下	消　　　瘦

身　　　高	Rohrer指數	體格
110～120公分	180以上	肥胖
130～149公分	170以下	
150公分	160以上	
	120以下	消瘦

　　日本文獻曾以Kaup指數、Rohrer指數、比體重，針對0歲到十五歲孩童做體格指數之比較（馬場、小林和楠，昭和61），其結果如圖3－1。

　　由圖中可知適合幼稚園階段幼兒最穩定的方法為Kaup指數。

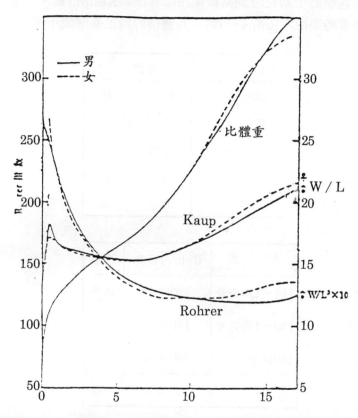

■圖3-1　馬場、小林和楠：年齡別體格指數之比較■

第五節 飲食衛生安全與管理

　　每年臺灣地區食品中毒發生事件頻仍，尤其是學校固定膳食中毒所造成之食品中毒人數眾多。依據行政院衛生署（民82）食品中毒發生狀況指出，六月分和九月分所發生的食品中毒件數最多，而高雄市無論是中毒案件數（排名第二）或中毒人數（排名第一）均偏高。而病因物質分類，以件數而言，細菌性食品中毒以腸炎弧菌、金黃色葡萄球菌、仙人掌桿菌居多，化學物質以農藥為主，天然毒中以組織胺、植物毒及河豚毒居多。原因食品中毒件數依序為肉及其加工品、魚貝類、糕餅糖果類、盒餐類、蔬果及其加工品類。

　　下表是臺灣地區食品中毒案件攝食場所分類表。由表可知學校是食品案件數、患者數最多的場所。

　　為了促進食品衛生安全與管理，教育部早於民國七十六年發布學校餐廳管理作業手冊，協助各級學校做好食品衛生安全管理工作。促請學校組成膳食協調委員會，由校長擔任召集人，由訓導（學務處）、總務、會計、營養衛生人員、教師代表、學生代表等人員組成，並由專人負責餐廳衛生督導工作，定期召開會議檢討並規畫學校餐廳衛生管理工作。

■臺灣地區食品中毒案件攝食場所分類表（民國81年）■

攝　食　場　所	件　數	患　者　數	死　亡　數
自　　宅	25	348	1
營業場所	19	370	0
學　　校	25	1936	0
辦公場所	10	278	0
醫療場所	1	7	0
運輸工具	1	4	0
部　　隊	2	41	0
野　　外	1	42	0
攤　　販	0	0	0
其　　他	4	58	0
總　　計	88	3084	1

㈠餐飲工作人員之衛生及健康管理（教育部，民76）

工作人員的衛生管理，主要包括人員的健康管理、衛生習慣及衛生教育等三大類。

1.健康管理

「餐廳廚房從業人員僱（聘）用期間，應由學校或包商負責，依規定於每學年開學一個月內接受健康檢查；未依規定接受健康檢查者，應予追蹤輔導，必要時應予解僱（聘）。從業人員

如患有出疹、膿瘡、外傷、肺結核、傷寒、肝炎腸道傳染性等疾病，因而可能造成疾病傳染時，不得從事食品接觸之工作。

健康檢查之項目應包括：

(1)已往健康狀況之紀錄。

(2)身高、體重、血壓、視力、色盲與聽力等一般檢查。

(3)胸部X光檢查。

(4)是否患有自覺症狀或皮膚病及呼吸道之過敏症。

(5)測定尿液中是否有糖尿與蛋白尿。

(6)糞便細菌檢查（含寄生蟲卵檢查）。

定期健康檢查每年至少檢查一次，糞便至少每月檢查一次，若遇夏令期間，則需增至每月二次，以達預防的效果。

2.衛生習慣

(1)整潔的工作服與儀容

工作時應穿戴整潔的工作衣帽，必要時戴口罩，以防止頭髮、皮膚及其他夾雜物等掉入食品中。餐飲工作人員服裝範例如下圖：

(2)手部衛生

正確洗手方法程序：

①以水潤濕手部。

②擦上洗潔劑。

③手心、手背互相摩擦到起泡。

④用力互搓兩手之全部，包括手掌、手背及手腕。

⑤作拉手姿勢擦洗指尖，或用刷子刷洗指甲處。

⑥沖去肥皂，洗淨手部。

⑦用擦手紙擦乾，或用烘手機烘乾。（程序如附圖3－2）

工作帽應可將
頭髮完全包住

頭髮應剪短，
戴帽子的頭髮
不可露出

工作時不可用
手挖鼻孔

不可留鬍子

在配膳檯前供應
食物應戴口罩

工作時不可抽煙

工作時不可戴
戒指、手錶等

鈕扣不可鬆脫

穿著清潔淺色
（白色）工作
服並保持乾淨

圍裙需繫好

指甲要剪短不
得塗指甲油

手要洗乾淨

圍裙需維持整潔

穿著工作專用鞋

■餐飲工作人員服裝範例■

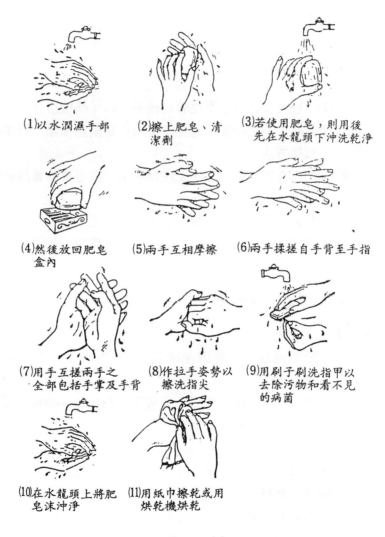

(1)以水潤濕手部　　(2)擦上肥皂、清　　(3)若使用肥皂，則用後
　　　　　　　　　　　潔劑　　　　　　　　先在水龍頭下沖洗乾淨

(4)然後放回肥皂　　(5)兩手互相摩擦　　(6)兩手揉搓自手背至手指
　　盒內

(7)用手互搓兩手之　(8)作拉手姿勢以　　(9)用刷子刷洗指甲以
　　全部包括手掌及手背　擦洗指尖　　　　　去除污物和看不見
　　　　　　　　　　　　　　　　　　　　　的病菌

(10)在水龍頭上將肥　(11)用紙巾擦乾或用
　　皂沫沖淨　　　　　烘乾機烘乾

資料來源：食品工廠衛生管理手冊㈢1982年出版

■圖3-2　正確之洗手方法程序■

3.衛生教育

對餐廳新進職員與在職人員應實施衛生教育範圍則包括了餐廳負責人及工作人員。

新進人員衛生訓練之內容應包括：

(1)學校及餐廳內之衛生管理體系，如：職權畫分。

(2)食品中毒之認識。包括：食品中毒菌之種類、發生原因及預防方法。

(3)保存食物品質之方法及注意事項。如溫度對食品品質之影響等。

(4)個人衛生習慣之訓練。如：洗手的重要性。

(5)環境衛生之維護方法。如：清洗、整理、乾燥、通風……等。

(二)餐飲設施之衛生管理

1.溫度管理

(1)設置溫度指示器確保冷藏溫度在0°～10°之內，冷凍溫度－18℃以下。

(2)庫內物品須排列整齊，且容量應在50％～60％之間，不可過滿以利冷氣充分循環。

(3)儘量減少開門次數與時間。

(4)經常除霜確保冷藏（凍）力。

(5)遠離熱源。

食物的安全溫度是，熱、熟食應保持在攝氏60度以上，冷藏食物在5℃以下，而冷凍食物在－18℃以下。

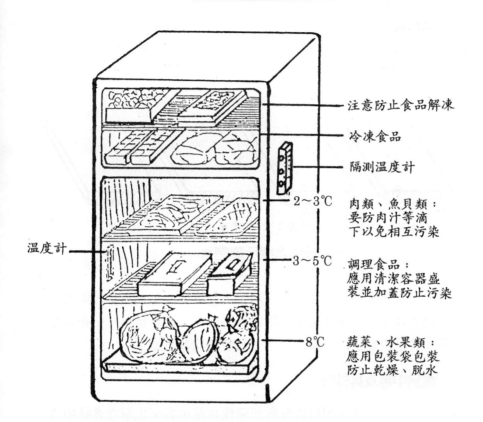

注意防止食品解凍

冷凍食品

隔測溫度計

2～3℃　肉類、魚貝類：
　　　　要防肉汁等滴
　　　　下以免相互污染

3～5℃　調理食品：
　　　　應用清潔容器盛
　　　　裝並加蓋防止污染

8℃　　蔬菜、水果類：
　　　　應用包裝袋包裝
　　　　防止乾燥、脫水

溫度計

*門開關限度
室溫18℃打開10秒溫度上升5℃
　　　30℃打開15秒溫度上升18℃
　*食品貯藏量最多佔冷藏庫容積約50～60％
　*冷藏室應遠離熱源

■小型冷藏（凍）庫管理辦法圖例■

2.砧板

砧板不衛生，很容易引起食品間相互之污染，引發食品中毒。使用時應注意下列幾點：

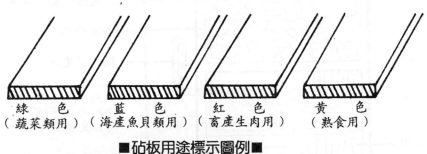

綠　　色	藍　　色	紅　　色	黃　　色
（蔬菜類用）	（海產魚貝類用）	（畜產生肉用）	（熟食用）

■砧板用途標示圖例■

處理生食與熟食之砧板分開使用：不同來源的食品其所含微生物的種類不同，依來源可將它分為蔬菜、海產魚貝類、畜產及熟食等，四類砧板分開處理並以顏色標明其用途。

㈢食品中毒及其預防

食品中毒之分類可以分為細菌性食品中毒、化學性食品中毒及天然毒素食品中毒。說明如下表：

■食品中毒分類■

食品中毒類別	感染型態	致病菌	感染原或寄主
細菌性食品中毒	感染型	沙門氏菌	牛、鼠、蛋。
		腸炎弧菌	海鮮類。
	毒素型	葡萄球菌	膿瘡。
		肉毒桿菌	土壤、動物糞便。
	未定型	產氣莢膜桿菌	人及動物的腸道、土壤。
		病原性大腸桿菌	人及動物的腸道。
天然毒素食品中毒	動物性	動物體內毒素	河豚毒、有毒魚貝類等。
	植物性	植物體內毒素	毒菇、發芽的馬鈴薯、毒扁豆等。
化學性食品中毒	化學物質	有毒之化學物質	農藥、有毒之非法食品添加物。
	有害金屬	有害金屬物質	砷、鉛、銅、汞、鎘等。
類過敏食品中毒→組織胺、味精、不新鮮或腐敗的肉、魚類			
黴菌毒素性食品中毒			
其他病毒			

　　防止食品中毒有三大原則：①清潔、②迅速、③加熱與冷藏。食品在選購、清潔、加工、調理、儲存各階段，都要注意其新鮮、無毒、清潔。且購買後要盡快處理供食。並維持在適宜溫度下供餐。10℃～60℃間最適宜細菌生長，較危險，因此，熱食應維持在60℃以上，冷藏食品應維持在10℃以下較為安全。

㈣供應團體膳食衛生管理

　　教育部提供學校有關團體膳食衛生管理自行檢查表，如下，可供讀者參考。

　　為求飲食能促進人體的健康，除了要合乎均衡膳食的原則外，食品的安全與衛生更是保障人體健康的重要因素。願此章的內容能幫助讀者飲食自我保健，更能影響家人、社區民眾，並發揮在未來的教育事業上，造福下一代的健康。

■供應團體膳食衛生管理自行檢查表■

年　月　日

檢　　査　　項　　目	良好	尚可	不良	說　　明
1.是否著整齊淺色的工作衣、帽及鞋。				
2.手部是否有徹底洗淨，且不得蓄留指甲、塗指甲油及佩戴飾物等。				
一、工作人員上工前　3.應每年至少接受健康檢查乙次，如患有出疹、膿瘡、外傷、結核病、腸道傳染病等可能造成食品污染之疾病，不得從事與食品有關之工作；新進員工應先體檢合格後方可從事工作。				
4.進出廚房的門應有防制病媒設施，且須保持關閉狀態。				
1.工作中不可有吸煙、嚼檳榔、飲食等可能污染食品行為。				
2.工作中不可有蓄意長時間聊天、唱歌等可能污染食品行為。				
二、工作中人員　3.每做下一動作前，應將手部徹底洗淨。				
4.如廁後是否有將手洗淨。				
5.廚房內的訪客是否有適當的管理。				
6.非工作時間內，不得在廚房內滯留或休息。				

個人衛生	7.工作依、帽是否有保持清潔。				
	8.是否有以衣袖擦汗、衣褲擦手等不良的行為。				
	9.打噴嚏時,有否以衛生紙巾掩捫,並背對著食物。				
	10.手指不可觸及餐具之內緣或飲食物。				
三、食物前處理	1.購買回來之食品,應放置架上且儘速處理,不可堆置。				
	2.蔬菜、水產品、畜產品等應分開洗滌,以避免污染。				
	3.洗滌槽內的水應低於水龍頭的高度,以避免水倒流而污染水源。				
	4.洗後之物應瀝乾後再送往調理加工場所。				
	5.蔬菜之洗滌應以清潔的水浸洗後,在以流動之自來水沖洗即可將蔬菜洗淨,不可使用清潔劑來浸洗,以免清潔劑殘留於蔬菜中。				
	1.地板應經常保持乾燥、清潔。				
	2.應有空氣補足調節設施。				
	3.牆壁、支柱、天花板、燈飾、紗門應經常保持清潔。				
	4.應至少有兩套以上之刀及砧板,以切割生、熟食,且生、熟食,必須分開處理。				

	5.食物應在工作檯面或置物架上，不得直接放置地面。			
	6.食物調理檯面，應以不鏽鋼材質鋪設。			
	7.切割不再加熱即食用之食品及水果，必須使用塑膠砧板，處理必需經加熱再行食用之食品；若使用木質者，應定期刨除砧板之上層，以避免病原菌滋生。			
四、調理加工衛生	8.排油煙罩之設計應依爐杜之耗熱量為基準，且高度應適中並有足夠能力排出所有油煙及熱氣。			
	9.排油煙罩應每日擦洗，且貯油槽內不可貯油，以避免污染食物，並防止危險事故。			
	10.冷藏溫度應在7℃以下，冷凍溫度應在−18℃以下，熱藏溫度應在60℃以上，且食物應加蓋或包裝妥為分類貯存。			
	11.調理場所之照明應在二百燭光以上並有燈罩保護以避免污染。			
	12.烹飪妥之食物應儘速供食用。如需冷藏者應先將食物分置數個不同的小容器內，並儘速移至冷藏室內貯存。			

	13.食物之調理必須確實完全熟透，避免外表已熟，但內部未熟之現象。			
	14.不得供應生魚片等未加熱處理之水產品。			
	15.供應餐盒之食品，應選用水分較少，不易變質，調味上帶有酸味且製作時容易控制成品衛生狀況之菜餚，保存時間夏天不超過二個小時，冬天不超過三個小時為原則。			
五、用膳衛生	1.不可聞到調理加工之烹飪味道，以避免油煙污染餐廳。			
	2.配膳檯應設有防止點菜者飛沫污染之設施。			
	3.配膳檯應保持整齊、清潔，熱保溫用之充填水應每餐更換；非供膳時間檯內應保持乾燥、清潔。			
	4.用膳場所之桌面及地板應經常保持清潔。			
	5.應使用衛生筷及採用公筷母匙，並供應衛生紙巾。			
	6.配膳人員除應著整齊工作衣、帽外並應著口罩。			
	7.應設置供消費者洗手之設施。			
	8.有缺口或裂縫之餐具，不得盛放食品供人食用。			
	9.用膳場所應有足夠照明。			
	10.潔淨待用之餐具應有適當容器裝盛。			

六、餐具洗滌	1.應具有三槽式洗滌設備或自動洗滌機。			
	2.應具有熱水供應系統。			
	3.餐具洗滌應使用之食品用清潔劑，並有良好之標示，且不得以洗衣粉洗滌。			
	4.使用自動洗滌機者，應有溫度指示計，清潔劑偵測器等裝置。			
	5.自動洗滌機每餐使用後，應用加壓噴槍噴洗內部，並於清洗後打開槽蓋乾燥。			
	6.餐具洗滌後應有固定放置保存設施及場所。			
	7.調理用具洗滌後應歸放原置放處。			
七、食物選購與	1.國產罐頭食品，應有衛生署查驗登記號碼，始可購用。			
	2.所有包裝食品，應包裝標示完全，而且在保存期限內使用完畢，並且以選用CAS優良肉品、優良冷凍食品及GMP食品為原則，確保品質與衛生。			
	3.生鮮肉品，應採購經屠宰衛生檢查合格之肉品。			
	4.選購之食品，以不具有色素為原則，以避免違法使用色素之食品。如酸菜、豆腐、鹹魚、黃豆乾等應選購無含色素之產品。			

貯存	5.原、材、物料之使用，應依先進先用之原則，避免混雜使用。				
	6.倉庫應設置棧板、原物料應分類置放，並應防止病媒之污染且定期清掃。				
	7.應備有食品簡易檢查設備乙套，以供隨時作採食品之檢驗用。				
八、其他	1.水源應以自來水為佳.凡使用地下水為水源者，應經淨水或消毒，並經檢驗合格始可使用。				
	2.廁所應與調理加工場所隔離，且應採用沖水式應保持清潔，並有漏液式清潔劑及烘乾等設備，並標示「如廁後應洗手」以提醒員工將手洗淨。				
	3.廚房及餐廳不得有病媒存在，必要時應請專業消毒公司定期消毒。				
	4.凡不需加熱而立即可食之食品應取樣乙份，以保鮮膜包好置於5℃以下保存二天以上備驗。				
	5.工作場所及倉庫不得住宿及飼養牲畜。				
	6.應指定專門人員，負責衛生管理及督導之工作。必要時，應加以公佈，以提醒員工。				

備 註	1.請於說明欄摘註備忘事項，以供主管參考及改善之需。 2.本表如有不適當之處，得隨時自行修改，以符合實際需要。 3.本表係由行政院衛生署提供，供做供應團體膳食衛生管理自 　我檢查用請確實執行，以提高貴單位食品之衛生水準，減少 　疾病發生，確保人員健康。
附 記	1.三槽式餐具洗滌殺菌方法如下： 　⑴刮除餐具上殘留食物，並用水沖去黏於餐具上之食物；⑵ 　用溶有清潔劑之水擦洗，此時水溫以40～50℃度更佳（第一 　槽式）；⑶用流水沖淨（第二槽式）；⑷有效殺菌（第三槽） 　；⑸烘乾或放在清潔衛生之處瀝乾（不可用抹布擦乾）⑹用 　清潔劑及水液徹底洗淨各洗滌殺菌槽。 2.有效殺菌方法係指採用下列方法之一殺菌者而言： 　⑴煮沸殺菌法：溫度攝氏100℃時間五分鐘以上（毛巾、抹布 　　等），一分鐘以上（餐具）。 　⑵蒸氣殺菌法：溫度攝氏100℃時間十分鐘以上（毛巾、抹布 　　等），二分鐘以上（餐具）。 　⑶熱水殺菌法：溫度攝氏80℃以上，時間二分鐘以上（餐具 　　）。 　⑷氯液殺菌法：氯液之餘氯量不得低於百萬分之二百，浸入 　　溶液中時間二分鐘以上（餐具）。 　⑸乾熱殺菌法：溫度攝氏85℃以上，時間二分鐘以上（餐具 　　）。

備考	

| 訓導處 | 生活輔導組 | 衛生保健組 | 營養師 | 餐廳老闆 | 檢查員 | ※檢查時間：　　午　　點　　分 |

摘　要

　　近年來與飲食生活息息相關的成人病驟增，肥胖、高血壓、糖尿病等問題使得營養教育工作與饑餓時代的內容與使命截然不同，而被迫面對另一個新紀元。

　　本文依序介紹六大類食物（五穀根莖類、肉魚豆蛋類、奶類、蔬菜類、水果類、油脂類）中所含之營養素，營養與健康的關係，何謂均衡膳食、飲食衛生安全與管理。

　　願此章內容能幫助讀者飲食自我保健，更能影響家人，社區民眾並發揮在未來的教育事業上，造福下一代的健康。

問題討論

1.何謂六大類食物？
2.何謂均衡膳食？
3.何謂五大營養素？
4.五大營養素與健康的關係為何？
5.飲食衛生安全如何管理？

參考文獻

中文：

王果行、丘志威、章樂綺、盧義發、蔡敬民（民84）。《普通營養學》。臺北：偉華書局。

行政院衛生署（民75）。《臺灣地區常見食用魚貝類圖說》，臺北：行政院衛生署。

行政院衛生署（民76）。《中華民國飲食手冊》。臺北：行政院衛生署。

行政院衛生署（民82a）。《衛生統計㈡》。臺北：行政院衛生署。

行政院衛生署（民82b）。《中華民國臺灣地區公共衛生狀況》。臺北：行政院衛生署。

行政院衛生署（民82c）。《衛生白皮書》。臺北：行政院衛生署。

行政院衛生署（民82d）。《國民保健計畫》。臺北：行政院衛生署。

行政院衛生署（民82e）。《每日營養素建議攝取量（RDNA）》。臺北：行政院衛生署。

行政院衛生署（民82f）。《中華民國衛生年鑑》。臺北：行政院衛生署。

行政院衛生署（民83）。《中華民國飲食手冊（二版）》。臺北：行政院衛生署。

行政院衛生署（民84）。《每日飲食指南、國民飲食指標》。行
　　政院衛生署。

成曉英（民78）。《肥胖兒童與正常體重兒童的攝食行為心理特
　　質等之比較之研究》。國立臺灣師範大學衛生教育研究所碩
　　士論文。

李叔佩、王國川、楊慕慈和姜逸群（民77）。《學校健康教育
　　》。臺北：五南圖書出版公司。

林蘊玉、宋申蕃和張作櫻（民84）。《營養概論》。國立編譯館
　　主編。臺北：黎明文化事業公司。

姜逸群、黃雅文（民81）。《衛生教育與健康促進》。臺北：文
　　景書局。

教育部（民76）。《學校餐廳管理作業手冊》。臺北：教育部。

陳偉德（民81）。小兒肥胖與居家治療。《輯於半月叢書系刊
　　》。臺北：臺北市立忠孝醫院半月快樂部出版。

黃伯超（民76）。兒童肥胖問題之討論。《健康世界，第141期
　　》，7～11頁。

臺灣省政府衛生處（民83）《保健手冊》。臺北：臺灣省政府。

謝明哲（民81）。肥胖症之預防及治療。《臺北市立忠孝醫院半
　　月快樂部會員通訊，第2期》。

日文：

小林登、楠智一、松田一郎（昭和61）。《小兒營養學Ⅰ》。日
　　本東京：中山書局。

高石昌弘、桶口滿和小島武次（昭和58）。《身體發達學》。日
　　本東京：大修館書店。

馬場一雄、小林登、楠智一（昭和61）。《肥滿兒》。日本東

京：金原出版株式會社。

鈴木愼次郎（昭和59）。《生活肥滿》。日本東京：醫齒藥出版
　　株式會社。

關清子（昭和53）。Kaup指數的檢討與新營養指數的提倡。《
　　日大醫誌，37期》。275頁。

4

心理健康與情緒管理

　　我國對生理方面健康的認知，如生理學、解剖學及病理學、醫學等的重視起步較早，最早對生理健康方面的探討應屬醫生、護理等專業人員，而後衛生教育及公共衛生之研究加入預防醫學的研究行列，對健康之探討及輔導產生極大之作用。然而健康是生理和心理兩方面的一體，其關係是密切而不可分離的，對心理健康方面探討的書籍如雨後春筍般興起，筆者就健康教育的觀點，在心理健康方面的重要概念及知識，如動機、需求、挫折、衝突、壓力、適應等問題，加以探討，以便讀者對心理健康有所了解，並對生活的諸種事件，如學業、交友、婚姻、工作、適應、壓力舒解、自我成長等課題有所幫助。

 **心理健康的意義**

　　在「心理健康」教育起步較早的美國，有關心理健康的意義有下面的敍述：

一、一九二九年於美國舉行之第三次兒童健康與保護會議中，在該會議草案中指出所謂心理健康：「健康的心理是沒有像精神病患般的徵候……不僅如此，心理健康是指個人在適應過程中，能發揮其最高知能而且獲得滿足，因而感覺愉悅之心理狀態，而在社會中，能謹慎其言行，並有勇於面對現實人生的能力。」（ White House Conference, 1930 ）

二、聯合國世界衛生組織（ The World Health Organization，

簡稱W. H. O.）曾對健康做了如下的定義：「健康不僅指沒有疾病或不正常的現象，進而指每個人在生理（身體）層面、心理層面、及社會層面上能保持健全、完美的狀態。」由此可見，身心平衡、情感理智和諧，是一個健康人所必備的條件，而心理健康要在個人不僅沒有心理疾病或異常行為，且在個人身體上、心理上及社會上均能保持最佳的狀態。總括上述，可知心理健康有生理、心理、及社會三方面的意義。

就生理層面而言：一個心理健康的人，其身體狀況，尤其是中樞神經系統應無疾病，其功能都在正常的範圍，且無不正常的體質遺傳。因此健康的心理，必需以健康的身體爲其先決條件，所以說：「健康的心理基於健康的身體。」

就心理層面而言：一個心理健康的人，其個體必對自我持「肯定」的態度，能自我認知，明確認識自己的潛能、長處和短處，並發展自我，認知系統和環境適應系統能保持正常而有效率，在自我發展上與人際和諧方面均能兼顧，在本我、自我與超我之間能平衡發展，且能面對問題。

就社會層面而言：一個心理健康的人，在社會環境中能適應，並能妥善的處理人際關係，其行爲符合社會文化常模及社會要求，與環境保持良好的接觸，且能爲社會貢獻心力，做一個對社會有用的人，扮演符合社會要求的角色。

第二節　心理健康的特徵

　　一個人對人性的基本觀點會影響他對健康性格的看法。心理分析學派強調性心理的發展；人本論者則重視自我的發展和個人達到最佳的潛能狀態；學習論者注重個人與環境的關係；認知學派強調理性與邏輯思考之重要性，今歸納出下列各點：

一、積極的自我觀念──能了解並接受自己

　　擁有健康性格的人，能夠正向的看待自己和別人，喜歡自己、了解自己的長處和短處，且對自己的動機、願望、能力、喜惡、野心和感情等有所了解，也就是心理學者所稱之領悟。個人對自己所作所為，以及對其周遭的人和事，都能作客觀的認識，尤其對自己實際的能力和應負的責任，都能作客觀而誠實的評估，不過份自我炫耀，也不過於譴責，即使對自己有不滿意的地方，也不妨礙他感受自己較好的一面。心理健康的人，會喜歡自己，也覺得自己為他人所接納，且對違背社會規範的願望，不作過份的壓抑。

二、對現實有正確的覺知能力

　　心理健康的人，要能對現實環境有正確的覺知。每個人，每天都在適應和因應環境中的壓力與要求，因此能對現實作正確的詮釋是相當重要的。正確的覺知現實世界，就如馬斯洛所說，必須能對他周遭的事物做正確的覺知和評估。假如一個人對事件的知覺有扭曲或不正確認知的話，就很難期望能達到高層次的適應。

　　到底「現實」是什麼呢？是由什麼因素決定的？我們用什麼來作判定現實的標準？目前較為接受的標準是，較多人或團體裡的人一致的看法稱為「現實」。人是不能掌握住每件事的「現實」，而比較確切的知道「現實」是什麼來得比較重要的。

三、平衡過去、現在和未來

　　擁有健康性格的人能從過去的經驗中摘取精華以策劃未來。這些人也很重視現在，且有能力預期即將來臨的困難，而事先設法解決。

　　有些人很不容易從經驗中獲取教訓，結果一錯再錯，心理學者稱此為「愚蠢」的行為。例如：學生每次考試都拖到最後一刻才臨時抱佛腳，當然成績就不如理想，但是下一次，他們還是學不會提早一點準備，自然成績就不會進步。若能記取教訓則可避

免錯誤一再重覆的發生。健康性格的人亦能原諒自己的錯誤，下次改善。能逐漸從錯誤中學習，而邁向成熟的人。

四、從事有意義的工作

佛洛伊德指出，有能力從事生產性的工作是一項有益於健康的人格特質。大多數的人都投入相當多的時間在不同性質或不同形式的工作上，在工作中可以獲得滿足及成就感，所以，工作對適應的確很重要。

對工作不滿意是目前存在社會上的棘手問題。這些對工作不滿意的人經常會出現對工作的不專心，和心不在焉，而產生高流動率和怠工等現象。心理健康的人皆會選擇具有持續挑戰性和成就感的工作，如科學家或專業人員等。美國工人團結聯盟發現自動化生產線上的工人，有酗酒和藥物濫用習慣的人相當多。因此美國勞工部建議，雇主對勞工的心理問題及勞工協調與福利應加以重視。

五、良好的人際關係

人際關係與心理健康有密切的相關。大多數的人皆很關心被別人尊重和喜愛，因此與別人交往的能力有了困難，而被社會或團體孤立的人，他們常會不斷希望引起別心的注意，故常從一個團體跳到另一個團體，卻不能持續良好的人際關係，這種關係必

需先獲得改善，才能提升心理適應的層次。

　　適應良好的人能與別人發生較親密關係，而不只是點頭之交。適應良好的人不一定有很多的朋友，但卻能和他親近的人維持密切的關係，共同分享和分擔生活的喜怒哀樂。且能使他和別人交往時感到舒服和自在，能滿足自己的需求。希望朋友間能彼此信任和喜歡，也願意盡己之力幫助別人（對方），而將關係建立在互惠原則之上。

六、情緒穩定─舢自我控制與感受情緒

　　一個心理健康的人，能體會所有的情緒，如喜、怒、哀、樂、害怕、恐懼、焦慮等情緒。其感受快樂、愉悅、愛等和感受憤怒、憂傷、罪惡感等一樣的自然。有些人以為經驗情緒就是心理有毛病，事實上，若不能體會情緒也不會有較高的生活滿意度。坦然的接受體驗情緒，使生活過得較真實而實際。情緒若不加以適當的控制，會令人不悅，傷到自己，也會影響到別人。

第三節　動機與需求、挫折與衝突

一、動機與需求

我們日常一般的行為都是「有所為而為」，也常認為我們所做的一切都是「行必有因」。在這兩句話中所提到的「所為」、「有因」，就是本節要討論的「動機」（motivation）。而「需求」（need）則是引起或形成動機的原因。（王以仁，民82）

㈠何謂動機

動機是指個體產生的一種內在狀態，它會使個體引發朝向一目標前進。簡單的說就是外在行為的內在動力。人類每種行為背後，都有促使其行動的原因，及維持其進行的力量，這個力量就叫做「動機」。（梁志宏，民80）

產生動機除了需求的因素外，另一個因素是刺激（stimulus）。個體外在或內在的刺激都能引起動機，例如將近中午十二點時，聞到美食的香味而會產生飢餓的感覺，進而引發求食的反應。美食的香味是一種刺激，產生飢餓的感覺是一種動機，有了此一動機引發求食的反應。

㈡動機的理論

1.心理分析學論

弗洛伊德以心理分析的學說來解釋動機，他相信人類的行爲源出於兩種本能：一是生命的本能（ life instinct ），包括了生存與生長，生之本能的原動力主要是「性」及與「性」有關的各種動力。另一則是死亡的本能（ death instinct ），死亡本能的原動力是在內的自我毀滅與在外的對人攻擊。因此以心理分析論而言，人的行爲在基本上可以用「性」與「攻擊」兩個動機來解釋。（王以仁等，民82）

2.社會學習論

有些學者採取刺激反應的聯結，以及制約學習歷程中增強、消弱、類化等原理，來解釋人類動機乃源自於學習，並經由學習歷程而使動機隨個體的成長趨於分化而複雜。故稱爲動機的社會學習論，又可稱之爲動機的行爲論。（黃國彥等，民71）

人類的動機是學習來的，其學習歷程皆循著「需求→驅力→行爲」的模式。需求多因生理上失去平衡而產生，因需要而生驅力，因驅力而有行爲。如行爲的後果能滿足需要而消滅驅力時，個體的行爲與動機同時被增強，以後同樣情況再出現，類似的行爲即將重複出現，此即所謂習慣形成的歷程。

3.需求階層論

馬斯洛（ Maslow, 1970 ）提出「需求階層論」，把人類的需求（動機）有系統的歸納爲下列七大類：

(1)生理的需求。

(2)安全的需求。

(3)關愛的需求。

(4)自尊的需求。

(5)認知的需求。

(6)審美的需求。

(7)自我實現的需求。

　　馬斯洛所提出的需求階層論呈梯形按層次排列如圖4-1所示，其中包括兩個基本的觀念。

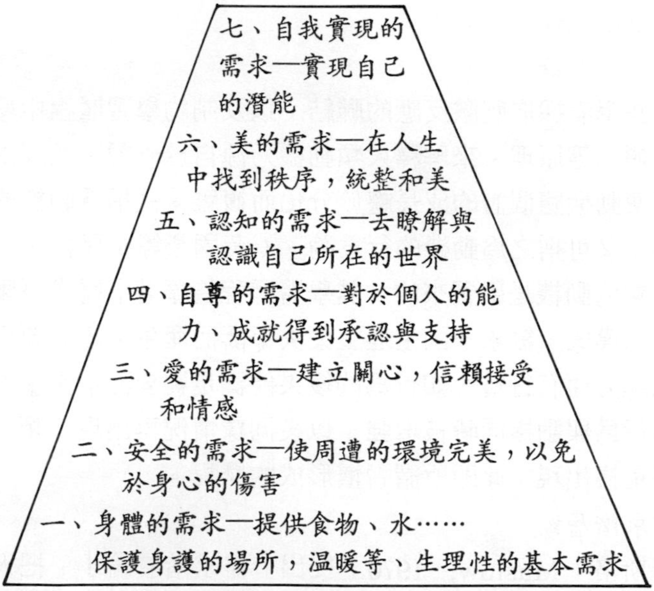

七、自我實現的
　　需求—實現自己
　　的潛能

六、美的需求—在人生
　　中找到秩序，統整和美

五、認知的需求—去瞭解與
　　認識自己所在的世界

四、自尊的需求—對於個人的能
　　力、成就得到承認與支持

三、愛的需求—建立關心，信賴接受
　　和情感

二、安全的需求—使周遭的環境完美，以免
　　於身心的傷害

一、身體的需求—提供食物、水……
　　保護身護的場所，溫暖等、生理性的基本需求

■圖4-1　馬斯洛的人類需求階層（Maslow, 1970）■

(1)較低層次的需求，個別差異較小，而較高層次的需求，個別差異較大。

(2)在需求階層中，必須較低層次的需求獲得適當的滿足後，才進一步尋求較高層次需求的滿足。

滿足人類的基本需求和建立自尊心，可以說是每個人一生都在追求的事。而兩者間的調和一致，不相衝突則是維持良好心理健康所不可或缺的。如果在嬰兒或兒童時期，就能對此種心理和情緒的安寧狀態加以滋潤、培養，則人生早期的產生的安全感、認同感、親和感與自主性，會對來日的心理健康有很大的幫助。

二、挫折

個體從幼至長，有數不完的需求與欲望要去滿足，但受各種現實因素之限制，難有求必應，或立即如願，因而使個體遭受到挫折。有時又有多種動機都想同時滿足，但環境只容許一種達到目的，這種情形又使個體處於心理衝突的狀態。「人生不如意之事十之八九」，挫折與衝突在日常生活中，幾乎是每個人都會經歷過的情緒。因此若對挫折與衝突的情緒處理得好，可使我們生活得順暢、成長得順利。

(一)何謂挫折（frustration）

根據學者們的觀點綜合如下：

挫折是「個體的動機行為受到阻礙或干擾，而無法依當事者的願望，達到預期的目標時，所產生的沮喪、失意的心理現象

」。例如肚子餓了想吃奶的嬰兒，因吃不到奶而哭泣；因單獨一人而害怕，希望有人陪伴安慰的子孩，因看不到親人來安慰而沮喪；因去追求一位喜歡的異性而得不到反應的失戀人，都經歷了挫折的情況。

(二)挫折容忍力（frustration tolerance）

是指個體遭受挫折時，免於行為失常的能力，亦即個人經得起打擊或經得起挫折的能力。每個人對挫折的容忍力並不完全相同，有些人面對挫折打擊時，能堅忍不拔百折不撓，經得起挫折。而有些人經挫折打擊，便一蹶不振。一般來說，個體對挫折的容忍力之高低受下面各因素之影響。

1.生理條件

一個身體健康的人，對生理的挫折容忍力一定比身體多病衰弱的人，或生理上缺陷的人來得高。

2.過去的經驗與學習

挫折容忍力與個人習慣或態度一樣，是可以經由學習而獲得的。如果一個人從小嬌生慣養，很少遇到挫折，或遇到挫折就逃避，他就沒有機會學習到如何來處理挫折，這種人的挫折容忍力必然會很低。故在家庭、學校中、父母、教師應設計一些挫折的情境來鍛鍊孩子，增強其對挫折的容忍力。

3.對挫折的主觀知覺判斷

每個人的主觀環境不盡相同，即使是客觀的挫折情境與壓力相同，但個體的感受與所受到的威脅確不盡相同。因此有些人受輕微的打擊也受不了，使其人格失常，而有些人，即使受很大的挫折，依然活得好好的沒有什麼損傷。例如同樣失

戀的人，有的人會「再接再厲」來面對，而有些人則「沒有他活不下去」，使自己的生活陷入絕望中。如要學習面對挫折、忍受挫折，必需要了解引發挫折的原因。

(三)挫折的原因

1.**外在因素：由環境因素所構成**

(1)自然環境因素

指時間、空間、距離等的限制及天災人禍引起的困境，如他鄉遊子無法與家人團聚引起鄉愁（空間、距離的限制）急於上學、上班卻遇到交通阻塞引起遲到的恐懼（時間上的限制），火災、地震使人生命財產的損失（天災、人禍的限制）。

(2)社會環境因素

每個社會都有其規範、風俗習慣、信仰、政治法律等等因素，對個人行為有所約束，使人不能遂其所願，**因而構成**挫折，如不同的宗教信仰無法結為夫婦，不同的**文化背景**不同的生活習慣而不能和諧的生活在一起等都是。

2.**內在因素：指個體本身的能力及其他條件的限制。**

(1)能力的限制

個體實際的能力如知覺、智力、性向等與達到目標之間的差距，如想做醫生，但考不上醫學院，就是學業能力（考試能力）與願望（目標錄取分數）之間所發生的差距。

(2)生理的限制

生理方面的條件或缺陷，無法達成目標，如個子矮小的很難成為籃球國手，是受身高限制的因素。

(3)價值觀和態度的限制

個人的價值觀念和態度與現實環境衝突時引起的挫折，例如某土風舞社團的活動目標是練西洋土風舞，而個人的愛好是本土性的土風舞，因態度的不同而退出社團活動。

㈣挫折的調適

一個人在成長的過程中，應能經由生活經驗中體驗到挫折是現實生活中不可避免的，且面對現實接受挫折時，是以積極態度來因應，而非情緒化的攻擊或逃避。至於如何積極的因應挫折呢？專家們提供下面幾點原則：

1.在認知上

要在日常生活中，了解挫折是難以避免的。事情順利沒有遇到挫折時要心存感激；碰到挫折時，不要怨天尤人，因為經由它可以更激勵我們成長。要建立正確的「失敗」觀念。在生命過程中，只有成長，沒有失敗。因為我們整個生命就是一個學習的歷程。在生命中需要不斷的嘗試與努力，而且不斷的改善，才能有機會獲得盡善盡美的境界。（黃堅厚，民77）

2.在態度上

在遇到挫折以後，人們常會表現防衛性的反應以圖推卸自己的責任，減除內心的焦慮，這固然可減輕當事者的心理負擔，但所有的防衛作用，都或多或少地歪曲了事實，使我們不能洞察事件的真實情況。

我們遭到挫折以後，應當就挫折的情境進行分析；一為挫折的原因分析，另一方面就挫折可能的後果分析。對挫折原因

的了解就可設法謀求補救，至少可避免下一次再重蹈覆轍。同時了解挫折的原因，可減少情緒方面的反應。心理上的負擔將減少，情緒上也可放輕鬆多了。

3.在行動上

至於挫折後如何謀求補救之道。下面是專家們的建議：

(1)修訂自己的目標

目標訂得太高，是經常是受到挫折的原因，仔細地檢討，冷靜的分析，重新訂定目標，必要時也許將目標降低一點，來增加成功的機會。太過於完美，也是容易造成挫折感的原因。

(2)制訂有效的因應措施

就是面對現實去克服困難，其途徑是：先客觀分析自己的能力優點、及客觀環境可能的限制，然後尋找各種可供利用的支授（人力、物力等），接著訂定實際可行的計劃，並按部就班的實施。在實施過程中，要不斷的自我鼓勵以加強自我信念，也要能隨環境的變化，彈性的修訂實施計劃，並以毅力堅持到底。（陳芳玲，民82）

三、衝突

(一)何謂衝突（conflict）

在日常生活中，個體的活動，因要達成目標，同時存有兩種或兩種以上的動機需求，而這些動機彼此之間相互予盾的，即兩

者不可兼得的，這種難以取捨而產生予盾的心理狀態，稱爲心理衝突，簡稱衝突。

衝突存在時間的長短，與個體本身的人格特質，所處外在環境壓力的大小，衝突類型及是否有外在支援有關。大致言之，人們不會長時期的承受衝突所帶來的感受，因爲衝突會引起混亂、不安的感受，我們會設法消除它，使能儘早回復平衡。

(二)衝突的類型

1.雙趨衝突

個體面對兩個具有同等吸引力的選擇，而對此兩個選擇都具有相等強度的動機，但因事實限制，無法兼得，只能選擇一種，不可能同時擁有兩者，心理上會產生魚與熊掌不可兼得，難以取捨的心理。

例如：週六下午休閒活動，看電影、打球皆你所喜歡的活動，但因時間關係，只能選擇一種時；同時考上兩所口碑都不錯的學校，不知要讀那一所；上街買衣服，同時喜歡兩件衣服，但只能買一件時。

人們面對這類選擇時，通常不需要花很多時間，也不會感到很焦慮，因爲不論做了任何決定，結果都是自己所喜歡的（希望的），所以這類衝突不算是嚴重的衝突。

2.雙避衝突

此類衝突是指個體在面對兩個具有威脅性的目標，此兩個目標皆爲個所不喜歡，但迫於情勢，必須要接受其中一個才能避免另外一個，而造成選擇時的困擾。這是一種前無退路後有追兵的心理狀態。

例如：學生對準備考試視爲畏途，但又怕考不好被「當掉
　　　」，又如一重傷病人必須鋸掉一條腿才能保命，死亡
　　　與鋸腿之間，必須選擇一種；小孩犯錯，父母要給予
　　　取消零用錢或罰寫字的處罰，取消零用錢與罰寫字，
　　　他必需選擇一種。上述這些例子，無論選擇了什麼都
　　　感到不愉快。雙避衝突帶來的影響較大，也較難解
　　　決。個體面對此種衝突，應朝著「兩害相權取其輕」
　　　的原則，視那個傷害對我們較輕，以作爲選擇的依
　　　據。

3.趨避衝突

此類衝突情境係指個體面對單一目標，同時產生兩種動機。
此目標對個體，同時具有吸引力與排斥力，造成進退維谷的
矛盾心理。

例如：癮君子喜愛吸菸，又怕得肺癌；酒鬼喜歡喝酒，又怕
　　　得肝癌；女孩子喜歡吃零食，又怕胖；想追女朋友，
　　　又怕被拒絕等例子，都是在日常生活中常遭遇到。

個體在面對此類衝突時，應就利弊方面加以權衡決定，才可
免去矛盾的痛苦。

4.雙重（或多重）趨避衝突

這種衝突指個體面對兩個（或多個）趨避衝突同時存在，使
個體左右爲難，無法作決定，但個體仍必須就二者中作一抉
選時，所產生的心理狀態。

例如：某一大學生想赴美國留學，申請到兩個大學的獎學
　　　金，某一大學在美國北部，氣候寒冷不易適應，但
　　　獎學金多，另一所大學在美國西岸，氣候溫暖較易

適應，但獎學金少。這兩所大學對此學生就造成雙
重趨避的衝突；又如某男士認識兩位女友，某一小
姐品德好，但外貌較差，另一位則外貌漂亮但脾氣
不好。這兩位小姐對此男士來說，亦形成雙重衝
突。

此類衝突的解決，往往看目標所具有之價值及個體的需求而
決定。

㈢衝突的後果

個體遭受到衝突時，通常會有下列幾種反應：

1.衝突導致行為不穩定

當處在衝突狀態的人，若不是因反應力量的抗衡而動彈不
得，就是因這些相抗衡力量不易繼續保持相等，而容易受內
外界刺激的少許改變就導致行為前後不一致。

衝突發生時，個體常會表現出各種交替行為，特別是處於雙
趨衝突的人，更易有此反應。例如：不知和哪一位異性深交
較好的人，有時和甲方深交，但有時則反過來和另一位親
近，普通我們把這樣的人稱為「用情不專」。

2.衝突導致行為阻塞

衝突易導致暫時性的行動或思考阻塞現象，尤其是處於雙避
衝突的人。因為不論作何選擇，皆不是其所喜歡的，因此處
於雙避衝突的人，常會表現較長時間的阻塞心理現象。

3.長期的衝突易導致心理疾病的產生

佛洛伊德以及今日許多心理學者，都認為心理衝突是心理疾
病的重要原因。根據許多心理學者的實驗報告指出：在衝突

情境下，受試動物常表現下面的反應：

(1)生理上，肌肉失去彈性，變為僵硬、排尿、排便的次數增多、呼吸急促、心跳加快。

(2)心理上，變成過份敏感，或靜止不動。

(3)在行為上，有刻板僵化的反應，性與社交的無能。

(4)在認知上，區辨力減低、思考阻塞等。

人雖高等動物，但在面對衝突時，特別是長期的衝突，個體對生活適應力會因而減退，也產生較多的焦慮，對個體心理健康有較不利的影響，有時甚至產生心理疾病。

㈣衝突的解決

個體在面對衝突時，一般而言會有下列的解決方式：

1.逃避

當個體面對衝突卻想不出可能解決方法時，會以逃避方式來處理。逃避包括身體的逃避和心理的逃避，例如：失意的人，常以離開原來所處的環境來忘記舊情（身體的逃避）。心理的逃避是指逃開與事件有關的想法、情緒等。但逃避並非解決衝突的有效方法，逃避大部份都會帶來累積性或惡性循環的不良後果。因此對面臨衝突的人要鼓勵其正視他的真正問題，深入探討問題，最後在最有效的層次上找出可行的具體方法解決衝突。

2.重建

衝突是由於兩個（或兩個以上）同樣強度，但方向相反的動機所構成，因此，要想解決衝突，必須先重新建構，以供原來的幾種事件在趨避力量上有了改變。例如：吸菸的人常以

菸做為提神的媒介，如果冷靜想一下，以洗臉來代替吸菸，或以伸展筋體來代替吸菸，就可改變相對立的反應傾向。

3.選擇

解決衝突最簡單的方法（不見得是最容易的），就是選擇其一而抑制其他的，例如：師院學生決定畢業後擔任教師工作，就不要分心去找其他行業的工作。簡言之我們決定去做這個而不去做那個。但如果所選擇的是很重要的事，擇其一的方法，就不太實用，因被放棄的一方，可能在決定之後，反而增強趨力，衝突將再形成。

4.折衷

也是處理衝突的一個方法，例如，今天晚上我們是出去上館子吃飯，或是在家裡吃飯比較省錢？好吧！我們不妨找個經濟實惠的小館吧！此法頗受多數人喜歡，它的原則是「不完全放棄一方，也不完全採用另一方」，而是採取雙滿足需求的行動。

5.消除慾念

許多衝突的發生都源於生理或心理的需求和反需求之間的抗衡，所以讓它消失是根本解決之道。佛家所謂的「清心寡慾」、「看破紅塵」都是節制慾念以避免衝突或煩惱的產生。

6.重要與不重要之排列

確立一套自己處理事情的原則，有了處理的原則，個體在面對許多待解決事情時，就有了依據去判斷何者為重，何者為輕，何者為先及何者為後，較不容易有衝突產生。

㈤衝突的正負後果

心理學家艾力克森（ Erikson ）曾將人的心理發展劃分成八個階段，並強調每一個階段，都有心理主要的衝突存在。所以每一個階段都有危機存在，但危機是危險也是轉機，沒有危機就沒有成長。

當然衝突也有負面的後果，很多人在面對衝突情境時，容易緊張過度而無法抉擇，深陷於困擾的難題中，表現舉棋不定或優柔寡斷的個性。或者表裏相反的特質如專橫暴戾，誇耀自大等。最嚴重者，因無法抉擇而使個體長期處於衝突矛盾中，導致心理疾病的產生。

第四節　壓力的來源、反應及因應的方法

在我們生活的環境中，經常會遇到一些生活情境的改變，或面對各種生活上的挑戰及困難。為要面對這些挑戰、解決困難，必需發展出一套有效的因應之道。在日常生活中我們需不斷的面對各種不同的、隨時接踵而來的挑戰或改變，使生活中充滿著壓力，壓力可說是生活中不可避免的一部份。

一、何謂壓力

壓力的概念最早是取自物理學與工程學，指的是將充分的力量用到一種物體上，使其扭曲變形。二十世紀初，壓力的概念才出現在醫學上，表示人體的過度負荷。後來在社會學及心理衛生的領域深入探討，此後壓力這一名詞的定義仍缺乏一致性的看法，今摘取較廣泛接受的定義敍述於後。

所謂壓力（Stress）是指身體或心理所引發具有強烈且有潛伏危險性的焦慮，例如考試、轉學、失戀、改變婚姻狀態、至親好友去世等，皆會造成一些壓力。

二、壓力的來源

壓力的來源可分做外在的壓力（環境的壓力）與內在的壓力（自我引發的壓力）兩種，現就此兩方面來敍述：

㈠外在的壓力（環境壓力）

主要的四個環境壓力來自於：挫折、衝突、壓迫感、及變遷。挫折與衝突，在第三節已探討過，現就壓迫感及變遷分述於下：

1.壓迫感

指的是任何強迫我們加快、加強、或改變行為的事。

例如在學期快結束時，我們會發現一大堆的報告還沒做。必須要加快、要更用功，取消或延後一些活動。又如在旅途中可能發現行程落在計劃之後，黑夜即到，而車子又開錯了方向，就產生了壓迫感。謹將最常造成壓迫感的情況來源列於下：

(1)競爭

我們在這高度競爭的社會中，不斷的為成績、工作、交友、或任何想要的東西去競爭。在學校，我們要求用功與好成績，在工作上要求升遷或賺更多的錢，結果是緊迫的壓力，我們必須加快腳步，付出更多，因此導致壓力。

(2)期限

交報告有截止期限，約會要遵守時間、停車有時限、帳單有到期日期；考試有時間限制。在生活中每件事不是太遲，就是過期了、結束了。時間的壓迫在我們生活中添加壓力。

(3)人際關係

雖然我們很多需求是靠人際關係來滿足，但這些關係也會帶來壓力。例如婚姻要求與另一個人調適而進入親密關係，在面對問題時必須找出彼此滿意的方式來解決。所有的要求都加深了壓迫感，使生活更加複雜。

2.變遷

生活的本身就是一種不斷的改變。人們在成長，改變學習的內容、改變工作或職業、面對家庭的改變如結婚、生子、父母和朋友的死亡，經歷各種疾病等，在生活的過程中不斷的適應各種大大小小的改變。這些快速的變遷對某些人和團體來說，是一個相當大的壓力來源。

■表4-1　社會再適應量表■

事　　　　件	衝擊的程度	事　　　　件	衝擊的程度
配偶死亡	100	子女離開家門	29
離婚	73	與姻親有相處上的困擾	29
夫妻的分居	65	個人有傑出成就	28
牢獄之災	63	配偶開始或停止工作	26
家族近親死亡	63	開始上學或停止上學	26
個人身體有重傷害或疾病	53	社會地位的變動	25
結婚	50	個人習慣的修正	24
被解僱	47	與上司有所不和	23
夫妻間的調停、和解	45	工作時數的變動	20
退休	45	居住處所的變動	20
家庭成員的健康狀況不好	44	就讀學校的變動	20
懷孕	40	娛樂、消遣活動的變動	19
性困擾	39	教堂活動的變動	1918
家中有新成員產生(嬰兒)	39	社交活動的變動	17
職業上的再適應	39	較輕微的財務損失	16
財務狀況的變動	38	睡眠習慣的改變	15
好友死亡	37	家庭成員總數的改變	15
轉變行業	36	進食習慣的改變	13
與配偶爭吵次數有變動	35	假期	12
負債未還、抵押被沒收	31	聖誕節	11
設定抵押或借債	30	違反交通規則	
工作責任的變動	29		

資料來源：Holmes & Rahe, 1967

荷曼斯（Holmes）及雷伊（Rahe）曾經做過一系列有關「改變」和「適應」的研究。根據實況調查後，發展出「社會再適應評量表」（見表4-1），以作為初步衡量生活情境改變心理壓力增加情形之參考。

國內之研究者蘇東平、卓良珍（民70）亦根據美國的社會再適應量表改編成適用於中國人之社會再適應量表（參閱表4-2）。

■表4-2 社會再適應量表■

排次	生 活 事 件	指數	排次	生 活 事 件	指數
1.	配偶死亡	86	13.	家庭成員相聚人數有重大改變	45
2.	家族近親死亡	77	14.	個人有傑出成就	45
3.	牢獄之災	72	15.	兒女離家人	44
4.	離婚	68	16.	負債超過四十萬元	44
5.	個人身體有重傷害或疾病	61	17.	好友死亡	43
6.	事業上有重大改變	60	18.	性行為困難	43
7.	分居	56	19.	懷孕	42
8.	家屬健康重大改變	55	20.	與配偶言歸於好	41
9.	負債沒還、抵押被沒收	53	21.	改變行業	40
10.	工作被開革	53	22.	與配偶發生重大吵架	40
11.	財務狀況重大改變	51	23.	家中有新成員產生	40
12.	結婚	50	24.	職務上責任有重大改變	38

資料來源：蘇東平、卓良珍，民70

㈡內在的壓力（自我引發的壓力）

我們看到有些案例，人們在沒有真實壓力來源的情況下，給自己施加壓力。心理學家亞伯特與艾利斯（Ellis ＆ Harper, 1975）認爲很多人因爲對自己或別人存有非理性的信念而承受了不必要的壓力。下面列出一些最常見的非理性信念（Charles G. Morris, 1992）以便參考。

1. 不論我做任何事，別人一定要喜愛及贊同我。獲得別人的喜愛及贊同是不必要的，而堅持每件事都要獲得別人的喜愛和贊同，是非理性信念。對於持有非理性信念的人，任何不贊同的徵兆都會帶來壓力。

2. 我必須能幹、勝任一切，而且做任何事都要成功。有些人認爲如果他不是在所有事上都表現最好，那麼他就是個完全失敗的人。他的信心維繫在他的成就上；如果成功，他就相信自己是個有價值的人，如果失敗，他就認爲自己是個無能的人。因此稍有失敗的徵兆就帶來威脅而造成相當的壓力。

3. 如果事情沒有照我的希望發生，就是不幸。如他們的願望沒有達成，就像世界末日；所以當事情不順心或遭受挫折，他們感到十分沮喪、不快樂、悲慘。一個避免這種不愉快產生的方法，就是努力去操作以確保事情如自己所期，然而這是一個不切實際與不可能達到的目標，徒增壓力罷了。

4. 我們無法控制自己不愉快的情緒。根據這個信念，被外界引發的憂鬱、憤怒、或沮喪都在人的控制範圍之外；如果別人說我無能或不顧他人，我就別無選擇地感到痛心、難過、和沮喪；而且，我也無能去解決自己的傷心，難過，如此，我

們的生活中就充滿了不快樂和沮喪的感受，而因此感受到壓力。

5.過去經驗的影響是不能消除的。有這種看法的人相信事情曾經這樣，就會永遠這樣。如果他們過去不受歡迎，他們將永遠不受歡迎；如果他們過去未獲提拔，他們將永遠沒有機會；如果過去有婚姻困難，那麼將來他的婚姻困難重重。擁有這種信念的人，很少花時間或精力去尋找新方法或新技巧來決解問題，因此他們無意間拖長了帶來壓力的情境。

　　正如艾利斯前面所提的，有些人因為非理性的思考而產生了他們的壓力。除了挫折、衝突、及壓迫感等發生於外界環境的壓力之外，這些非理性信念也是人們必須去適應的壓力。

三、壓力的反應

　　個體在面對壓力時，通常會有下列的反應。

(一)壓力的生理反應

　　身體對任何壓力的第一步反應，就是把自己組織起來以便因應適應要求。當身體面對挑戰或威脅時，身體就會發生一些改變，以加速身體的反應及增強力量。身體的內分泌腺，如腎上腺皮質素分泌增加，且經由血流，快速的分佈全身，在約一分鐘內，我們整個身體就以經警戒並對壓力源有所反應，如使心跳加快、呼吸急促、血壓上升、肌肉血流量增大、減慢消化作用、肝臟釋放儲存的肝糖，以供身體更多的能源。換言之，我們面對壓

力時，我們身體已經準備好「奮力作戰或盡快逃離」。

最近一些研究顯示，一些原本以爲是身體原因的生理疾病，其實是直接或間接的來自長期而嚴重的生活壓力。較常見的心理生理疾病（心身症）：

1.腸胃反應

　如消化性潰瘍、消化不良、心因性腹瀉。

2.呼吸反應

　氣喘、支氣管痙攣、換氣過度。

3.骨骼肌肉反應

　腰痠、背痛、抽筋、磨牙。

4.皮膚反應

　蕁痳疹、癢症、過度出汗。

5.心臟血管反應

　偏頭痛、高血壓、心跳過速。

6.免疫反應

　風濕性關節、全身性紅斑狼瘡。

美國疾病控制中心（C. D. C. 1980）估計十大死亡原因中，50％可追溯到壓力及適應不良的生活型態上。

㈡壓力之心理性反應

就心理而言，壓力之生理性反應是可預測的、自動的固定性反應，在一般狀況下，它是無法以意識加以控制；而心理性反應則與個體對外界環境之知覺及個體處理壓力的能力有關，它是可經由學習而得到。這些反應可歸納爲行爲的、情緒的、認知的三個層面，以下分別敍述之。

1.行為層面

面對壓力時個體會有各種行為的變化，而這些變化決定於壓力的程度、個體的特質、環境的可能性。而壓力度可分為輕度、中度和重度。

輕度壓力會增強一些生物性的行為，如進食、攻擊和性行為。在人類生活史上，過度進食是某些人用來應付日常壓力最典型的行為反應。就像一位不快樂的肥胖婦人所報告的：「有時候我認為自己完全不感到飢餓，我只是為某些得不到的東西感到沮喪。而食物是最容易得到並可使覺得舒服美好的東西。」

壓力若長久不被解決，則會隨著時間之累積成為較嚴重的壓力，而引起不良適應的行為反應如注意力減弱、耐心降低、容易煩躁、生產力減少。

2.情緒層面

壓力的情緒反應是多樣化的，從較正面的情緒，精神振奮到負向情緒，如憤怒、暴躁、憂鬱、焦慮沮喪等。而大部分壓力所帶來的多為負面的情緒反應。如下面常見的情緒：

⑴憂鬱（depression）

失去摯友、愛人、親人等生活中的重大變動，常會使個體造成憂鬱；而個體若正面臨一連串的壓力事件，也會產生憂鬱的情緒反應。

⑵倦怠（burnout）

倦怠是一種情緒性衰竭（emotional exhaustion）的症狀。如老師長期處於持續性的緊張狀態，日積月累，便會出現倦怠的現象，使得他覺得無法再關心學生，甚至不想見這些

人。此時工作者需要休息一段時間。並且讓工作人員能選擇
個有適當的休閒活動以抒解壓力。

3.認知層面

個人對壓力的認知常可分為：「傷害」、「威脅」、及「挑
戰」三種。當發生親人去世、房屋遭竊、身體受重傷等事
件，被認知為「傷害與失去」的壓力情境，一般反應有傷
心、沮喪、憤怒等，需要個人學習良好調適方法因應之；有
時個體會將壓力界定為「重大威脅」，而認定自己無力處
理，卻因為自我認定錯誤，總不相信自己的能力，而真的失
敗；第三種對壓力的解釋為「挑戰」，是一種成長，並預期
該壓力可帶來成就感和自尊，像個人從大學畢業，結婚或孩
子長大離家等事件，雖都是可喜之事，但也會造成相當的壓
力。

以上是個體對壓力的認知的初步評估，以決定要如何採取行
動。

四、抒解壓力之策略

許多人在面對壓力時，常以消極的逃避來暫時遺忘壓力的存
在。的確，適度的逃避是無可厚非的，有時蒙頭睡一覺，給自己
一個緩衝時間來重新面對壓力問題，睡醒後反倒能集中精神解決
問題。其他的消極面對壓力的方法遇有缺席、藉酒消愁、服安眠
藥、興奮藥物、壓抑、不理睬等。但是，這樣長久下來必定爆發
身心症。因此，我們必須學習積極健康的方法來應對壓力。

㈠了解自己、接納自己、建立合理的期待

所謂天生我才必有用，先了解自己是怎樣的人，自己能做什麼，什麼是我能發展的哪些是我的限制；真誠地面對自己，剖析接納自己的缺點，截長補短發展長才，依據自己的能力，所處的環境，建立一個合理的期待，按步就班努力實現。

㈡修正自己的認知觀念

處理壓力相當有效的方式是改變我們對壓力來源的評價，並改變對壓力自我挫敗的想法。因個人對事件的解釋，影響壓力的形成，過於執著於個人經驗、認知角度去解釋事件，往往是壓力形成的因素，何妨以其他角度重新定義認知層面，以減低壓力強度。所謂「塞翁失馬，焉知非福」。

㈢面對壓力，主動解決

面對壓力時需即時動動腦筋，主動發展有效的解決方法，切勿一味逃避，拖延時間。

㈣學習鬆弛技巧

藉著冥想來鬆弛身體，或做深呼吸、活動筋骨等以抒解緊繃的精神。而產生鬆弛反應需有四個要素（Jacobson, 1970）：

1.安靜的環境。
2.閉上眼睛。
3.舒適的姿勢。
4.重複性的腦力活動。

(五)改善環境

有些壓力是來自於工作環境制度之不良，或交通擁塞等居家環境的壓迫感，因此，改變或改善環境，有助於壓力的抒解。

(六)養成健康的生活

包括均衡的飲食、充份的休息、妥善安排生活、適度運動、注重休閒生活、擺脫行事曆的奴隸生活方式，適當應用休假來調劑身心、培養輕鬆認真的生活態度。

(七)建立並妥善運用支持系統

家人、親友、同學、師長，甚至專業的醫師、輔導人員、神職人員，均能給予精神力量，以協助自己渡過難關。每個人均需應付壓力，若想能有效的要應付壓力，使自己成功的生活，便需將自己納入社會支援網路系統（social support network）的一部份。

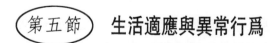 第五節　生活適應與異常行為

根據日本文部省（相當於衛生署）的統計，一年中因生病而辭去工作的人數，其中罹患精神方面的疾病者約佔三分之一。雖然國內沒有相關的數據可供參考，但隨著社會型態的極具變遷，

身心方面有困擾的人，正顯著的增加。

從發展的觀點來看，人如果要生存愉快，有一些慾望或需求，要隨著成長階段的不同，而得到適度的滿足。如人類的基本生存需求。生存需求得到滿足，還要求安全的生存下去。人要發展出更進一步的需求，如要愛和被人愛，要受人尊敬、和找到生存的價值及自我的實現。如果這些慾望或需求，得不到適當的滿足，則無論在生理上或心理上都得不到安寧，就容易產生生活上的適應問題。嚴重者會出現生理上或心理上的疾病，輕者也會產生不安和煩惱。在面對煩惱和不安時，人會採取一些可以減輕焦慮的方法去適應。通常個體適應的方法可分為積極的適應和消極的適應兩種，積極適應就是採用合理有效的方法針對問題設法去解決達到成功的適應。所以，這類的人在他們的生活上有不凡的成就。而消極的適應，亦即不良的適應，其所採用的行動，多半是不適當的，而且也無補於事的。消極行動如經常採用，形成習慣，將有妨於個人潛能之發展與生活之適應，甚至形成精神上的疾病。

一、生活適應與防衛機轉

在我們生活中，當遇到不如意的事、挫折和壓力時，會有多種不同的行為反應，有時會積極努力去面對，嘗試克服困難，這不是件容易的事，需要極大的勇氣和決心，才可做到。因此不少人在不知不覺中選擇了較容易的途徑，用消極的方法去躲避問題，以免引起情緒上太大的困擾，和保護自尊以免受傷害，使心

境保持穩定。這方法在精神分析學者，名之為「防衛機轉」（Defense Mechanism）。防衛機轉具有兩種特徵：①不是否定就是扭曲事實。②都在潛意識中進行。在日常生活中，我們每個人都或多或少不自覺的應用了防衛機轉去適應生活的困難。只是所用的方法不同，每個人都有一套自己學習而來的因應策略，來面對複雜而多變的人生所需要的調整。

綜合精神分析學者與其他心理學者之看法，將防衛機轉分成下表幾種類型（參閱圖4−1），使讀者能了解防衛機轉被使用的情形。

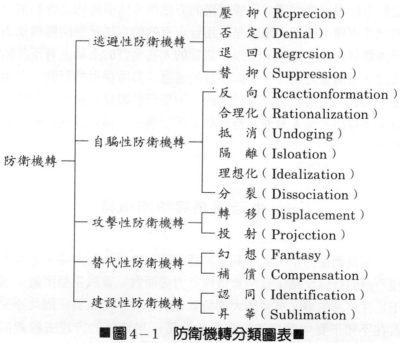

■**圖**4−1　**防衛機轉分類圖表**■
（資料摘自：王以仁等，教師心理衛生）

二、異常行為及其分類

本節探討有關適應不良所帶來的一些異常行為（abnormal behavior）或心理疾病。目前最廣被心理學家及精神科醫生用來對異常行為做分類（為從事診斷方便）的依據的是美國精神醫學會所發展的「心理疾病的診斷及統計手冊」第三版（DSM－III），今選擇五種常見的心理疾病以提供讀者了解及參考。

㈠恐懼症

恐懼症是焦慮症（anxiety disorders）的一個分支，又稱為恐懼性精神官能症（phobic neurosis）。患者具有強度足以干擾日常生活的不合理害怕。他算是較輕微的精神疾病，只讓患者在生活的某些層面受到限制，其他工作和社交的功能仍能有效運作。這類恐懼和一般害怕不同之處在於，恐懼程度與情境的實際危險程度不成比例。常見的恐懼對象包括空曠的地方、細菌、群眾、高處、無害的動物、飛行等。

另一類引起恐懼的物體或情境雖然容易令人感到害怕，但強度不致太強。例如，一般人對無毒的蛇皆有點害怕，但這類的害怕未達恐懼症的標準，因為強度相當輕微而且不會干擾日常生活。所以，不敢摸蛇不算是懼蛇症，懼蛇症患者是指他們對蛇的害怕，強烈到連看蛇的圖片都會害怕，甚至拒絕去野餐或爬山，因為他們擔心可能碰到蛇（即使他們從未見過真正的蛇出現）。故當害怕對生活構成這麼大的影響時才叫恐懼症。

恐懼症的成因

　　行為治療學家鄔比（Joseph Wolpe）設計許多動物實驗來證明恐懼症是由學習而來。其中一個實驗是鄔比在貓進食時給予電擊。從此之後，貓就不敢在實驗室進食，而且一旦被放在實驗室就開始害怕。

　　小孩子感到害怕也是類似的學習歷程。小孩子一旦曾被狗咬過，就很容易發展出懼狗症。然而，若小孩子過去常和狗玩在一起，和狗接觸機會較多，一旦被狗咬到較不容易演變成懼狗症。反之，孩子對狗接觸很少，那麼第一次和狗接觸即被狗咬，就很容易變成懼狗症。

　　觀察人的行為，也很容易學到恐懼反應。若父母害怕某一種物品，即使小孩子未直接接觸這類物品，但藉著觀察父母的行為，也很容易對這類物品產生恐懼。

㈡輕鬱症

　　輕鬱症又稱為憂鬱性精神官能症或精神官能型憂鬱症（depressive neurosis or neurotic depression）。此類疾病常伴隨沮喪和絕望的情緒。情感性精神病中的重憂鬱症（major depression）是以情緒障礙為主要特徵，輕鬱症則是因某些事件引起悲傷或悶悶不樂的情緒。好友或近親去世、預期職位升遷未果、預期考不上研究所或被男（女）朋友拒絕等都會引起輕鬱症。遇到這類事件的確令人感到不舒服或沮喪。但所謂輕鬱症患者則是對前述事件反應激烈，而且需要很長的時間才能恢復過來。通常，人們遇到類似失落經驗只會感到幾天的不舒服及恢復過來，且開始計畫找尋變通的辦法或必要性的因應方案。輕鬱症

的人則會低潮好幾個月，並覺得這些失敗或失落都是無可彌補的，也不想處理這類的經驗。

這類症狀的主要特徵是誇大憂傷的感受、對周遭環境失去興趣、活動量減少、注意力不集中、自信心下降、悲戚、無望、對目前和將來都不抱希望、對親友及工作都不再關注、越來越退縮、不相信自己有能力處理自己的問題、意圖自殺（若患者有自殺傾向，則需住院觀察保護）。

輕鬱症的成因

輕鬱症的人通常對他的家人及朋友都有極深的敵意與憤怒。這類的敵意常不容易被辨識，而且引發當事人的罪惡感、無價值感和沮喪。對輕鬱症的人表示同情與關心常容易增強或強化這類的症狀，因為他的難過、憂鬱比快樂、雀躍更容易得到別人的注意。

學得的無助感可以用來解釋許多憂鬱型人們的行為。例如，一個小孩如果和很暴躁、衝動型的父親住在一起。無論那個小孩做了些什麼，永遠是父親的受氣包。漸漸地，他體驗到無論做什麼，體罰總是接著來到。不久他就開始害怕做任何事，最後則是退縮，對生活中喜悅的事也不在感興趣，他習得了無助，也習得了憂鬱。

(三)適應障礙

適應障礙是因某些重大生活事件才顯露適應不良的徵兆。如知道父母即將離婚、離開家上大學、被解僱、婚姻出問題、得知某人得了重病。並不是每個人都認為這些事情都是壓力事件。例如，某些青少年離家上學是件興奮而非沮喪的事。唯有當一個人

無法應付前述事件時，診斷為適應障礙才恰當。

　　一個明顯重大壓力事件的例子是，一個人被診斷得了愛滋病（AIDS）一這個令人害怕的疾病，一般民眾只知道這種致死的疾病如何奪走人的生命。目前的研究指出，當人們知道自己得了愛滋病之後的心理反應與罹患嚴重疾病（如癌症）相似，每個人的反應都很不一樣。有些人相當沮喪、不再參加活動、除了等死之外不想再做其他的事。有的人則嘗試保持他原有的生活型態，抓住任何可能治癒的希望，直到他虛弱的不能再做什麼。時間使自己重建對自己的肯定。時間會治癒人，心理治療可以縮短這些歷程。對愛滋病或癌症患者而言，心理學家所能做的是，幫助病患減低他們與病魔奮鬥過程中的孤單感。

㈣精神分裂症

　　精神分裂症是最嚴重的精神疾病之一，通常病患皆有明顯的適應困難。例如，無法照顧自己，家人和朋友很難和他們相處，所以通常有住院治療的必要。

　　精神分裂症的主要特徵是思考障礙其對個人及社會皆造成很大的困擾。

精神分裂症的成因

　　雖然精神分裂症是最嚴重的心理疾病之一，但我們對它的成因的了解仍非常有限，因它的成因實在太複雜了。目前較確定的證據顯示，它和遺傳、生化及社會因素有關。

1.遺傳的因素

　　眾所皆知，精神分裂症常發生在同一個家庭中，直到最近幾年，我們才有較有信心判定這含遺傳因素有關。早在一九二

○年時，就有研究學者比較同卵和異卵雙胞胎同時患精神分裂症的機率。若遺傳有影響，那麼同卵雙包胎同時患有精神分裂症的比例，應當顯著高於異卵雙胞胎之比例。近五十年來的研究結果皆有類似的發現。

因此我們可以很肯定的說：精神分裂症部份係由遺傳所決定，但這不意味精神分裂症的父母一定會生下精神分裂症的小孩。遺傳和環境因素互動的結果才能決定特定的個體是否會得精神分裂症。

2.生化因素

醫學界研究者很早就發現，精神分裂症是由於有毒的生化物質所引起，這些物質存在於血液中或尿中。研究者從患者血液中取得了某種生化物質叫做 "catafonime" 是造成精神分裂症的因素，後來發現這物質就是尼古丁。

(3)心理社會因素

研究者對患者的家族的研究，有心理困擾的父母與孩子的錯誤溝通方式，父母的婚姻關係不穩定，人際關係惡劣，不良的家庭環境等，都可能促進精神分裂症的形成。

 第六節　　增進心理健康的方法

從健康促進的觀點，增進、培養個人健康的心理，比治療個人的心理疾病（異常行為）更為重要。如何培養健康的心理？並

非只是某一方面或某一人的努力就可達到，它與個人、家庭、學校、社會等各方面均有密切的關係。心理健康的維護與增進，除了改善環境，確實實施疾病的預防工作外，最好的方法乃是自我培養健康的心理。作者參考了各專家的意見，綜合歸納了十點建議，茲將增進心理健康的方法敘述於下：

一、了解自己，接納自己

㈠了解自我

俗云「知人容易知己難」，這是人類行為的一大缺點，也是形成心理不健康的原因之一。所謂「知己」，就是了解自己的優點、缺點、能力、興趣以及自己的社會地位。一個人若能真正的了解自己，則對求學、工作、交友、談戀愛以及婚姻等各方面皆能有適當的選擇，亦可增加成功的機會。

㈡接納自我

個人對自己的一切，不僅要充份了解，尚須坦然的接納自己。自我接納是指對自己有信心，能全然接受自己的容貌，身裁、家庭背景、種族、社會地位、父母職業等。這些都是無法改變的，如果個人只能了解而不能接納，將會增加個人的痛苦和不安。因此，坦誠的接受自己的一切條件，肯定自己的價值，而後才能創造理想的自我。

二、勇於面對現實，積極的適應環境

每個人都有他的理想與幻想，但必須以現實為基礎，其理想才有實現的可能，其幻想才不致落空。個人所過的是現實的生活，必須對現實環境的各種事物及現象有所認識，而後才能在環境中能夠適應，應付自如。個人無論在自然環境中是如此，在社會環境中的適應更是如此。就以社會環境的適應而言，要了解環境對我們的要求是什麼？環境中的價值標準是什麼？在我們日常生活中會遇到很多的挫折與衝突，有時因挫折或衝突所造成的環境是很殘酷的，於是有些人逃避現實，但現實是無法逃避的。企圖逃避是不能解決問題，甚至還可能製造更多的問題。

三、增進與人和諧的溝通

和人溝通要注意下面各點：

(一)傾聽

注意對方所說的話，了解別人話中的意義，並體會出對方當時的心情，藉由自己專心仔細的聆聽別人說的話，這代表了你對他的接納、尊重與關懷。

㈡容忍別人不同的觀點

每人的生活經驗不同，因此對同樣的一件事，會有不同的看法。若能學著去容忍別人的不同觀點與看法，別人也會相對的容忍我們的看法。

㈢讚美別人的優點

千萬不要一開口就以愛之深、責之切，去批評別人，常讚美別人的優點可增加其自信心，樂於與你為友。

四、與人建立良好的人際關係

每個人都喜歡得到別人的肯定與讚賞，當與人互動交往時，重視人際的互惠關係，心理的互惠較能滿足人的需求，因此，為了建立良好的人際關係，用心思去了解自己和別人的需求，並坦誠表達自己的感情，不要吝嗇對別人表示欣賞，也要能把感激對方的心情傳達給對方，可得到別人對你的回應及關懷。

五、從事有意義的工作

從工作中，能充份把自己的智慧與能力表現出來，同時又能從工作中獲得滿足，亦即能達到自我實現，獲得成就感。健康的人，不僅要有工作，而且要選擇其有興趣、能力勝任的工作，則

能視其工作為有意義的工作，亦即能運用他的能力與經驗，表現在工作上，獲得較大的成就，以滿足其心理上或物質上的辛勞。因此心理健康的人，必是有工作，勤於工作，且熱愛工作者。

六、培養正當的休閒活動

　　人類除了工作外，尚需休閒活動來調劑疲勞的身心，由於隨著科技文明的進步，工商業社會的經濟繁榮，改變了人類的思考與生活方式，人們求溫飽的生活層次早已超越了，但「求幸福」、「求快樂」的生活層次卻依然遙不可及。溫飽線上的快樂與幸福，一部份來自休閒活動的滿足（黃如雲，民71）。人們因族群、年齡、性別、社經地位等的不同因素，而從事不同的休閒活動，然而大家都藉著休閒活動，來發洩自己的緊張、無聊與不安，同時也可鍛鍊自己的身心。至於如何培養正當的休閒活動可參考第二章第六節（休閒活動與健康）。

七、控制與疏導情緒

　　控制情緒是使自己在不該發脾氣時，不要發脾氣，使個人的喜、怒、哀、樂表現得宜。當你與別人相處，難免有不愉快的事情，使自己心裡覺得不舒服，但必須適當的控制自己的情緒，以免破壞人際關係，使事情變得更糟，易發怒的人也沒有人願意跟他接近。因此不愉快的情緒應找合理的管道去疏導，如正當的休

閒活動，聽音響、唱歌、運動、閱讀、宗教、與好友傾談等健全
的方法去疏解。

八、適量的運動、休息與睡眠

適量的運動，可使精神愉快減少憂鬱，規律的運動可使心情
放鬆、充滿自信。定期的體能活動可以暫時放下手邊的工作和責
任，在活動時可以幫助自己澄清生活上的問題，刺激思考力與創
造力。經由規律的運動，可以控制體重，使身體的外型改善及活
動力增強，增加自信心與人際關係。休息與睡眠是消除身心疲勞
的好方法，健康的心理是建構在健康的身體上。

九、遠離菸、酒、毒品

菸酒雖然是社交場合被接受的物品，但多年來，研究已經證
實香菸對人體是百害而無一利，且香菸中所含的尼古丁是一種很
強的刺激藥物，吸入少量會使人興奮，但過量時則為中樞神經的
抑制劑，會使人上癮且產生心理的依賴性，同樣的情形，酒中所
含的酒精，在藥理上是神經系統的抑制劑，酒精會使腦部的功能
降低，使人反應遲鈍，動作不靈活、情緒低落、沮喪等。在現實
生活中，有些人面臨壓力、緊張、挫折時，會用菸、酒甚至藥物
來解除。這些試圖以藥物來逃避現實，不但不能調適壓力，反而
會造成身心的傷害，甚至危害了社會的安寧。雖然服用各種「成

癮性藥物」，可以得到服藥後的短暫的快感，但持續使用後，一旦終止使用這種藥物，就會出現極度不安的身體和心理不適，問題仍無法解決。因此，兒童或青少年甚至成年人，不可以菸、酒、藥物來取得短暫的欣快感換取更大的苦痛代價。

十、培養個人的幽默感

　　幽默不是譏笑，不是冷嘲熱諷，更不是將自己的歡笑建築在別人的痛苦上。幽默是出於對方意料之外的反應或回答，彼此心照不宣且能會心一笑，無傷大雅。所以幽默是人際溝通的潤滑劑，使雙方能和諧愉快的氣氛中相處。有人說中國人比較不懂得幽默，這或許是中國人的民族性比較保守、嚴肅，事實上，只要你有冷靜的心態，不要處處往壞處想，你將能發揮個人的幽默感，營造美好的人生。

　　各位讀者，你看完了這章心理健康與情緒管理，你更了解自己了嗎？當你遇到挫折、失意時，你會怎樣控制自己不愉快的情緒，當你面臨壓力時，你知道因應的方法了嗎？希望這章心理健康的探討，能幫助你好好的適應你的生活，做個合群、受人歡迎、能貢獻你的才能，做個社會需要的人。

摘　要

　　健康的心理是基礎於健康的身體上，心理健康的人除了沒有精神疾病外，尚需在個人的適應過程中適應良好，保持與他人及社會健全的人際關係，肯定自我，其行為符合社會文化常模及社會要求，並能與環境保持良好的接觸，且能為社會貢獻心力，心理健康的人能從工作中獲得滿足及成就感，且能體會及控制各種喜、怒、哀、樂、害怕、恐懼等情緒。

　　我們日常生活中的各種行為都受其內在與外在的動機而有所為，而人累的動機是學習而來的，其學習歷程循著需求→驅力→行為的模式，如果行為的後果能滿足需要而消滅驅力時，個體的行為與動機同時被增強，以後同樣情況再出現時，類似的行為即將重複出現，此即習慣形成的原理。

　　個體的需求受到阻礙或干擾而無法獲得滿足時，便產生挫折，個人對挫折的容忍力的高低受生理因素、過去的經驗與學習、主觀的知覺判斷等影響，我們要去了解挫折的原因學習如何面對挫折，忍受挫折，在挫折後要如何補救呢？專家建議：重新修訂目標（不可太高）、找出有效的因應措施、利用各種支援，自我鼓勵以加強自我信念。

　　衝突事件是日常生活中所不可避免的，面對衝突時會帶給我們行為不穩定及阻塞，長期的衝突易導致心理疾病的產生。我們面對衝突時，不宜逃避，應重建動機或目標，選擇其一而抑制其他的，折衷方法，消除慾念，撿重要排列去做等方法去解除面臨

的衝突事件。

　　外在環境的壓力：如壓迫感、競爭、期限、人際關係、社會變遷等；內在的心理壓力如：非理性的信念、對自己做事的喜愛、認同、對成功、失敗的看法，對各種認知的偏差、價值觀的不同等都會給我們帶來壓力及適應的問題。

　　由於適應不良所帶來的一些心理疾病，常見的有：恐懼症（或焦慮症）、憂鬱症、適應障礙、反社會人格及精神分裂等。我們面臨到困難、不如意、或挫折時，要去請求朋友、專家或心理諮商人員的支援以便覺察問題，改善困難問題。平日要多找機會了解自己、接納自己，勇於面對現實，積極的適應環境，增進與人的溝通，建立良好的人際關係，從事有意義的工作，培養正當的休閒活動，疏導情緒，適量的運動與休息，遠離煙酒毒品，培養個人的幽默感，以增進心理健康，做個合群、受人歡迎、貢獻才能、社會需要的人。

問題討論

1.試述一個心理健康的人會有些什麼樣的行為表現？

2.就心理學不同的理論來解釋「動機」，你比較認同那一種理論？

3.何謂「挫折」及「挫折容忍力」，你在過去一週內遭受過挫折嗎？你是如何面對它？你的感受如何？

4.什麼是衝突的情緒，它會給你帶來怎樣的感受，試說明你遇到衝突情境時是怎樣去解決的？

5.壓力對我們產生那些正面和負面的影響，試舉三種生活壓力事件，你是怎樣去疏解這些壓力？

6.你認為你的心理健康嗎？為什麼？如果覺得不很理想，應學習那些行為來增進心理健康？

參考文獻

中文：

王以仁、陳芳玲、林本喬等（民82）。《教師心理衛生》。台北市：心理出版社。

王鍾和等（民73）。《適應與心理衛》。台北市：大洋出版社。

何瑞麟、葉翠蘋編譯（民80）。《DSM－III精神疾病統計診斷手冊（三版）》。台北市：合記圖書出版社。

吳武典、洪友義編著（民79）。《心理衛生（等三版）》。台北市：國立空中大學。

林彥婷、郭利白等人譯（民80）。《心理衛生—現代生活的心理適應》。台北市：桂冠圖書公司。

林瑞雄等編著（民84）。《衛生保健概論》。台北市：國立空中大學。

柯永河（民60）。《心理衛生》。台北市：大洋出版社。

郭靜晃、吳幸玲（民83）。《發展心理學》。台北市：揚智文化事業股份有限公司。

黃堅厚著（民74）。《青年的心理健康》。台北市：心理出版社。

賴保禎等著（民76）。《心理衛生》。台北市：中國行為科學社。

羅惠筠、陳秀珍編譯（民81）。《現代心理學》。台北市：美亞書局出版。

英文：

Philip and Barbara Newman, *Development Through Life.*

Phyllis, Richard. K. Barbara, *Personal Health – Appraising Behavior.* John Wiley Sons 1985.

5

家庭生活與性教育

　　每個人雖然都是完整的個體，但在這一生中，我們都想在尋找另一半的我，因人是具有「性」的，人的性將我們分為二：一是男人，一是女人。兩性之間經過交往而認識與接觸，彼此互相吸引，由友誼階段而發展到愛情的階段，之後互相許下承諾，願意共同生活在一起，組織家庭，過著另一階段的生活方式。

　　家庭是社會的基本單位，是安定人類生活，延續人類生命的一種重要架構，也是人類社會最早便有的組織。男人與女人因愛而結合組織家庭，家庭是滿足個人生理的、心理的、安全及愛、以及自我實現的需求。因此，性教育必須與家庭相結合才有其廣面的意義。

第一節　家庭的社會功能

　　世間任何一種社會組織是無法代替家庭的，按照龍冠海所著社會學一書中提到，家庭與別的社會組織比較，具有下列幾種特色及功能。

一、家庭是社會的基本單位，雖有簡單和複雜之分別，但無論在野蠻的或文明的社會裡，都有其存在的必要。

二、家庭是一種可以滿足我們多種需要的組織，如生命的繁延，經濟的保障，親情的交流，精神的安慰，心理的安全感，知識的授予，休閒活動的參與等多種功能。

三、家庭是人類營生最早、最久的社會環境，我們最古的祖先就

　　有家庭生活，差不多每一個人一生下來之後，也是先在家庭裡生活，受其家人的照顧，多數的人恐怕終生也離開不了家庭。因此家庭對我們生活習慣的培養，價值觀念的形成，人格的塑造，知識與技能的傳授都有重要的影響。

四、家庭是一個最親密的團體，我們很難找到別一個團體，其分子的關係能夠像家庭那麼親密。家庭的成員有的天天見面；共同起居生活，有的互相照顧，成爲不可分離的伴侶。所以家庭被稱爲是一個直接的或面對面的團體，人類能享有天倫之樂、夫妻之愛、親子之情，又是家庭分子親密關係的一種表現。

五、家庭對於它的分子之要求，比任何團體都要迫切而重大。我們終身爲家庭而打拚、努力、勤勞工作，都是想爲家中的分子獲得最好的敎養、最好的照顧、無憂無慮安心的生活。家庭也受著社會規範和法律規條的限制，在各種行爲上所受的限制也有法律的保障。例如家庭分子間彼此的稱謂和地位、婚約的結締、婚後的行爲、子女的敎養，離婚的步驟、生死之安置等等都受其規定。

　　一切人生敎育的進行，幾乎盡在家庭中，社會學以「家庭」爲人類社會組織的基本單位，「家庭」對於人生的影響，是普遍而又深刻的。所謂普遍是指家庭的影響能普及人生的全部，身體與心理的整個部分，從嬰兒初生，身心尙未發展，各部尙未分化，每一刻刺激均影響其全部；再到兒童時期的養育與敎育，以致青少年期的輔導並令其渡過起伏多變的青春期進入成長階段；步入成年，獨立自主的建立自己的家庭。敎育工作者絕不能忽視家庭敎育的重要。培斯泰洛齊曾說：「眞正決定人生的敎育不在

大學時期，也不在高深的學術中，而是在家庭環境之內。」又說
「家庭的哲理乃人生教育的樹幹，其他一切的人生知識、學術研
究和高尚的使命等，不過是樹身上發出的枝葉而已」。總結之，
家庭是人格形成的搖籃，智力方面的決定（與家庭優良的環境，
父母的教養方式，飲食習慣及家中的藏書冊數等），基本立身處
世的態度等三大方面大致都從家庭陶冶成功。

　　傳統的中國家庭社會功能，因受到社會型態的改變、工商業
的經濟發展，以及多元化文化的影響，中國社會的家庭基本特性
是以父子為軸，亦即以男的世代相傳為主。女性處於從屬的經濟
地位和社會地位。在今日已轉型的社會中，每個人都可以有獨立
的機會與能力，個人的尊嚴與價值，感情與地位都受到重視。於
是家庭轉變為夫婦為軸，兩性關係逐漸趨於重視及平等。

　　台灣現代工商社會的兩性關係，社會學者認為：

一、兩性關係從傳統到現代，進入工商社會，轉變的基本方向是
　　由義務取向到感情取向，由集體取向變成個體取向。

二、今日，不全靠土地生產，而靠現代科技的服務業，以現代的
　　知識和能力來生產，工作上，男女都可充任，技能上也男女
　　並駕齊驅。例如電腦操作人員男女都可擔任，公司的售貨員
　　至經理級的管理人員，也是男女都可勝任，教授、學者、文
　　武職官員、人民代表等等都是男女兼備。女性的地位隨之增
　　高，於是女性抬頭了。

三、工商社會，男女的結合，不再以家庭為條件，主要在於人與
　　人之間的感情、彼此父母的關係淡漠了，只要兩人彼此相
　　愛，情投意合，就可結合在一起。因此婚姻的關係純以兩人
　　為主，而家庭的誕生，也是由兩個互相愛悅的男女結合，欲

求長久相聚締結而成的。因此，家庭的軸心由父子而轉變為夫妻。

第二節　性別角色與個人適應

男、女兩性在現今的社會中，一同受教育、一起工作，也共同參與社交活動，使兩性之間的關係比過去的社會來得密切。我們傳統的文化對男、女性的教導，因社會的轉型而應有所調適，並期望他們能適應現今社會及環境的需要，使每一個人不但能了解異性，並能做到尊重異性。

我國傳統觀念中，認為男應主外，女應主內，又認為三從四德是女人應有的美德，所以性別角色的刻板印象是，男性：剛強、獨立和自主；女性：溫柔、體貼和順服。今日因社會型態與經濟發展方式的轉型，我們應該學習做個現代新男性和新女性的角色，培養「兩性化」的特質。

一、「兩性化」角色的特質

(一)男女雙方都能做到「剛柔並濟」，男性不再被要求表現極端的男性特質，男性也可以有溫柔、體貼、顧家負責的一面；女性則不再被要求表現極端的女性特質，女性也應具備自信、理

智、堅持信念的一面。

㈡男、女雙方更應學習，在適當的時候，表現男性或女性人格特質，堅強或柔順，競爭或輕鬆，理智或情感，這樣才能學習到互相了解、彼此和諧。

㈢兩性關係是需要學習的，希望每個人能漸漸走出一條方向來，使男女雙方都能發展自我，建立美滿的家庭，並豐富自己的人生，創造和諧的兩性社會。

二、兩性的差異

詹益宏醫師（民74）曾說：「要了解男性、女性，除了必須要用解剖學者銳利的工具外，還必須要用心理學和社會學的方法去剖析他們。」，下面就兩性的差異以生理學、心理學及社會學的重要觀點探討如下：

㈠生理解剖方面

主要是生殖器官構造、功能、性荷爾蒙及兩性性徵方面的差異。

1.女性生殖器官：（見圖5-1）

(1)卵巢：產生卵子，卵巢左右邊各一個，杏仁狀構造，長約4公分，位在兩邊的骨盆腔內，除了產生卵子外尚分泌激素，分別是動情激素（estrogen）和黃體激素（pro-gesterone），以促進並調節月經週期。每次月經週期時，有一個卵巢放出一個卵到輸卵管去。

(2)輸卵管：延伸於卵巢與子宮之間，是卵的受精之處，其內襯有纖毛與黏液，不管有無受精，均會把卵子緩慢的掃入子宮內。

(3)子宮：為中空肌肉質的器宮，大小形狀與小梨相似，子宮內襯有子宮內膜，受精卵在此植入，並進行發育。子宮下方為子宮頸。子宮頸口由黏膜層形成的栓子，可以阻擋部分細菌侵入子宮。

(4)陰道：是管狀通道，約10～12公分長，可通往體外，是性交的地方，並分泌液體以保護陰道。其壁上有許多皺摺，可以容許相當程度的擴張，生產時則為產道。

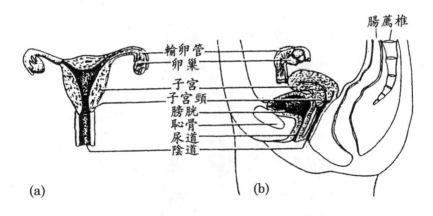

(a)　　　　　　　　　　　　　(b)

■圖5－1　女性生殖系統解剖圖(a)前面觀(b)側面觀■

2.男性的生殖器官：（見圖5-2）

　(1)睪丸：有一對，存放在陰囊內，可產生精子與雄性激素。
　　　每個睪丸所產生的精子，收集在副睪，然後經由輸精管輸
　　　出來。睪丸產生雄性激素，負責男性第二性徵的發育。

　(2)陰莖：含有神經、血管，纖維組織與柱狀海棉組織，爲泌
　　　尿及生殖系統所屬器宮之一。在性興奮時，柱狀腔中充滿
　　　血液，而造成陰莖的勃起。

　(3)輸精管：有兩條，向上延伸至腹腔，越過膀胱，再向下進
　　　入尿道。爲精子排放之管道。

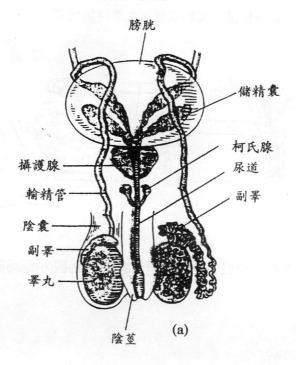

膀胱

儲精囊

攝護腺

柯氏腺
尿道

輸精管

副睪

陰囊

副睪

睪丸

陰莖　　(a)

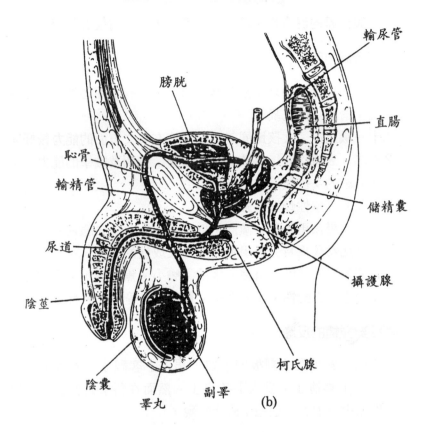

膀胱

輸尿管

直腸

恥骨

輸精管

儲精囊

尿道

攝護腺

陰莖

柯氏腺

陰囊

副睪

睪丸

(b)

■圖5-2　男性生殖系統解剖圖──■

(a)陰莖前面觀與一個睪丸的橫切面圖。

(b)橫切面側面觀。

（取材自黃俊雄編譯民78）

(4)尿道：輸精管交界處的各種腺體，包括攝護腺，儲精囊，
　　柯氏腺等。皆會分泌液體到輸精管內，形成精液，即精子

與液體的混合物，精液由尿管排出，尿道縱貫陰莖之內。

㈡心理行為方面

青春期以後，心理學家覺察到男女兩性有下面各種能力上及感覺上、情緒上的差異。

1. 十一歲以後，女孩比同年齡的男孩在語文方面的能力較好。
2. 十二、三歲以後，男孩一般在視覺、空間及數學的能力上，比同齡的女孩較好。
3. 男孩的攻擊性較女孩強。
4. 女孩比男孩更具社會傾向，更具暗示性（偏向聽覺方面）。
5. 男孩比女孩更具分析學習的能力及成就的動機。
6. 有關觸覺敏感度、情緒（害怕、膽小、焦慮等）、活動力、競爭性、支配性、後天修養、養育行為等男女皆有差異。

㈢兩性對愛情的反應

傳統上對男女的刻板印象如：男人「客觀」，女人「主觀」，男人「寡情」，女人「多情」，然而在科學研究上並非如此，例如由應敏貞（民82）研究發現：

1. 女人比男人較不羅曼蒂克。
2. 女人比男人較不易墜入情網。
3. 女人比男人較不相信羅曼蒂克愛情存在。
4. 女人比男人較不能感受戀愛的快樂。
5. 女人比男人較能斬斷情絲。

㈣在興趣及職業方面

1.男孩對運動較感興趣，這是生理條件對興趣的影響。

2.女孩對手工藝方面比男孩較有耐心及興趣。因女性擔任烹飪、裁縫方面的工作似乎比男性多些。

3.礦場、建築、漁業等工作，男的似乎比女的為多，是體力條件的影響。

4.公務員與公職文武官員，男性較多，但近年來投入的女性人數亦每年增加。

5.參與政治及選舉的女性每年增加，甚至有些超過男性，因此未來社會必逐漸調整兩性之角色期待行為，而朝向剛柔並濟的兩性觀。

在智力或能力方面，到底男性聰明還是女性聰明？一般而言兩性之智力並無顯著差異。女性主義科學家的代表人物馬可碧及賈克琳在一千六佰份有關兩性差異的研究後，認為兩性只有在「語言能力」、「視覺空間能力」、「數學能力」與「攻擊性」四個項目上有顯著的差異，至於「自我評價」、「成就動機」、「溫情」、「社會性」、「順從性」等「深入人心」的兩性差異，他們認為是「可能」的或「可議」的。

第三節　異性交往與擇偶的準備

在人的一生當中，除父母外，朋友算是對我們影響很大，接觸相當頻繁，也是我們生活中相當重要的一群人。在青春期，朋友的影響遠超過其他人。在這階段，人與人的交往亦隨之擴大到異性的範圍，根據有關的調查，國內學生異性交往的年齡約在國中到高中這時期。其主要功能，為了解自己及異性、培養社交能力及技巧、分享生活中的樂趣、共同切磋琢磨。

國內的性教育學者及心理輔導者，提出如下見解供青少年在異性交往時參考：

一、異性交往的軌跡

㈠團體活動

在求學期間，有許多機會參加各種團體活動。

1. 積極參與校內、校外各種社團活動，運動競賽、討論會、辯論會、自強活動等，有益身心。

2. 參加團體活動，可以結交許多朋友，藉此學習表達自己，接納他人。

3.學習與異性交往，不分性別的坦誠相處，接納彼此的異同。

(二)團體約會

大專學生有團體活動經驗之後，可經由團體約會的方式，來瞭解自己想認識的異性對象。

1.常見的寢室聯誼、結伴聚會、旅遊等人數少的活動就是團體約會的一種。

2.經由團體約會，能進一步了解異性。

3.參加團體約會前，需要事先考慮約會的性質和方式，並注意安全。

4.與父母、師長討論如何選擇此類約會，可增加自己的判斷力或心理準備。

(三)單獨約會

有了較多與異性交往的經驗以後，可以選擇你所喜歡的對象進行單獨約會。

1.單獨約會之前，先瞭解彼此交往的動機是很重要的。

2.透過單獨約會，可以深入瞭解對方個性、想法與家庭背景。

3.在適當的時機，認識彼此的家人。

4.單獨約會的對象，並不一定是將來談戀愛結婚的對象。

(四)固定對象的約會

如果男女雙方經過多次單獨約會後，彼此情投意合，成為固定的交往對象，就可能進入愛的階段了。

1.在此階段，有更多的時間相處，須要逐漸建立起彼此的共識

與信賴。

2.談戀愛時，除了關注彼此之外，也須兼顧彼此的生活圈，不要忽視自身的學業、家庭生活和其他團體的活動。

3.兩人交往過程中，會有意見不合發生爭執的情形，要避免傷害對方，甚至意氣用事。

4.戀愛與親密行為並沒有絕對的關係，所以戀愛不能建立在親密行為上，而應建立在彼此的坦誠與接納上。

㈤戀愛的結果

可能步入地毯的另一端，也可能因為親密行為處理不當而嚐到苦果；如何適時剎車是必要的。

1.約會地點選擇合適的公共場所，避免在太偏僻而黑暗、單身宿舍、父母不在的家裏進行約會。

2.約會時，不要逗留太晚，避免發生意外。

3.赴約時，避免在穿著、動作上引起對方情慾的衝動。

4.要學會如何拒絕對方過分的要求，同時也要尊重對方拒絕的權利。

異性交往是一個漸進的過程，也是一個人成長的過程，須要我們用心去體會、經驗與學習。

（資料來源：異性交性的軌跡，教育部印製—大專性教育單張）

二、如何培養健康的兩性友誼關係

　　婚姻專家們建議有下列五點須注意：

㈠認清自己

　　青春期的生理變化帶動了心理變化，產生新的興趣和對性的需求，而逐漸走向成熟階段，最後擔負起組織家庭的社會責任。在身心尚未成熟、情緒不夠穩定、經濟亦無基礎的情形下，不可太沈迷於異性交往的活動，否則會影響身心發展。在求學階段，結交異性朋友，應先分析自己的狀況，再來考慮結交那種朋友，以及交往到何種程度。

㈡了解異性

　　男性和女性生理構造不同，心理傾向有異，其行動方式和情緒反應自有不同（如上節所述）；而在性慾方面，男性的性衝動在青春期時最強，且容易受視覺及嗅覺刺激；而女性不那麼容易衝動，她們大多滿足於溫柔、體貼與甜言蜜語；故倘若結交異性朋友，須先了解兩性在性反應方面的差異，才不至於對彼此的感受有誤解，態度有偏差，而阻礙了溝通。

㈢尊重對方的人格

　　世上每個人的人格都有其獨特性，也都該被尊重。你有權邀

約，對方也有權拒絕。接受的一方不必因此而沾沾自喜，拒絕別人亦不應趾高氣揚，倘若被拒也不必自卑，只是緣份不到罷了。在尊重的基礎上，方能發展友誼關係。絕對沒有人可要求對方做不情願的事，只有心甘情願地為友誼向對方示好，不傷害自己，也不傷害對方。

㈣適當的禮貌

保持禮貌是交友過程中最重要的事之一：

1.與異性朋友相處，言談舉止不必過於緊張或膽怯羞澀，但也不必矯揉造作或粗俗輕浮。

2.與其單獨與一個異性朋友相處，不如共同參與團體的活動。

3.多樣化的交誼方式可以增進彼此的了解。有建設性的約會不但能使彼此感到有收穫，同時也能對朋友的人生觀、價值觀等有進一步的了解。

4.與異性交往的費用應該共同分擔，此外，也不要輕易贈送或接受昂貴的禮物，以免遭致誤會或日後煩惱。

5.與異性朋友交往一段時間之後，最好能介紹給父母或其他家人親友認識；可讓對方更了解你的家庭狀況及人際關係；而由處世經驗豐富的家人客觀的觀察，更可以幫助你了解你的朋友。

㈤避開充滿誘惑的情境

特別的節慶、風雨交加的夜晚、一方即將遠行時，當兩人在隱秘處約會，非常可能控制不住自己，發生令人遺憾的事。因此，約會時間不宜太長，太晚，尤其要避免夜間單獨出遊或漫無

計畫的活動。

　　總之，男女相識，經過一段時間的來往，進而投注感情，一段美好的友誼關係於焉展開。有了健康的友誼關係做基礎，才能接著發展一段成熟的戀愛。

三、兩性關係──婚前性行為

　　不少青少年以為，在目前的社會人人都是這麼做的。其實，絕大多數的青少年對於性，仍採取審慎的態度。根據調查，少於百分之三的青年人在約會時，曾發生性關係。因此不能說婚前性行為是一種普遍現象。

(一)婚前性行為正面評價

1. 婚前性交可以當做婚姻生活的新生訓練。性行為如果有經驗，可能使男女在婚姻中比較容易進入狀況。
2. 婚前性交可以學習與別人相處的方式。兩性之間，性生活要達到極致，必須經過學習、互相溝通，這個過程可能需要一段時間。如果在婚前就已實習過，則可知道彼此是否適合，這也是有人贊成試婚的原因。
3. 如果婚前性行為的對象是可能結婚的伴侶，則婚前性行為以及因此而同時進行的感情溝通和相互了解，可以增加彼此的認識、判斷彼此性格是否相投。

㈡婚前性行爲負面評價

1. 可能懷孕。多數婚前發生性行爲的男女，所擁有的避孕知識很少，因此造成懷孕的比例很高。

2. 可能得到性病。

3. 罪惡感。婚前性行爲會給彼此帶來罪惡感，尤其是女孩。如果婚前性交被人發現，則不僅當事人有罪惡感，還會讓人無地自容。

4. 可能造成草率的婚姻。尤其是女方懷孕時，男孩常常扮演被趕鴨子上架的新郎角色，這種婚姻出問題的機率很大。

5. 婚前性行爲提前發生，常會中斷兩性間其他層面的溝通，使得一對年輕人一見面就耽於肉慾中，而不再去從事他方面的溝通。

6. 感情的創傷，人類的性行爲常常與感情的進展有關，特別是女孩子，他們把性和感情結合的更緊密。如果這一對年輕人能長相廝守，則皆大歡喜。反之，女方受到的感情創傷是非常大的。

   持大男人主義的人，比較支持雙重標準的婚前性行爲；他們認爲男人有了性經驗後，對婚姻的幸福較有幫助；而女人可能受孕和容易受情感傷害、婚前的經驗最好避免。有些人因爲害怕結婚而寧願同居，所以便保持未婚的姿態，而享受性行爲的樂趣。這些大半都是逃避責任、對婚姻懷有恐懼感，甚至是對自己沒信心的人所採行的一種方式。

   站在醫學的立場，許多醫師是反對婚前性行爲和同居的，因

爲它帶來的問題有時超出一般人所能承受的範圍、直接的影響了當事者的身心安危，間接的亦違反了社會風紀，在雙重壓力之下，除非你眞的是一個很有勇氣、很敢於去面對諸多問題的人，要不然，還是三思而後行較爲妥當。

第四節　愛、性與婚姻

近半世紀來，由於經濟的發展，社會的變遷，西方文化的影響，家庭結構的改變，人們對性的態度與觀念，已有很大的改變。「性」是人生必然發生的生理、心理問題，從古至今，由西方到東方，多少作家爲「性」所發生的事蹟，寫下各種不朽的文章。「性」不僅影響到個人的身心健康、情緒態度、人格特質和社會角色的扮演，其關係更是維持社會秩序和安寧的重要因素。雖然，性只有在婚姻之內方蒙祝福，但是，人不會在結婚後才有性的需要及活動，因此如何以理性的態度來面對性的需求，就成爲一大課題。

當人們以理性來調和肉體與情感的關係時，即稱之稱「理性的性學觀」。換句話說，當人們不被熱情沖昏頭，而能自我控制情緒時，就叫做「理性的性觀念」，即表示在追求完美的過程中可以用較爲超然、客觀的價值取向來對熱情活動做有效的控制。這種「理性的性觀念」可能就成爲當前我國在歐美思潮不斷衝

擊、道德約束標準逐漸鬆弛的轉型社會中，釐清婚前性行為標準的尺度了。

一、性、愛、婚姻之定義

三者為一體的性、愛、婚姻，其間關係的建立是依循著一定步驟，所以面對婚前性行為問題時，應先對此三者有一清楚的了解之後，才能客觀分析。

㈠「性」與「性關係」

從心理學觀點而言，「性」是個體求偶行為的動機；它與「飢」、「渴」二者素被視為人類與動機的三大原始動機。三種動機均隨個體發展，經學習而改變。改變之傾向是由普遍到特殊；例如，從凡屬異性即可獲得滿足，變為只對某一異性，方始感到興趣。而且這種「生物性」變為「心理性」的傾向，也隨著個人成熟而愈益顯著。

至於「性關係」的意義，是專指人類男女兩性間為尋求性動機的滿足所表現的行為。狹義言之，性關係僅指兩性交配的行為；廣義言之，則包括兩性間的友、愛、婚、性等不同層次之關係。對人類言，在性關係的基礎中，心理性的成分多於生物性的成分。尤其在個體成熟超越了普遍傾向，而趨於特殊化之後，更進而選擇對象，以建立特有的關係。此種心理傾向可看出，「性」乃是「愛」與「婚姻」的深層基礎。

(二)「愛」與「愛情」

「愛」的意義較廣，既可表示二者之間雙向的情感。也可表示個人單向的情感。既可發生於人與人之間，人與事物、環境之間，也可為男女二人所獨有，或為任何若干人所共有。但無論如何，它的內涵只包括「情」不包括「性」。

然而，「愛情」是男女兩人建立親密關係的心理歷程，是雙方的，是一種代表人之間的情感交流關係，且愛情關係的建立，先是由於兩性的彼此吸引，而後彼此親密；其間同時包括「情」與「性」兩種成分。在這定義中，也可看出愛情是建立親密關係的歷程，而非親密關係的結果。

(三)「婚姻」

「婚姻」可說是人類為了求取「性」與「愛」動機的滿足所需之安全與保障，所創制的一種法律憑證。其目的乃是用以獨佔所選擇的異性，並保障與該異性建立的愛情關係。

故從上述之定義內容得知，一般兩性關係正常的發展趨向應是先經彼此吸引，彼此愛戀，再經婚姻的制度以保障這愛情的關係與性慾望的滿足，即愛→婚姻→性關係，循序漸進。唯因科學時代影響，事事求變，工商社會樣樣求快的心理，使得部分現代之青年人在人生情感道路上採取「捷徑」或「跳級」方式；像這樣地求變、求快，究竟是好？是壞？實值得我們深思及研究。

二、婚姻的意義

周禮注：「有夫有婦然後家」。家庭成立始於婚姻。婚姻是男女正式的結合，而家庭是婚姻的結果。一對青年男女從認識而發生感情，再經過法定的手續結爲夫婦，組織家庭，一旦成立家庭之後，生男育女繁延種族，對社會國家負起了承先啟後的責任，上以繼承祖先的財產教化，下以教養子女，爲國育才，其責任是極爲重大的。因此婚姻具有下列幾項功能：

㈠共渡人生旅程中的苦與樂

當一對男女互相愛慕而組成家庭，生活在一起，可互相分享他們的快樂，更可共同攜手共渡人生中的病變、失業及不如意等經驗而充實人生。

㈡具有文化傳遞的功能

一個充滿美滿、理想、安祥的家庭，他能爲社會孕育下一代，創造新興並有建設性的民族，因此它具有承先啟後傳遞文化的功能。

㈢符合社會化原則

家庭是社會的基本單位，家庭因婚姻而成，而婚姻是使情感與肉體結合，其關係在社會上、法律上和道德上合法化，也是符合社會化的原則。

三、幸福婚姻的基本要件

　　未婚兩人一經結婚之後，既然在神前和人前信誓旦旦，願意患難與共，疾病相依，不論往後環境如何，均願共偕白首，那麼有一盡力保持的就是彼此間的愛情了。

　　有一位社會學家曾經說過，選擇終身伴侶要用極敏銳的眼光和最嚴格標準去判斷和物色，但是結婚以後卻該用最低標準和最寬的態度去和你伴侶相處，當他是最平凡的人，錯誤缺點是意料中，這話眞是至理名言，凡已結婚的人都應採取，此外要使夫婦生活過更愉快更美滿，家庭幸福能維持久遠，夫婦雙方最好能注意下列各點：

㈠夫婦要互敬互愛

　　夫婦生活講究「相敬如賓」，就是要互相尊敬的意思，同時夫婦間更要彼此相愛，愛情雖然不是幸福婚姻唯一條件，但是沒有愛情的婚姻是絕對沒有眞正幸福可言的。夫婦間如眞心相愛，必能彼此體貼、彼此憐惜，處處以對方感覺爲慮，時時以對方的幸福爲念；眞正幸福的家庭都是雙方經過多年的體貼，多年的忍讓，多年的自我犧牲換取得來的，愛情如美酒，愈陳愈醇，所謂「白頭偕老之道無他，愛護對方如自己而已！」

㈡夫婦要互相信任

　　快樂的婚姻，必須夫婦二人間有完全的信任。人性是多疑

的，尤其在愛情方面最容易發生疑心，一對恩愛夫婦，常常因愛
之過切，怕失去對方，反而疑神疑鬼，由於一種莫須有的心理現
象，而造成婚姻危機。因此為了避免日後的煩惱，最好在開始時
就彼此絕對坦白，事無大小不要隱瞞，如果一開始就彼此開誠佈
公，日子久了自然能建立堅強的信心，這樣就能互相信任，互相
依賴，沒有外來的力量可以破壞了。

㈢夫婦間要忍讓寬容

　　夫婦是兩個獨立的人，他們有各自的思想、觀念，各自的生
活習慣，兩人生活在一起，總有些地方不能一致的。夫婦間對某
事的意見；如有十步的距離，若各人向對方走五步，步調就會一
致了。又如當對方身體過分的疲勞或事業不順利時或婦女月經期
間情緒不好，在言語行動不太正常時，另一方就要原諒他、寬恕
他，不要和他爭吵。夫婦間切忌把爭吵成為習慣，如夫婦時常發
生爭吵，家庭生活就無幸福可言。

㈣注意生活小節

　　許多夫婦，在未婚時彼此都很殷勤體貼，但一旦結婚後就不
去注意了。其實一些生活小節，對於婚姻的幸福與夫婦關係的美
滿，是最關重要的。人是感情動物，感情生活佔人生大部分，一
些夫婦間的小動作，往往可以使對方得到很大的安慰與快樂。如
做丈夫的能記住妻子的生日、結婚紀念日，或兩人特別值得紀念
的日子，並對她略為表示；做妻子的能經常儀容整潔，做些先生
愛吃的小菜，每遇星期假日相偕出遊，或同帶子女出去散步，將
可增加生活上的情趣，洋溢著溫馨的氣氛。

㈤明智地計畫你家庭人口

「多子多孫」及「早生貴子」的農業時代已經被工業社會所取代，大群的兒女帶來了生活上物質與精神的負擔。父母整日爲過重的負擔奔波和操心，沒有足夠的時間來照顧子女及家庭，同時夫婦之間也沒有足夠時間溝通與了解，因而減少家庭之融洽。所以有計畫的生育子女，建立幸福家庭之可能性必然會增多。

㈥性生活的協調

夫婦間的性生活是莊嚴而神聖的，剛剛結婚的夫婦對於這一點必須清楚的認識。正確的性知識是建立幸福家庭的基礎，據婚姻問題專家研究許多不圓滿的婚姻，都是由於夫婦性生活不協調的關係。

因此夫婦間性生活能夠和諧，家庭生活更爲愉快幸福，婚姻基礎也能更爲穩固。

性生活開始時有些人可能會有痛楚，有時甚至延至數週或數月，因爲婦女的陰道有很多皺紋，不容易擴大，但祇要習慣後，性交的痛苦就會消失，並可享受到性生活的樂趣。

四、家庭計畫的意義

家庭計畫是每一對夫婦，或將成爲夫婦的一對男女，依照自己的意願，身心健康情況，經濟的基礎和能力與社會國家的需要，來決定自己家庭將有的子女數，並利用現有的醫學知識與原

理和節育的種種方法，來達成這種目的，以使每個小孩都能在父母所期望並有準備的情形下出生，並奠定子孩日後身心正常發育所需的重要基礎。

　　一個人除非不結婚，不成立家庭，否則要結婚，要有美滿幸福的家庭，就要實行家庭計畫，茲將家庭計畫與幸福家庭關係略述如下：

㈠實行家庭計畫可鞏固家庭經濟

　　一個子女由出生至完成大學教育所需養育費用，非常可觀，少生一個，自然可以節省許多費用，何況生育養育之外還得教育才能長大成人，因此實施家庭計畫不但可以改善家庭福利，提高生活水準，更可使子女受更好的教育。

㈡實行家庭計畫，可增進兒童營養狀況

　　除了先天體質，後天的營養是兒童獲得健康的重要因素；營養適當，不但成長正常，對疾病的抵抗力較強，身體自然較健康。過去有很多研究顯示，子女數與子女營養之間有負的相關；即子女數愈多，其營養愈差，健康也愈壞，成長較慢，罹病率高，死亡率亦提高，據泰國的研究指出，有四個子女以上的家庭子女，有五八％是營養不良，而三個以下者是四二％。

㈢實行家庭計畫可減低嬰兒死亡率

　　據印度的調查指出，生產間隔只有十二～廿三個月的嬰兒中新生兒死亡率高達千分之九十七點二；生產間隔為廿四～卅五個月者，新生兒死亡率，則只有千分之五十七。由各種調查研究指

出，嬰兒死亡率常隨胎次增加而增加，即胎次愈高，死亡愈多。

五、如何完成家庭計畫

(一)理想的結婚年齡

從醫學的觀點看來，早婚晚婚都不好。女性在廿三至廿八歲，身心成熟，結婚最為理想。如果考慮學業、就業、經濟基礎等因素，女性理想的結婚年齡以廿五歲左右為最理想，目前男性結婚年齡約女性大三、四歲，所以男性理想的結婚年齡為廿八歲左右為理想年齡。

(二)婚後多久生第一個孩子

剛結婚，不宜馬上懷孕。結婚後兩、三年才生第一個孩子最為理想。其好處如下：

1. 可以享受較長的蜜月生活。
2. 有足夠時間做孩子出生的心理準備。
3. 充實懷孕生理及育兒的知識。
4. 充裕小家庭的經濟基礎。
5. 婚後有足夠的時間適應新環境，增加社會經驗建立未來的社會關係，協助將來事業的發展。

但是晚婚者則視其經濟情形、身體及心理狀況自行決定。

㈢每胎應間隔多久

　　由醫學及一般人的看法，皆贊成間隔生育的時間為二年至三年，最為適宜，因為：

　　1.為了母親的健康，避免懷孕時同時也是哺乳期，在胎兒及幼兒雙重壓力下剝奪母親健康。

　　2.維持母親的優美體態。

　　3.有充分時間照顧孩子。

㈣生幾個孩子最好

　　依照夫婦本身的理想，參照家庭經濟情況、母親健康、孩子的教育、社會狀況、人口的合理成長等因素作決定，一般來說，兩個孩子最好。

六、避孕方法

㈠避孕原理

　　一個活潑可愛的嬰兒，是源自於最初父母雙方精子與卵子的結合所締造，這個生命中最偉大，奧妙的歷程，首由男性睪丸製造的無數精子，女性卵巢產生卵子開始。精子通過輸精管與精液一起被排出體外，卵子通過輸卵管到子宮。當兩性性交時，男性將精子射精到女性陰道，精子游向子宮，在輸卵管內與卵子結合，成為受精卵。受精卵被輸卵管排送到子宮，在子宮內膜著

床，展開懷胎十月的生命劇烈變化歷程，這就是懷孕。

避孕的原理就是以各種方法阻礙懷孕，其原理及方法有：

1.使卵巢不產生卵子就可避孕：口服避孕藥。

2.使卵子無法通過輸卵管，使精子無法通過輸精管，以阻止受精：結紮輸卵管及輸精管等永久避孕法。

3.使卵子很快地通過輸卵管以致不能受精，或增加子宮的收縮來干擾受精卵的著床：例如子宮內裝置子宮環、樂普等子宮內避孕器裝置法。

4.使精子不能進入陰道，就不能受精：保險套法及性交中斷法。

5.在陰道內殺死精子，便可免於受精：安全藥片法、安全藥膏法。

6.阻止精子進入子宮：子宮隔膜法、子宮帽法。

7.利用不是排卵時期性交就可以避免受精：月經週期法及基礎體溫法。

(二)避孕方法簡介

1.口服避孕藥

(1)成份：是人工合成的動情素與黃體素（助孕酮）。依劑型可區分為兩大類。第一類為單段式口服避孕藥，其每月中每一粒藥的劑量完全相同，欣無妊、蜜無妊、溫不妊等都屬於這一類。第二類為三段式口服避孕藥，其每月份中二十一粒藥的劑量分為三個階段，每個階段藥粒顏色不同，是模擬人體正常生理週期荷爾蒙分泌的型態而做成。其每月份的總劑量是目前口避孕藥中最低者。樂無妊就是這一

類。

(2)服用方法：一般是從月經第一天來潮算起的第五天晚上開始服用第一粒。另外有一種包裝，其背面印有星期，其服用方法是月經來潮的第一天晚上就開始從紅色區中正確的星期中取出一粒服用。（例如月經是星期一來，就從紅色區中的星期一取出一粒服用，然後每天配合星期服用，不容易漏服。）以上兩種方法都是以後每天晚上繼續服用一粒，直到二十八粒吃完，接著服用另一包，中間不可停藥。每包藥中只有二十一粒有避孕藥的成份，另外七粒色較大的藥粒沒有避孕成份，只有乳糖。在服用第二粒或第三粒乳糖藥粒時，月經就會來潮，月經來潮期間，仍繼續每晚吃一粒，直到吃完再繼續服用另一包。服完一包若無月經來潮，最好停藥先請醫師診察確定沒有懷孕，等月經來後，再重新使用。若是產後婦女則在產後滿二十八天起開始服用。

(3)避孕原理：抑制排卵，沒有卵子就不會懷孕。

(4)效果：正確服用，效果高達百分之百。

(5)副作用：少數婦女可能發生輕微而短暫的症狀：如腸胃不適、嘔吐、噁心、頭痛、頭昏，但是大部份的人沒有這種副作用。如果有嚴重不適，須與醫師商討。有心臟病、糖尿病、高血壓、黃疸等則須經醫師指示才可使用。

(6)費用：各區衛生所、公、市立醫院及特約家庭計畫用品代發站均可領取。

2.保陰套

(1)是用橡膠或乳膠製成的一種非常薄的圓柱型袋狀物。

(2)使用方法：性交前陰莖勃起時將保險套套在陰莖上，然後像穿長襪似的將捲好的保險套一面鬆開，一面接向陰莖根部，如此保險套便包住整個陰莖。房事後於陰莖軟下前套子取下。保險套通常以使用一次後廢棄爲宜，可用紙張或袋子包好丟掉。

(3)效果：如果使用正確，避孕效果可高達九〇％以上。

(4)費用：各區衛生所及市立醫院都可領取。

3.安全期推算法：（月經週期法）

(1)原理：利用月經週期推算容易受孕的危險期，避免性交以避孕。

(2)施行方法：通常女人排卵後，若未受精，需經十二天至十六天月經才會來潮。換言之下次月經前第十二天至十六天之五天內是屬於排卵期，加上精蟲可在女性生殖器內活三天，及卵子可在體內生存一天，所以下次月經前的第十一天至十九天是屬於「危險期」。其他則屬於「安全期」。

● 但有些婦女的月經週期並不很規則，爲安全計，於使用月經週期推算法以前，應有六個月以上的月經記錄，再找出記錄中最長週期與最短週期之日期及其容易懷孕期，爲避免在最長及最短週期之容易受孕期內性交以減少受孕機會。

(3)效果：僅適用於月經週期很規則的婦女，因婦女們的身心往往會改變排卵日，以致婦女們無法預期下次月經來潮日推算排卵的日期。因此避孕效果較差，失敗率常高達二〇％～四〇％。

4.基礎體溫法

(1)原理：健康婦女在排卵時基礎體溫會低些，排卵後，體溫就升高，因此測量基礎體溫，可以知道那天排卵，而於排卵期間避免性交，即可避孕。

(2)方法：基礎體溫，可以從月經來潮第二天開始，於每天早晨醒來未作任何活動前，將婦人體溫計置於舌下量五分鐘，然後將之記載於記錄表上。平常體溫都維持在一定範圍內，如有一日體溫降得比平常低，而次日又昇得比平常高些時即為排卵日。由於精子在女性生殖器內可活三天，故排卵日前後三天為易懷孕期。但因排卵前無特別之現象，那一天體溫會下降無法確知，為求安全起見，自月經來潮至體溫下降三天後均屬易懷孕期，其他才屬安全期。

(3)效果：若高溫三天後，才有性交，此之前均禁慾者，一百個婦女使用一年只有六人失敗。若溫度未上升前的那一段時間，只是配合安全期法者，則其失敗約增高三倍。

5.子宮內避孕器裝置之避孕方法

如果您們已經有了小寶寶，為了母親身體的復健及嬰兒成長多獲得照顧，應該間隔數年再懷孕，除了前述新婚期間的避免方法——口服避孕藥、保險套、安全期法、基礎體溫法——亦可採用外，尚可選擇子宮內避孕器的裝置。

子宮內避孕器依形狀式樣而有不同名稱，分別為樂普、子宮環、銅T、銅7、母體樂等。

(1)原理：是塑膠製成的彈性彎型物（樂普）、圓型物（子宮環）、T型物（銅T）或7型物（銅7），裝置於子宮腔內，可加速輸卵管蠕動，使受精卵的移動加速使受精卵不

能著床，此外子宮內膜會產生某種程度之白血球侵潤，可吞噬受精卵而達避孕效果。

(2)方法：由醫師裝置。生產後滿月至六星期左右（產後避孕之前，最好禁慾，並請儘早實施避孕）或月經剛乾淨時，爲適合裝置時間。裝置容易，效果好，可高達百分之九六％～九八％。公立醫院或衛生所裝置樂普免費，其他特約醫院酌收裝置費，其他子宮內避孕器；可在私人婦產科醫院裝置，費用依種類而異。

6.永久性避孕方法

有兩種，即男性輸精管結紮及女性輸卵管結紮，對決心不再生育的夫婦一方施行手術，爲一勞永逸的永久性避孕法。手術後性腺照常分泌激素，不影響性生活。在醫院由醫師施行，政府爲鼓勵市民，訂有補助辦法。

(三)避孕方法之選擇

由上述各種避孕方法的原理，可知避孕方法很多，而且各有優點，到目前爲止，還沒有一種避孕方法是全無缺點的。因此選擇時，必須了解自己身體狀況、需要和家庭環境配合，然後選擇合於自己的方法。

在選擇時應注意下列幾點原則：

1.安全性和副作用：應選安全性大、副作用少者。

2.可靠性：應選擇避孕效果好、失敗率小的方法。

3.使用的簡繁：容易使用，而且不需別人敎導的最佳。

4.使用的時間：何時使用，會不會影響性生活。

（資料來源：台北市家庭計畫推廣中心出版之「新婚手冊」）

第五節　性教育

　　在談論性教育之前，首先應了解它的定義。到目前為止，一般人對「性」字還是很敏感的，也覺得很不容易開口討論。又傳統對性教育的誤解，以往都認為性教育所談只是有關性生理如生殖器官、性行為，懷孕……生產等生理方面而已，其實那是非常狹隘的看法。廣義的性教育內容，包括了所有與「性」有關的學習，其重點如下：

一、性教育的內容

(一)性別角色的學習：了解現今時代中，自己所扮演的性別角色，以及對異性性別的認識與尊重。

(二)建立兩性之間的人際關係：學習如何與異性交往、和諧圓融的關係。

(三)自出生即開始性別角色的模仿與學習。

(四)學習對性行為負責及節制。

(五)提升人性，發揚人性。

(六)建立美滿婚姻生活。

　　性教育的目的，是希望年輕人面對人生的事實和瞭解生理的

發育情形，辨明性行為的價值，確立自己的價值判斷，體認愛與
性的意義，並肯定個人對自己和對他人應有的責任與尊重。

二、性教育的特質

㈠是知識教育。
㈡是心理教育。
㈢是思想教育。
㈣是生活教育。
㈤是終生學習的教育。

　　性教育的最終目的，是造就健全快樂和自信自愛的男性和女
性。使人人都能懂得如何自處，同時也能和其他的同性和異性建
立良好和樂的關係，以及互信互重的關係。

三、性教育的目的

㈠認知的：養成正確的兩性觀念以及性觀念，了解婚姻的意義。
㈡情感的：對兩性交往、愛，持肯定的態度，對性行為抱負責任
　　的態度，養成尊重異性、保護自己的習慣。
㈢行為的：有能力與兩性圓滿相處，對性行為有節制能力，並能
　　建立、維持美滿的婚姻。

四、實施性教育的理由

㈠現今兒童較早熟。

㈡不當性知識來源的氾濫。

㈢青少年對性的煩惱和不安的增多。

㈣性教育的不健全。

五、及早實施性教育的重要性

及早實施性教育,可以逐步建立正確的兩性觀念,對兩性的交往、兩性的差異、性態度及美滿婚姻生活均有助益。

六、性教育在各階段的重點

由於性教育的重點包羅萬象,若從身心發展的角度來看,可以分成下列四階段:

㈠學齡前及國小低年級(五歲至八歲)

1.認識生命的由來及生物界的繁殖等現象。

2.了解身體的器官與功能。

3.體驗被愛的經驗。

4.熟悉家庭結構及成員的關係。

5.培養保護自己免受傷害的觀念。

㈡國小中、高年級（九歲至十二歲）

1.教導兩性相互了解、尊重的態度。

2.培養兩性正常生活、自然交往的習慣。

3.引導發展性別角色的認同和學習。

㈢青春期（十三歲至十五歲）

1.學習和父母保持親密關係。

2.認識青春期的身心變化。

3.建立正確的兩性交往觀念。

4.了解性、性慾、性行為的意義。

5.養成選擇兩性朋友的能力。

6.熟悉拒絕性誘惑的方式。

㈣青年期（十六歲至大學）

1.認識友情與愛情的意義。

2.體驗交友與婚姻。

3.擬定家庭計畫。

4.培養建立美滿婚姻生活的能力。

5.具備親職教育的知識和能力。

6.了解婚姻中的兩性關係。

　　總之，性教育是每個人必經的教育歷程，我們不應再執著如同國內性教育學者晏涵文所稱鴕鳥的心態，而要及早從各方面實

施正確的性教育。以改善現今國人的「性觀念保守、性行為開放」、「敢做不敢說」的不當現況，建立兩性和諧圓滿的社會。

摘　要

　　男人與女人因愛而結合組織家庭，家庭是能滿足個人生理、心理、安全、愛及自我實現的需求。它是社會最早也最基本的單位，因此，性教育必須與家庭相結合才有其廣面的意義。

　　我國傳統觀念中，男、女所扮演的角色：認為是男主外，女主內，又認為三從四德是女人應有的美德，所以性別角色的刻板印象是男性：剛強、獨立和自主；女性：溫柔、體貼和順服。今日因社會型態與經濟發展方式的改變，我們應該學習做個現代新男性和新女性的角色，培養「兩性化」的特質，亦即男、女雙方都能到「剛柔並濟」、「情感與理智」並重、「競爭與輕鬆」協調、的人性特質。使男女互相學習，了解，彼此尊重和諧共處。

　　男、女兩性在：生理解剖方面、心理行為方面、兩性愛情的反應方面以及在興趣知識和職業方面，經專家學者的研究及統計顯示是有所差異，我們如何面對這些差異，使雙方皆能了解自己，愛護自己，進而尊重對方，愛護對方，建立和諧的兩性關係，組織健康美滿的家庭。

　　異性交往、約會及擇偶的準備，是青少年必須學習的重要成長過程。異性交往的步驟：由團體活動，積極參與校內、校外的各種社團活動，以至於不分性別的坦誠相處，接納彼此的異同，進而團體約會，而後單獨約會，再固定對象的約會，再進入戀愛階段。

　　「婚姻」是人類為求取「性」與「愛」動機的滿足所需之安

全保障的一種制度，其目的乃是用以獨占所選擇的異性，並保障其與該異性建立的愛情關係。一般兩性關係正常發展的趨向，應是先經彼此吸引，交往，再彼此愛戀，再經婚姻的制度以保障這愛情關係與性慾的滿足。即愛→婚姻→性關係，循序漸進。唯因科學時代影響，事事求變、工商社會樣樣求快的心理，使得部分青少年在人生感情的路上採取「捷徑」、「跳級」方式，像這樣求變、求快，究竟是好？是壞？實值得我們深思及探討。

　　在人口過剩、資源有限，而環境面臨各種的污染的現況下，家庭計畫是為保障家庭的幸福、成員的健康及以子女的妥善照顧。青少年在婚前便應學習以準備建立一快樂安全的家庭。

問題討論

一、家庭的社會功能有些什麼？

二、爲什麼性教育要與家庭生活相結合？其意義何在？

三、在現代社會中，要如何學習扮演好兩性的角色。

四、異性交往應有的一些態度及方法，以及擇偶的準備。

五、你對婚前性行爲的看法及態度如何？

六、婚姻的意義爲何？幸福婚姻的基本要件有什麼？

七、如何實施家庭計畫？並了解三種避孕的方法。

八、性教育在國小、國中應如何實施，才能落實？試討論之。

參考文獻

中文：

王以仁等（民82）。《教師心理衛生》。心理出版社。

尹蘊華（民69）。《家庭教育》。學人文化事業公司。

台北市家庭計畫推廣中心（民73）。《新婚手冊》。

台北市家庭計畫研究所（民75）。《婚姻的認識與準備》。

江漢聲、晏涵文主編（民84）。《性教育》。性林文化事業公司。

杏陵天地雜誌（月刊）。台北市：杏陵醫學基金會出版。

阮大年。《婚姻與家庭》。等九卷第五期。幸福家庭推廣中心。

林雅芬（民84）。《性教育的領航——完整性教育指導守則（幼
　　稚園——高中）》。杏陵天地。4(1)，28－30。

林錦英、鄭雪霏等（民84）。《國民小學道德與健康科健康課程
　　內涵》台灣省國民教師研習會。

晏涵文（民83）。《健康教育—健康教學與研究》。心理出版
　　社。

晏涵文（民78）。《生命與心理的結合》。張老師出版社。

晏涵文、林燕卿等（民81）。幼稚園至國小六年級學生、家長及
　　教師對實施性教育內容之需求研究。《衛生教育雜誌，13》
　　。1－17。

晏涵文、林燕卿等（民81）。國一至高三學生、家長及教師對實
　　施性教育容之需求研究。《衛生教育雜誌，13》。18－36。

郭娟娟（民80）。《禁果—談婚前性行為，愛、性、婚姻系列(8)

》。張老師出版社。

秦慧珠。《性別角色面面觀》。張老師月刊。

黃堅厚（民83）。《青年的心理健康》。心理出版社。

國立師範大學。大學生的感情世界《學生輔導通訊(9)》。

游乾桂主編（民81）。《正確性教育》。小暢書房。

愛、性、婚姻系列(7)（民80）。《做個剛柔並濟的人》。張老師
　　出版社出版。

蔡長添、施何（民80）。《生理學精義》。環球書社。

顏昭夫編著（民81）。《如何教育孩子性知識》。世茂出版社。

日文：

北澤杏子（民82）。《性教育啟蒙》（1－4冊）。小暢書房。

琳達馬達瑞絲（民82）。《青春の性事》（男、女各一冊）。牛
　　頓出版公司。

英文：

Mc Conaghy, N.（1993）。*Sexual behavior：Problems and management.* New York：Plenum.

Moore, S. M., Rosenthal, D. A.（1993），*Sexuality in adolescence.* New York：Routledge.

6

學校衛生

（第一節）　**學校衛生的意義與內涵**

一、學校衛生的意義

　　學校衛生是由學校經營，爲保持並增進學生健康之一切教育活動。所謂學校，物理上意指校舍校園之建築物，這些建築在功能上，應負有教育意義；人的條件上，教師應具一定的資格，肩負維持並增進學生健康之責；對人的管理，則含學生及教職員工之健康管理。而學校衛生所指之學校應起迄於何時？雖然國外資料都以幼稚園起至十二年級（即高中三年級），作者以爲應更延伸至大學、研究所。

　　健康與教育應要求效果。對於兒童的健康與教育，我們有義務幫助他們做聰明的選擇，避免對健康有害的危險行爲，成功地成長轉變爲一個對自己健康行爲負責的成人。學校是保證孩子們在人生早期便得以有健康起始點的教育機構。因此，我們需要幼稚園、學校等機構提供統整、多元化、品質良好的健康教育。Allensworth 和 Lolbe（1987）認爲所謂統整而多元化的學校健康教育包括八大內容：

　　• 自幼稚園起至十二年級（高中三年級），有計畫而連貫的健

康教學課程（ Health Instruction ）。

- 包括臨床診療、轉診系統、社區資源利用的健康服務（ Health Services ）。
- 安全而健康的環境（ Healthful School Environment ）。
- 體育（ Physical Education ）。
- 餐點供應服務（ Food Services ）。
- 心理輔導（ Guidance and Psychological Services ）。
- 整合學校與社區的健康促進。
- 教職員工的健康促進。

　　而傳統上，幼稚園起各級學校衛生包括三大範圍：健康教學、健康服務與健康環境（ Lavin, Shapiro和Weill, 1992；李叔佩、王國川、楊慕慈和姜逸群，民77 ）。美國學校管理協會提出2000年健康兒童學校計畫十二步驟中，首要步驟是將兒童的健康作爲學校優先工作之一（ American Association of School Administrators, 1990 ）。

二、學校衛生的歷史

　　學校衛生的歷史源於歐州。 一七九〇年巴伐利亞 （ Bavaria ）供應貧困兒童免費的學校午餐。一八三三年法國法律規定，公立學校應負責學校兒童健康以及學校建築的環境衛生。一八六八年瑞典正式將醫師納入公立學校敎職人員編制。美國則自一八五〇年起，大部分稅金支援的學校，實現了藉助教育促進學生健康的理想，並在麻省衛生委員會報告書中包含了學校健康教

育計畫。一八六五年洛杉磯地區依法學校有記錄學生疾病的義務。一八八〇年代開始研究兒童發展的生理和心理特徵，作爲擬訂學校計畫之基礎。一八九二年俄亥俄州法律規定：凡一級、二級的城市之學校應教授體育。一八九〇年所有學校迫切需要教導有關酒精及麻醉劑的效能。一八四二年Horance Mann提倡學校應實施健康教學。一八九四年學校開始健康檢查。一九六一年進行美國中小學健康教育全國性調查，發展綜合性健康教育課程。（李叔佩、王國川、楊慕慈和姜逸群，民84）一九六八年以後，自幼稚園至高中依法應授保健學科。直至今日，美國學校衛生學會（The American School Health Association）、美國各項學校衛生活動，領導著世界的學校衛生。（高石昌弘，昭和58）。

　　日本的學校衛生制度可追朔至明治五年，小學教科書中引述之「養生法」爲始。明治二十一年實施體力檢查及學校清潔方法、傳染病預防等學校環境衛生有關之措施。昭和二十四年公佈中學學校衛生實施要領。昭和二十六年公佈小學保健計畫實施要領。直至今日，環境、生活、健康服務、健康教育成爲今日學校衛生之四大基礎。昭和二十二年起依據學校教育法之規定，小學、中學之體育課程應新增健康教育之內容。而健康服務方面，則於昭和二十九年制定學校給食（供餐法）。昭和三十三年制定學校保健法。昭和三十四年制定學校安全法。戰後，日本學校衛生則朝向教學與管理兩大方向。教學上，課程依社會的需要而數次修訂；管理上，依健康問題之變遷而修定健康檢查的項目、方法及環境衛生管理要領。（船川，1988）

　　我國學校衛生的發展，早於光緒二十四年京師大學堂章程規

定，中學課程內有「衛生學」的設置，後來又被取消。直至民國十一年新學制中規定，小學應授衛生課。民國二十年，於國立中央大學開辦衛生教育科，以培育爲衛生教育人才。民國四十三年，教育部核准於師範學校課程中，增列「學校衛生與健康教育」爲必修科目。民國四十八年，並於臺灣省立師大設立衛生教育學系，培育健康教育專業師資。

目前有關健康教育的民間學術團體有二：①爲中華民國學校衛生學會，成立於民國五十年六月；②爲中華民國衛生教育學會，成立於民國六十八年四月。（李叔佩等，民83）

三、學校衛生的内涵

至於學校衛生教育的內容範疇，隨著時代的不同，不斷地在先進各國廣受討論。一九一二年以個人衛生、牙齒保健、營養、心理衛生、性教育、消費者保健、家族保健、菸與酒爲內容主軸。一九八〇年起美國學校衛生學會即呼籲，學校衛生應加強營養教育、口腔保健、性教育、環境衛生、校醫、安全與急救、麻藥防制教育、心理衛生、死亡教育、心臟的健康教育、殘障兒童之學校衛生委員會、青春期自殺與學校衛生專家之角色、國際保健等。（高石昌弘，昭和58）

爲了提供最佳的教育，教育機構應確保學生有健康的身心來學習。歷史驗證教育正向影響健康。健康的知識將影響社會文化行爲與疾病流行。教育影響健康，健康亦影響教育。健康的學生易於學習。

　　良好的健康是良好教育的必要條件。爲了預防青少年陷入教育危機，需要有效的教育支持健康需求（National　School Boards Association, 1991）。

　　學校衛生是一項絕佳的投資，其效果可延續至未來社會。如果在學生時期，大量的家長、大量教育機構疏於健康教育，在這個時期我們失敗於救助我們的學生，那麼未來我們的社會將要付出高價，甚至我們的生命力來挽救（Hewlett,　1991）。例如：幼童時期起，我們沒有做好意外事故預防的教育與環境，當幼童因疏忽或環境而造成意外傷害時，未來的身心照顧成本遠較健康教育成本爲高。幼童時期起，我們沒有做好健康習慣培養的教育工作，未來慢性疾病的社會成本將會增加，造成社會的負擔。一個孩子在早期生活中若沒有從教育過程培養健康態度與習慣，在其成長後將降低生產力（Cohen, 1992）。

四、學校衛生的條件

　　學校衛生教育成立的要因與條件，根據日本學校衛生教育學者高石昌弘（昭和58）指出，應考慮外在條件與內在因素，如下表所示。

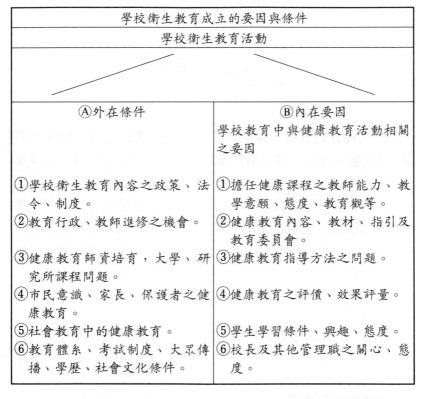

學校衛生教育成立的要因與條件	
學校衛生教育活動	
Ⓐ外在條件	Ⓑ內在要因 學校教育中與健康教育活動相關之要因
①學校衛生教育內容之政策、法令、制度。	①擔任健康課程之教師能力、教學意願、態度、教育觀等。
②教育行政、教師進修之機會。	②健康教育內容、教材、指引及教育委員會。
③健康教育師資培育，大學、研究所課程問題。	③健康教育指導方法之問題。
④市民意識、家長、保護者之健康教育。	④健康教育之評價、效果評量。
⑤社會教育中的健康教育。	⑤學生學習條件、興趣、態度。
⑥教育體系、考試制度、大眾傳播、學歷、社會文化條件。	⑥校長及其他管理職之關心、態度。

　　舉凡國家之政策、法令、制度、教育行政、教師進修機會、師資培育、家長態度、社會教育、考試制度等外在條件及教師能力、校長管理者態度、學生興趣、教材教法評量等內在要因，都會影響學校健康教育活動之推展。

第二節　健康教學

　　健康教育的實施是越早越好，但是健康教育內容的適當與否，卻是能否達程教學目標的關鍵，其內容應涵蓋身體、心理及社會的健康層面。（Allensworth & Kolbe, 1987）

　　由於健康問題源於個人健康行為和生活型態者鉅，所以必須依賴從幼稚園開始的健康教育，美國的國家健康目標中有30％必須透過有系統的學校健康教育之推動，才有成效，而目前健康教育都從幼稚園、小學開始。（Inverson & Kolbe, 1983）。

一、我國各級學校的健康課程現況

㈠幼稚園的健康課程

　　我國幼稚園健康教育課程教學內容涵蓋了健康三大內涵——身體、心理、社會，務求幼兒此三層面的均衡發展。根據教育部民國七十六年修訂的「幼稚園課程標準」中健康為六大領域之一，並指出：（教育部，民76a）

　　1.幼稚園課程之目標

　　⑴維護兒童身心健康。

(2)養成兒童良好習慣。

(3)充實兒童生活經驗。

(4)增進兒童倫理觀念。

(5)培養兒童合群習性。

2.健康課程領域之目標為

(1)滿足幼兒身心需要，促進幼兒身心均衡的發展。

(2)充實幼兒健康知能，培養幼兒健康習慣與態度。

(3)鍛鍊幼兒基本動作，發展幼兒運動興趣與能力。

(4)擴展幼兒生活經驗，增進幼兒社會行為的發展。

(5)實施幼兒安全教育，協助幼兒獲得自護的能力。

3.範圍

A、健康的身體

(1)健康的生活習慣

　　①飲食習慣。

　　②清潔習慣。

　　③睡眠習慣。

　　④穿衣習慣。

　　⑤排泄習慣。

　　⑥收拾習慣。

　　⑦閱讀與坐、臥、立、行的習慣。

(2)健康檢查

　　①平時健康觀察。

　　②晨間檢查。

　　③定期檢查。

　　④特殊檢查。

(3)運動能力與興趣

　①使用基本動作如行走、跑、跳等從事運動遊戲。

　②使用簡單的技巧如投、推、拉、滾動等從事運動遊戲。

　③使用簡單的運動器材如滑梯、鞦韆等從事運動遊戲。

　④利用感覺、知覺等從事運動遊戲。

　⑤參與簡單的團體遊戲，如捉迷藏、模仿遊戲、想像遊
　　戲、解決問題的遊戲。

　⑥隨音樂做簡單的體操。

　⑦以友愛態度與他人遊戲，並遵守遊戲規則。

　⑧從遊戲中培養自動、忍耐、沈著、積極的精神，並養成
　　清潔、衛生和安全的習慣與態度。

(4)疾病的預防

　①願意接受健康檢查和預防接種。

　②維護牙齒和視力的健康。

　③生病、受傷時肯接受醫生的診治。

　④認識容易感染的疾病。

　⑤不用公共場所的毛巾，不與傳染病患者接觸。

(5)營養和衛生

　①認識食物，並重視食物的營養和衛生，如食物的分類、
　　食物中的七大營養素：蛋白質、醣類、脂肪、礦物質、
　　維生素、纖維素和水。

　②餐點的選擇與供應。

　③培養良好的飲食習慣與態度。

　　ㄅ餐點前、後不做劇烈的運動。

　　ㄆ學會飲食的禮節，並養成細嚼、慢嚥的習慣。

ㄇ注意飲食前後的衛生習慣。

ㄈ養成愛惜食物的習慣。

ㄅ喜愛各種食物，養成不偏食、不挑食的習慣。

B、健康的心理

(1)心理需求——滿足幼兒下列各種心理需求

　　①安全感。

　　②好奇和冒險。

　　③被愛與同情。

　　④自尊和自信。

　　⑤獨立和表現。

　　⑥成功和讚賞。

　　⑦公正和合理。

　　⑧其他。

(2)社會行為與生活態度——培養下列良好的社會行為和健康
　　的生活態度

　　①互助合作。

　　②愛惜公物。

　　③守秩序。

　　④尊重他人。

　　⑤自立和自尊。

　　⑥和善有禮。

　　⑦自信心。

　　⑧公德心。

　　⑨領導和服從。

　　⑩其他。

C、健康的生活

(1)安全的知識

　　①室內的安全教育。

　　②室外的安全教育。

　　③飲食的安全教育。

　　④交通的安全教育。

　　⑤水、火、電的安全教育。

　　⑥藥品與危險物品的安全教育。

(2)意外事件的預防和處理

　　①意外事件的預防方法。

　　②意外事件的處理方法和態度。

(3)靜息與健康

　　①靜息和睡眠對人體健康的重要。

　　②休息的方法：

　　　ㄅ靜息或安靜。

　　　ㄆ靜臥。

　　　ㄇ睡眠。

(4)其他——良好衛生、安全習慣的培養、家庭和環境衛生與安全的維護

㈡國民小學的健康課程

　　教育部於民國八十二年修正國民小學課程標準，訂立「道德與健康」為小學教學科目之一。一至六年級設科教學，指導生活規範、道德行為與健康習慣。一至三年級道德與健康合科教學，每週教學節數均為兩節，每節四十分鐘，每週八十分鐘；四至六

年級分科教學，每週各一節。健康內容共分十個類別，依序為生長與發育、個人衛生、心理衛生、食物與營養、家庭生活與性教育、安全與急救、疾病預防、藥物使用與濫用、消費者健康、環境衛生與保育。

㈢國民中學的健康課程

教育部於民國八十三年十月頒佈國民中學的健康教育課程標準，目標為：強化健康觀念，以繼續實踐健康生活；充實健康知識，以提升適應現代生活的能力；增進健康態度，以促進健康行為的發展，培養健康習慣，以奠定全民健康的基礎；學習健康技能，以有效運用於日常生活中。時間分配為第一學年，每週兩節課。教材綱要共分四大類，依序為：健康的身體、健康的心理、事故傷害與疾病預防、環境與健康。詳如表6－1。

㈣高中以上的健康課程

高中以上，除了女生軍訓護理課程之外，則未設健康教育課程。培養國小、幼稚園師資之師範學院中，於各系設有道德與健康教材法必修課程，其餘如營養教育、安全與急救、性教育、學校衛生等則為相關之選修課程。而一般大專院校則由各校自訂通識課程。鼓勵各校開設健康相關之課程，並將健康課程自幼稚園、小學、國中一年級延伸至高中，甚至大學，將有助於提升學生對健康的認知、情意與技能。

■表6－1　國民中學健康教育課程標準之教材綱要■

類別	綱　　要	內　　容	備　註
壹、健康的身體	一、了解自己的健康狀況	認識健康的涵義、生長發育的過程、健康檢查的重要性等。	
	二、身體的活動、睡眠與休息	運動對身體的影響、疲勞的產生、適當休息的重要性。	含運動傷害。
	三、身體的功能與保健	視力保健、聽力保健、口腔衛生、生殖器官及優生保健。	
	四、營養	營養素對健康的影響、攝取均衡膳食、選購食品的認識、認識消費者的權益、分辨誇大不實的食品廣告等。	（15章）
	五、藥物的認識	如何安全的使用藥物、藥物（含菸酒）濫用對健康的危害等。	
貳、健康的	一、認識情緒	情緒的產生與消除、情緒對生理的影響等。	（8章）
	二、心理壓力的調適	心理健康的重要性、認識異常行為及心理疾病的發生及預防。	
	三、兩性關係	青春期心理的改變與調適、如何和異性相處、如何建立良好的人際關係等。	

四、家庭健康生活	如何建立健康的家庭關係、老年人與家中病人的生活照顧等。	含家庭計畫。
五、休閒活動	認識有益的休閒活動、休閒活動對心理的影響等。	
一、安全生活	認識安全的生活環境、如何預防事故傷害等。	（14章）
二、事故傷害的發生與急救	事故傷害發生的原因、急救的基本原則、簡易的急救技術等。	含中毒的急救。
三、疾病的發生	認識疾病的種類、發生原因及對健康的影響等。	
四、疾病的預防	介紹常見的傳染病和非傳染病及其預防的方法。	含愛滋病、疱疹等性傳染病。
五、正確的就醫行為	如何正確的就醫、分辨不實的醫藥廣告、認識全民健康保險等。	
一、認識社區衛生與環保資源	社區衛生及環保組織的結構與功能，如何利用現有的社區衛生及環保資源等。	（7章）
二、環境對健康的影響	認識常見的公害、公害對健康的影響等。	
三、健康環境的維護	公害的防制、如何推動環境保護工作等。	如：資源的珍惜與回收利用。

二、健康K、A、P及其相關理論

　　世界衛生組織（WHO， 1969）及衛生教育學者（宮坂地川田，平成3）均一致認爲，健康教育的目的在於增進學生的健康知識，促進正確的健康態度，並培養健康的生活方式和採行與健康有關的行爲。因此，及便是幼稚園、國民小學、國民中學甚至高中職大學，均設有健康教育相關課程亦訂定教學目標，若教師之態度並不重視健康，或能力不足，則空有目標亦爲枉然。有鑑於此，讓我們回顧知識（Lnowledge）、態度（Attitude）和行爲（Practice）之間的相關理論。

　　影響人類行爲的理論良多。認知論者（Kohler, 1925；Tolman和Honzik， 1930）提出人類獲得知識、態度等中介變項之後，存在腦中，影響人類的行爲，並提出S－O－R理論（Stimulus, Organism, Response）（見圖6－1），強調頭腦內部的交互作用對行爲的影響與行爲論者（Watson和Rayner， 1920；Skinner, 1981）強調外在刺激影響行爲大不相同。

　　例如：當有人生病時被建議去看醫生，他是否眞的會採取行爲打電話預約門診時間，眞的去求醫，受他頭腦內部健康方面的知識、態度等的相互作用影響（Greene和Simons, 1984）。

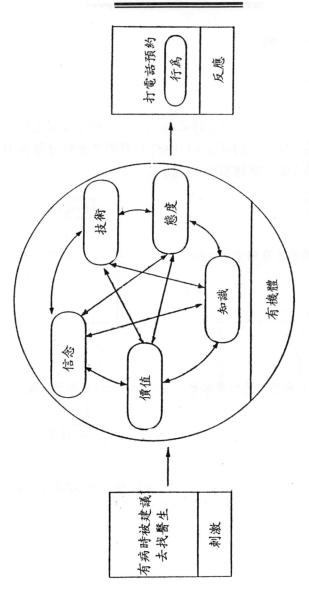

■圖 6 – 1　Greene and Simons：SOR模式的應用■

㈠知識與態度的關係

　　由圖6－1所述，S－O－R模式圖指出知識與態度將相互影響。但是，知識又如何形成態度，擁有知識是否就能改變態度；改變了態度是否就能訴諸行為之實施，始終是從事健康教育者所關心的問題。Dignan和Carr（1987）說明健康教育領域中知識改變及態度改變的機轉如圖6－2：

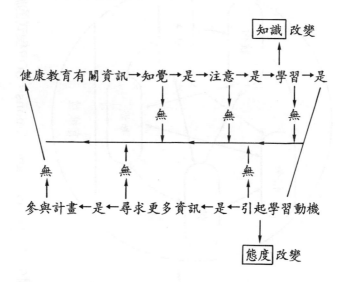

　■圖6－2　Dignan and Carr：健康教育學習過程知識改變與態度改變的機轉■

　　在健康教育領域中，首先畏感受到（ perceive ）健康教育相
關之訊息，接下來要能引起注意（ attention ）主動在乎這個訊
息，才能學習（ learning ），從學習中獲得新知。在知識改變後
必須有適當之情境引發個人更強的學習動機，才能改變態度，否
則亦無法改變其態度。

㈡態度與行爲的關係

　　Green 和 Kreuter（ 1991 ）所提 PRECEDE－PROCEED
健康教育與健康促進模式中指出態度是影響行爲的重要因素之
一。（ 如圖 6－3 ）

　　Fishbein（ 1967 ）提出理性行爲模式（ Fishbein's　Model
of Reasoned Action ），並有文獻（ Fishbein和Ajzen, 1975；
Ajzen和Fishbein, 1980；Ajzen, 1985 ）陸續主張態度將影響行
爲的意向，繼而影響行爲。此理性行爲模式如圖 6－4：

PRECEDE（Prediposing, Reinforcing and enabling constructs in
　　　educational / Environmental Diagnosis and evaluation）

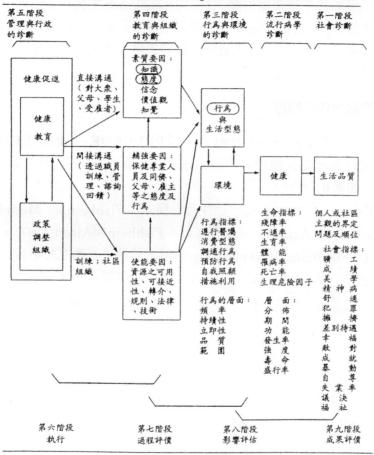

PROCEED（Policy, Regulaotry and Organizational Constructs in
　　　Educational and Environmental Development）

■圖6－3　Green和Kreuter：PRECEDE－PROCEED
　　　　健康教育與健康促進模式■

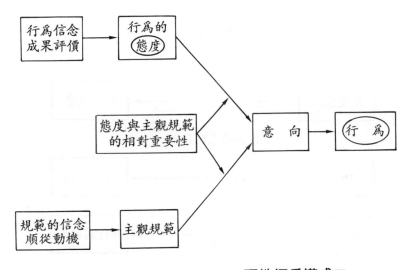

■圖6－4　　Fishbein：理性行為模式■

　　多數學者主張態度影響行為，但也有學者主張態度是隨著行為的發生而出現的。態度的敘述並不能預測行為，並相信沒有所謂的「態度」，除非解釋為「為什麼你要這麼做」（Bem, 1977；Bem和Allen, 1974；McConnell和Philipchalk, 1992）。亦有學者反對傳統模式中態度必將影響行為的論點，指出傳統模式的限制，認為現實生活中因其他衝突的態度或現實的壓力，即使改變了態度或擁有正向的態度，卻不一定能保證行為改變或發生。而提出傳統模式之批判，如圖6－5（Walker和Shea, 1988）。

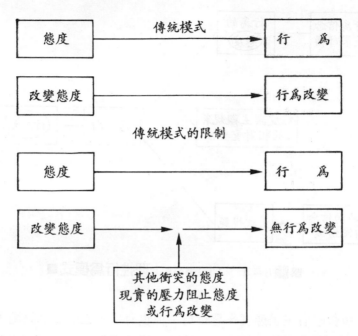

■圖6-5　Walker and Shea：態度與行為之間關係的傳統模式及限制■

三、健康教學

　　各家理論分別強調知識（K）、態度（A）、行為（P）之間的關係及重要性。因此，對於K、A、P三者教學方法之探究，則極為重要。

㈠健康教學計畫

　　「凡是豫立，不豫則廢。」一般而言，計畫應包括需要評估（need assessment）、目標設定（goal setting）、計畫（planning／programming）、執行（implementation）、評價（evaluation）、修正（modification）等步驟。而教學的基本模式如下圖6-6：

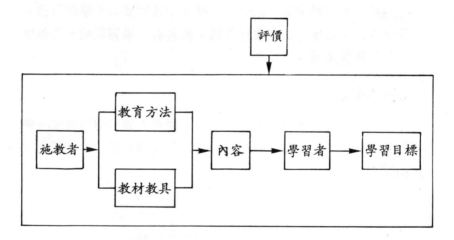

■圖6-6　　教學的基本模式■

　　此教學模式強調五個W的原則：

　　「誰」用「什麼方法」做「什麼」給「誰」，「爲什麼？」。

　　以視力保健主題之教學爲例，先設定學習目標，分析認知、情意、技能三領域的目標分別爲何。接著分析教學對象，即學習

者對該主題已知道多少，並了解其教育程度、年齡、性別等人口學背景。依據分析出來之學習目標及學習者背景決定教學內容，並選擇適當的教學方法、教材教具，由施教者您親自教學或邀請該主題之專家學者擔任之。計畫確立之後，亦應考量教學環境對教學效果的影響，營造一個良好的物理環境（如採光良好、通風、無噪音等）及心理環境（輕鬆愉快能引起教學動機），則教學效果較佳。

最後，教學結束後，應對前述模式中各項要素（學習目標、學習者內容、教學方法、教材教具、施教者、學習環境）及教學效果做過程評價及成果評價。

㈡教案的書寫

了解上述健康教學計畫原理之後，便可以書寫健康教學所需之教案。以下是刊登於學校衛生雜誌之教案書寫例。（溫若男，民84）

教案設計

溫若男

交通安全

衛教86級

單元名稱	交通安全		班　　級	一年十班	人數	36人
教材來源	國民中學健康教育下冊 第四篇、第四章		指導老師	劉貴雲老師	時間	50分鐘
教材研究	1.了解交通事故發生的原因，進而注重「交通安全人人有責」 2.學習認識交通號誌					
學生實習 條件之分析	1.學生曾自大眾媒體中聽聞相關資訊 2.學生在上下學途中及出門在外時會接觸交通號誌 3.學生個性活潑且樂於參加活動 4.有小組討論的經驗					
教學方法	講述法、問答法、小組 討論法、遊戲法		實習學生	溫若男		
教學資源	教師手冊、安全教育手冊、投影片、投影機、單張、黑板、粉 筆、題目卡、剪報、海報、磁鐵、圖卡					

教 學 目 標	單　元　目　標	具　體　目　標
	一、認知方面： 1.知道交通安全的重要性。 2.明瞭交通事故發生的主要原因。 3.了解減少交通事故的方法。 4.認識各類交通號誌。 二、技能方面： 5.改正在交通安全上的危險性行為。 6.切實遵守各類交通號誌及規則。 三、情意方面： 7.重視交通安全的價值。	1－1　能指出交通事故可能造成的後果。 1－2　能說明目前交通情況的嚴重性。 1－3　能說出交通安全的目的。 2－1　能舉例說明交通事故發生的原因。 2－2　能指出造成交通事故的主因是人為因素。 3－1　能說出在路上行走時應注意的事項。 3－2　能敘述騎車注意事項。 3－3　能說明乘車的交通。 4－1　能辨別警告標誌、禁制標誌和指示標誌。 4－2　能辨識幾種常見的交通號誌。 4－3　能舉例說明交通標線的功用。 5－1　能辨別自己在交通安全上的危險性行為。 5－2　能說明避免交通事故的方法。 6－1　能在日常生活中切實做到遵守交通規則。 7－1　能表現出「交通安全人人有責」的態度。 7－2　能認同交通安全不僅在保障自己生命財產 　　　的交通，亦維護他人生命財產的安全。

時間分配	節次	月	日	教　學　重　點			
	1	3	1	1.交通安全人人有責　2.認識交通訊號			
	2						
	3						
	4						

教學目標	教　學　活　動	教具	時間	評鑑	備註
	壹、準備活動： 一、課前準備 ●教師部分 　1.研讀並分析課文內容及教師 　　手冊。 　2.參考相關資料。 　　（安全教育手冊—臺北市政 　　府教育局編印） 　3.製作及準備教具。 　4.蒐集剪報、相關單張……等 　　資料。 　5.設計小組討論題目。 ●學生部分 　1.預習課文，記下不懂、疑惑 　　之處。 　2.剪貼有關交通安全的報導。 　3.觀察日常生活中交通環境及 　　狀況。 　4.於上課前分組，並將桌椅一 　　組一組排好（6人一組）。 二、引起動機 　教師請學生猜猜看臺灣地區因 為交通事故傷害每年需損耗社 會成本多少錢？（三千億元） 又每年因此死亡的人數是多 少？（七千多人以上）		1′	踴躍發言	

	貳、發展活動：			
	一、〔活動一〕認識交通事故			
1-1,1-2	1.請學生發表自己所經歷過或聽過、看過或剪報的交通事故，並說明交通事故發生的原因。	黑板，粉筆	2'	踴躍發言，詳細分析
2-2	2.教師將原因歸納後，強調人為因素是交通事故發生的主因。	黑板，粉筆	1'	專心聽講
1-2,1-3	3.教師介紹目前交通事故的嚴重性，並說明交通安全的目的。	投影片，投影機	3'	專心聽講
3-1,3-2 3-3	二、〔活動二〕交通安全動動腦 1.6人一組，分組討論下列題目：	投影片，投影機	5'	熱烈參與討論
	⑴行人行走的注意事項。			
	⑵騎車時的注意事項。			
	⑶乘車時的注意事項。			
	2.各組選派一人報告討論結果。另派一人上臺寫下要點。	黑板，粉筆	4'	熱烈參與
	3.教師歸納總結交通安全注意事項。	黑板，粉筆，單張	4'	專心聽講
4-2,4-3	三、〔活動三〕看看我，認識我 1.教師介紹交通誌號包括交通標誌、號誌和標線。	黑板，粉筆，	4'	專心聽講
4-1	2.教師說明交通標誌有警告標誌、禁制標誌和指示標誌，並教導辨識的方法。	投影片，投影機	4'	專心聽講
4-1	3.教師請各組另再選派二人至臺前。	圖卡	1'	熱烈參與

	4.教師展示交通號誌圖卡，請各組代表在黑板上寫下該號誌之種類及名稱。			
	5.教師宣布正確解答，並帶領大家再辨識一次。	圖卡	2′	認真學習，詳細辨識
5-1	四、〔活動四〕快問快答	題目卡	1′	熱烈參與
	1.教師請各組再派二人到臺前來。		1′	
	2.教師說明遊戲規則。		2′	
	3.題目卡內容如下：			
	(1)交通安全人人有責，所以先從自己做起（○）			
	(2)穿越道路要看左後看右，確定無來車再通過。（○）			
	(3)腳踏車可乘坐二人。（×）			
	(4)父親在開車時，不妨與他談天增加父子感情。（○）			
	(5)機車走慢車道，汽車走快車道。（○）			
	(6)行人通過平交道時，長形的物體要平拿。（○）			
	(7)騎腳踏車最好裝車燈，夜間行車時可避免危險。（○）			
	(8)搭火車時，走來走去尋找座位（×）			
	(9)沿著鐵軌行走，又快又方便。（×）			
	(10)站立車內時，要抓牢欄杆或扶手。（○）			
	4.教師宣布正確解答，並改正學生錯誤的觀念。		2′	專心聽講

5-1,5-2	五、〔活動五〕交通安全大使 　　1.教師給學生宣誓卡，請每位 　　　學生填寫，並宣誓從今起成 　　　為交通安全大使。		3′	踴躍參與 ，認真辨 別，神聖 宣誓
6-1,7-1 7-2	2.教師提醒每位交通安全大 　　　使，除了自己行為之改善 　　　外，要將交通安全人人有責 　　　的觀念推廣。		2′	專心聽講

　　3.宣誓卡內容如下：我____在
　　　此宣誓成為交通安全大使，
　　　願意將下列自己在交通安全
　　　上的危險性行為立即改正，
　　　並推廣「交通安全人人有責
　　　」的觀念。
　　　我的危險行為有
　　　1._____
　　　2._____
　　　3._____
　　　宣誓人_____簽名
　　　見證人_____簽名
　　　日　期_____

叄、綜合活動： 一、教師將本章內容複習、總 　　結。	黑板,粉 筆	2′	專心聽講	
二、學生發問。				
三、教師展示剪報海報，並請學 　　生於課後將所蒐集的剪報貼 　　上去，並公佈於佈告欄。	剪報,海 報	1′ 1′	踴躍發問 認真觀看 ，並於課 後貼上自 己蒐集的	
四、指定本章課後作業。		1′	認真記下 ，	
五、預告下一單元內容。		1′	課後確實 完成	

第三節　健康服務

　　學校健康服務又稱爲學校保健工作。Kendrick, Kaufmann 和 Messenger（ 1991 ）指出完整的預防性健康照顧服務的目標爲：①學校檢查以早期發現早期治療；②危險因子之確定，如家庭健康習慣、環境、遺傳等因素；③確定生長型態、行爲或發展，以免發展成未來健康問題；④評價健康服務之效果。而我國健康教育之學者則界定學校（包括幼稚園）健康服務可分爲三大部分：（ 李叔佩、王國川、楊慕慈和姜逸群，民84 ）

㈠評鑑方面（ Appraisal ）

　　完整的評鑑包括定期的健康檢查、牙齒檢查、視力檢查、教師或護士對幼兒的健康觀察、身高體重的測量，幼兒的整潔檢查等。

㈡預防方面（ Prevention ）

　　預防不必要的疾病或傷害是學校健康服務的項目與責任。例如傳染病的管制（如傳染病兒的管理、幼兒預防注射）、安全促進與急救等。

㈢矯治方面（Remedial）

於學校從事治療或矯正缺點工作誠屬困難，但學校有責任協助幼兒與其家人尋求適當的醫療保健照顧。因此，學校應將健康檢查的結果通知家長，並追蹤幼兒體格缺點的矯治情形。日本學校保健法亦明文規定健康檢查二十一天以內應通知兒童本身及其保護者檢查結果（文部省，平成2）。

一、健康檢查

根據教育部編纂學校衛生手冊（民76b），「健康檢查」係指一個人在自覺身心處於正常情況下，接受醫師、護士、醫事檢驗師等各類醫事人員用各種科學的方法實施生理和心理的檢查，而與有了任何身心的症狀後再去求醫診治有別。因此健康檢查可以說是一種積極的保健方法，藉此檢查往往能發現未能自覺的早期輕微的缺點或疾病。

健康檢查的目的在於：
- 測知學生之生長發育及健康狀況。
- 早期發現缺點及疾病，以謀早期矯治。
- 養成個人重視身心健康之觀念、態度與行為。
- 促進家長與教師對於學生健康之注意與關心。
- 根據檢查結果，決定學生身體之適應能力，以便參加體育或其他教育活動。

健康檢查的實施，依照規定，各級學校學生均須接受定期健

康檢查，且舉行健康檢查後應著重檢查之效果，不可敷衍而流於形式，以致失去教育意義。

㈠健康檢查的時期

學校中的健康檢查可分為定期健康檢查和臨時健康檢查兩種：

1.定期健康檢查

依照規定，凡是在學學生都必須接受健康檢查。

⑴國民小學：新生在入學後的第一學期內，接受第一次健康檢查，以後每兩年檢查一次，亦即第一、三、五學年各檢查一次。

⑵國民中學：新生入學後第一學期內接受健康檢查，以後每三年檢查一次，亦即畢業時再檢查一次。

⑶高級中學及大專院校：在入學及畢業時各檢查一次。

2.臨時健康檢查

學生在校期間，除規定參加定期健康檢查外，如果教師或醫護人員認為有必要時，可以隨時實施臨時健康檢查，例如有下列各種情形時：

⑴對定期檢查的結果認為有繼續檢查的必要時。

⑵重病、重傷或患傳染病後，病癒返校的學生。

⑶傳染病流行期，認為有檢查之必要時。

⑷參加運動會或競賽之激烈項目，或接受長期體能訓練之前。

⑸學業成績不良或突然成績退步之學生，檢明因智力不足或身心問題等所致時。

⑹其他認爲有舉行臨時健康檢查之必要時。

㈡健康檢查的項目：

　　一般舉行學校健康檢查項目計有：身高、體重、胸圍、視力、辨色力、砂眼、聽力、耳鼻喉、口腔及牙科、甲狀腺、扁桃腺、淋巴腺、營養、皮膚（頭蝨、頭癬）、循環系、呼吸系、血壓、腹部、疝氣、生殖器（含包莖、隱睪症等）、肛門、關節運動、畸形、胸部X光檢查、血液及大小便化驗、預防接種及心理測驗等。各校應視實際需要斟酌上述項目實施之。

㈢健康檢查的方法：

1.身高

每學期測量一次，測量重點：

⑴使學生赤足站於身高計上，兩腳踵密接、直立，使枕骨、背部、臀部及腳踵四部分均緊貼量尺，眼向前平視，身高計的橫板輕微接觸頭頂和身高計的量尺成直角，眼耳線和橫板平行。

若學校無身高計，可以量尺在平滑的牆壁上定出刻度（約二百公分），並以直角三角板測量之。（見圖6–7）

⑵測量結果以公分爲單位，計至小數點一位，以下四捨五入。

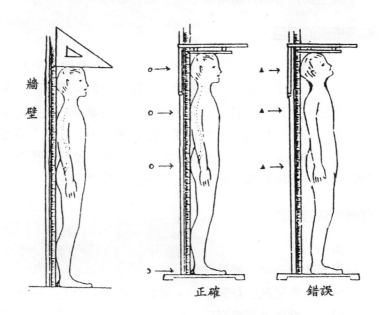

牆

壁

正確　　　錯誤

■圖6－7　身高測量圖■

2.體重

每兩個月測量一次，測量要點：

⑴被檢查的學生最好在飯後兩小時測量，檢查時應先排尿，
　脫去外衣、鞋、帽等，僅穿著內衣褲或夏季運動服裝、赤
　足，並先把磅秤歸零，然後靜立磅秤上，不可搖動。

⑵測量結果以公斤為單位，計至小數點一位，以下四捨五
　入。

⑶測量進行中，應隨時注意體重計之歸零是否正確，以便隨

時調整或更換磅秤，使測量結果正確。

3.視力

檢查視力可用E字視力表（Snellen Chart）或C字視力表（Landolt Chart，又稱萬國式視力表）來檢查。

(1)使用E字視力表時：將視力表懸掛於光亮處（或使用帶燈E字視力表），表中0.9那一行要和學生兩眼平高，學生站於距離視力表六公尺處，兩眼分別檢查（先左後右），先輕遮右眼然後左眼，檢查者先指視力表中0.9那一行的符號，令學生指出其缺口方向，如看不清楚或看錯了，則移上一行，直到能正確的說出其缺口方向（如有疑問，則多變換同行之符號，同一行間如有看不清的，則往上移一行），此行兩側的數字（2.0、1.5、1.2……0.1）即為該學生此眼之視力，記下後，換眼再檢查。如受檢學生戴了眼鏡，則要不戴眼鏡和戴了眼鏡的視力分別檢查，不戴眼鏡檢查結果記於裸眼欄，戴了眼鏡檢查結果記於矯正欄；若學生戴隱形眼鏡時，則只檢查其矯正視力，並記於矯正欄中，且附註上「C. L.」。

(2)使用C字視力表時，其檢查方法與使用E字視力表相同，只是被檢查學生站於距離視力表五公尺處檢查。

4.其他一般檢查

學校衛生組長或級任導師除應認識及熟練上述各項檢查方法外，下面兩項也應了解及熟練，其方法如下：

(1)體溫：量體溫可分口溫、肛溫、腋溫三種，通常口溫實施方便且結果正確，除非不適合量口溫（例如昏迷、六歲以下的學童等），才改以腋溫或肛溫，一般較常以口溫測量

之。其量法即先將口表之水銀柱甩至34℃或94°F以下，再將口表置放在受檢學生舌根下，閉合嘴唇二至三分鐘即可取出看度數。

(2)脈搏：通常以測量近手腕部的橈動脈爲多，即以食指、中指觸摸在腕部姆指側的橈動脈，測知一分鐘脈搏的次數。成人平均脈搏約爲每分鐘七十～八十次。

　　健康檢查的結果應善加處理。首先，對有疾病、缺點的學生，應通知輔導、追蹤本人及家長早期完成矯治。視力聽力障礙的學生，級任導師應調整其座位，心理不健康者應積極予以輔導，先天性心臟病、慢性疾病等不適應正常運動者，應與以特別關注或編入體育特別班，並通知家長共同維護其健康與安全。並應做健康檢查結果的分析與統計。表6－2、6－3是國立臺北師院學生健康檢查結果的統計分析例。

■表6－2　國立臺北師範學院八十四學年度各系結業生體格缺點之描述性資料■

項目	幼教系 人數	%	社教系 人數	%	初教系 人數	%	美教系 人數	%	音樂系 人數	%	特教系 人數	%	語教系 人數	%	數理系 人數	%	總計 人數	%
視力不良	30	96.77	72	93.51	76	96.20	39	97.50	38	97.44	33	89.19	41	100.0	76	100.0	926	97.27
牙齒異常	25	80.65	63	81.82	71	89.87	37	92.50	35	89.74	29	78.38	37	90.24	71	93.42	841	88.34
HBsAg（＋）	4	12.90	13	16.88	14	17.72	6	15.00	4	10.26	4	10.81	9	21.95	5	6.58	141	14.81
肝功能異常	0	0.00	3	3.90	9	11.39	1	2.50	0	0.00	4	10.81	5	12.20	5	6.58	77	8.09
血壓異常	0	0.00	4	5.19	1	1.27	1	2.50	0	0.00	1	2.70	5	12.20	1	1.32	28	2.94
其他	1	3.23	2	2.60	1	1.27	1	2.50	0	0.00	1	2.70	2	4.88	1	1.32	15	1.58
備註	幼四甲		社四甲 社四乙		初四甲 初四乙		美四甲		音四甲		特四甲		語四甲		教四甲 教四乙			

■表6-3　國立臺北師範學院八十四學年度各系新生體格缺點之描述性資料■

項目	幼教系 人數	幼教系 %	社教系 人數	社教系 %	初教系 人數	初教系 %	美教系 人數	美教系 %	音樂系 人數	音樂系 %	特教系 人數	特教系 %	語教系 人數	語教系 %	數理系 人數	數理系 %	體育系 人數	體育系 %	總計 人數	總計 %
視力不良	55	94.83	78	100.0	106	98.15	33	97.06	38	100.0	36	100.0	76	98.70	70	100.0	29	87.88	521	97.93
牙齒異常	51	87.93	68	87.18	98	90.74	31	91.18	31	81.58	28	77.78	73	94.81	64	91.43	29	87.88	473	88.91
HBsAg(＋)	7	12.07	18	23.08	20	18.52	4	11.76	1	2.63	8	22.22	9	11.69	8	11.43	7	21.21	82	15.41
肝功能異常	2	3.45	13	16.67	8	7.41	3	8.82	1	2.63	7	19.44	4	5.19	5	7.14	7	21.21	50	9.40
血壓異常	1	1.72	2	2.56	5	4.63	2	5.88	0	0.00	1	2.78	1	1.30	1	1.43	2	6.06	15	2.82
其他	1	1.72	1	1.28	0	0.00	0	0.00	2	5.26	0	0.00	2	2.60	0	0.00	0	0.00	6	1.13
備註	幼一甲 幼一乙		社一甲 社一乙		初一甲 初一乙 初一丙		美一甲		音一甲		特一甲		語一甲 語一乙		數一甲 數一乙		體一甲			

二、健康檢查的目的

健康檢查的目的在於：

㈠使健康教育生活化，藉此提高學習效果。

㈡明瞭學生身心發展與健康情形。

㈢早期發現學生身心缺點，早期矯治。

㈣預防傳染病的流行。

㈤養成學生良好健康習慣。

健康觀察的實施，並非僅限於固定的晨間檢查，而是包括學生在校的全部時間，因此，應隨時隨地注意觀察學生健康問題。健康檢查的實施項目有：

1.一般身體外表情況

　(1)是否消瘦？

　(2)臉色有無異常？

　(3)有無疲倦、精神不振情形？

　(4)有無外傷？

　(5)有無咳嗽？

　(6)有無頭疼、發燒？

　(7)有無噁心、嘔吐、腹痛、腹瀉？

　(8)有無呼吸困難？

2.體態姿勢方面

　(1)是否彎腰駝背？

　(2)是否雙肩不平？

(3)步行有無異常？（O型或X型腿）

(4)肌肉發育有無異常？

(5)有無畸型或其它不良姿勢？

3.身體各部分

(1)皮膚：是否乾燥？粗糙？鱗狀？有無紅疹？膿疱？青春痘？白癬？頭癬？

(2)口腔：是否有齲齒？牙垢？口臭？口角炎？

(3)眼睛：是否眼脂過多？結膜充血？怕光？流淚，常眨眼？瞇眼？看書距離太近？斜視？

(4)耳朵：是否流液出來？有無臭味？上課是否不專心聽講？是否要求重複講？是否頭常偏一邊？說話語調，有無異常？

(5)鼻：是否常流鼻涕？常用口呼吸？

4.行為方面

(1)是否反抗心強，不服從？

(2)是否害羞？恐懼？畏縮？懶散？

(3)是否有逃學，說謊，偷竊行為？

(4)是否蠻橫，霸道，不合群？

(5)是否發音不正，口吃？

(6)其它特別怪癖？

(7)對性問題過分感到興趣，偷看不良書刊？

5.健康習慣方面

(1)是否保持手部整潔？指甲是否修剪？

(2)是否攜帶衛生用品？是否善加利用？

(3)服裝，儀容是否整潔？是否長頭蝨？

(4)其它健康習慣是否良好？

三、缺點矯治

為促進學生身心正常發育，防止因輕微缺點而導致嚴重疾病，所以缺點矯治極為重要。缺點矯治的實施可以書面通知、家長約談、家庭訪問等方式。

可在校內矯治的缺點如砂眼、頭蝨、白癬、齲齒、腸內寄生蟲等可運用。

- 團體衛教
- 排定矯治時間
- 衛生隊協助矯治

在學校矯治能力範圍以外的體格缺點，應通知學生家長自行帶到醫院或由學校轉到當地衛生醫療院所、特約醫院矯治。

凡未接受矯治或未痊癒者，應繼續追蹤至完全矯治痊癒為止。

學生體格缺點矯治情形，應由護士每日詳填矯治記錄，每月分類統計，以了解學生缺點康復情形，做為健康指導的參考。

四、學校傳染病管制

學校傳染病的種類很多，一般可以有下列三種分類方式：

㈠法定傳染病

　　我國法律所規定應行報告的急性傳染病共十一種，多屬傳染力強，致死率高的傳染病。其病名如下：霍亂、傷寒及副傷寒、桿菌性及阿米巴性痢疾、斑疹傷寒、猩紅熱、黃熱病、白喉、流行性腦脊髓膜炎、鼠疫、回歸熱、狂犬病。

㈡臺灣地區報告性傳染病

　　此是臺灣地區除法定傳染病外較常見的傳染力強，需報告的傳染病，計有十種，其病名如下：瘧疾、恙蟲病、小兒麻痺、日本腦炎（流行性腦炎）、百日咳、破傷風、開放性結核病、麻疹、後天免疫缺乏症候群、急性病毒性肝炎。

㈢學生易患的傳染病

　　此在法律上雖無明文嚴加管制，但在學校傳染病管制上極為重要，茲將學生常見的急性傳染病（法定傳染病及臺灣地區報告性傳染病除外）列於下：如流行性感冒、麻疹、腮腺炎、德國麻疹、水痘、病毒性肝炎等。

第四節　健康環境

　　學生在學校生活的時間約佔全天的三分之一，學校環境之良窳，影響學生身心健康甚鉅。

　　環境是一個整體的概念，從環境與人體健康的關係來考慮，人的環境尚有大小之分。空氣、水、食物等是整個人類維持生命的必需物質，對於這些人人共享的環境一般稱作大環境，對於單獨個人而言，各人採取的生活方式、生活習慣、嗜好等構成的個人生活環境可稱為小環境（兪譽福和毛家駿，民81）。醫學上對環境的理解是多元的，大體上有環境生理學、環境衛生學、環境流行病學及環境社會學、環境生態學等。但無論從那一個觀點來說，環境對於健康極為重要，是個不爭的事實（小泉明，昭和51）。而健康環境可分為人事物三方面：（李叔佩、王國川、楊慕慈和姜逸群，民84）

㈠人的環境

　　所謂人的環境，就是心理環境，主要是指學校內的人際關係。人的情緒是與環境互動的產物，人際關係等社會輸入（Social　Inputs）是情緒最根本的決定因素（Averill,　1982），而情緒又是影響身心健康與兒童生長發育的重要因素（Mcconnell　and　Philipchalk,　1992）。張玉成（民82）指出建

立良好的心理環境是創造思考教學的第一步。而校園中教師間的人際關係，師生間的人際關係係將影響校園的心理環境（李叔佩、王國川、楊慕慈和姜逸群，民84）

(二)事的環境

　　事的環境就是指學校內的各項活動或措施。主要包括作息時間的安排、學校安全措施、學校餐點的供應等（李叔佩、王國川、楊慕慈和姜逸群，民84）。有關作息時間的安排應以年齡及學習能力而決定。其中，有關運動作息時間的安排，根據美國運動醫學會American College of Sports Medicine（1980）、Dychtwald（1986）均指出適度的運動、規律性運動可以預防疾病、有益健康並促進身心發展，更建議適當的運動量應為每週至少三次，每次至少十五～六十分鐘。

　　美國一項以學校為基礎的運動計畫中，界定規律運動（Regular Exercise）為每週至少三次，每次至少二十分鐘。其研究結果，當學校家庭社區全力配合時，青少年較易養成規律運動的習慣，有助於其生長發育，促進青少年之健康（Kelder, Perry和Klepp, 1993）。

　　學校安全措施除了校舍的安全之外，學校餐點供應的基本原則是要嚴格的衛生要求（李叔佩、王國川、楊慕慈和姜逸群，民84）。

(三)物的環境

　　Atkinson、Smith和Higard指出長期的壓力可能引起生理上的不適應（如胃潰瘍、高血壓及心臟病），同時也會損害免疫

系統，減弱身體抵抗入侵細菌及濾過性病毒的能力，超過半數的醫療問題中，壓力扮演著重要角色。壓力情境所引起的情緒反應範圍自興奮愉悅（當發生的事情被認爲是苛求，但可以處理的一種挑戰）到比較普通如憂慮生氣、氣餒及失望等情緒。如果壓力情境繼續維持，則情緒可能在上述各種反應中重複改變，全看應對努力的成功與否而定。自幼養成良好積極的因應習慣將有助於身心健康。Atkinson、Smith和Higard（1987）更根據心理機構的類別所呈現出同機構類別之消極防衛與積極因應方式表列如表6－4：

　　所謂物的環境，就是物質環境，也就是環境衛生。幼稚園、校舍一切環境必須達到衛生、安全與健康的要求，才能收到教育的效果，增進學生身心的健康。

　　學校環境衛生的實施目的不在於形式表演，而在培養學生健康習慣和氣質，以提高學習效率。學校環境衛生的項目包括範圍至廣，從天然的地形至人爲的設備，如校園、校舍、教室、廚房、餐廳、廁所、運動設施，以至於飲水設備等。而教室內設備，如溫度、濕度、噪音等均爲其範疇。（李叔佩、王國川、楊慕慈和姜逸群，民77）此外，蔡保田（民81）指出學校園舍建築設備必須包含下列六項基本原則：①實用原則、②堅固原則、③經濟原則、④衛生原則、⑤美化原則、⑥創新原則。

　　本研究針對衛生原則進行文獻探討與調查研究。所謂衛生在幼稚園規畫上應能提供安全舒適且健康的學習生活環境，使兒童能有健康的體格，並能養成良好的健康習慣。

　1.噪音

　　根據臺灣地區各類噪音監測站監測音量分布統計表顯示，噪

■表6-4　相同機構表現出來的防衛與因應行為■

機　構	防　衛　方　式	積極因應方式
區辨作用：能夠把自己的構想和感受區分開來的能力。	理性作用：把個人的構想，從適切的情緒裡面獨立出來。	客觀性：將構想和感受分開，以便在必要時做理性的評價或判斷。
符號化作用：分析經驗、預期後果及考慮方案的能力。	合理化作用：提供明顯可接受的方式，來解釋行為，以隱蔽原本的衝動。	邏輯分析：仔細分析導致這個情境的因素。
選擇性的知覺：集中注意力的能力。	否定作用：拒絕面對痛苦的想法或感受。	專心一致：暫時把痛苦的想法拋開，以做好身邊的工作。
敏感度：瞭解他人未表示出來的想法及感受的能力。	投射作用：把自己不好的屬性歸諸於別人，否認這種屬性是自己的一部分。	同理心：站在別人的立場考慮，重視別人的感受。
衝動的轉向：改變自己發洩的目標或對象。	替代作用：暫時性或沒有結果的潛抑自己不能接受的衝動，可能用另外一種不是頂適切的對象來取代。	替換作用：找出另外一種社會接受的孔道，以滿足自己原系的衝動。
衝動的約束：利用抑制的方法，控制自己衝動的能力。	潛抑作用：全面地壓抑自己的感受或構想。被壓制的題材能用象徵性的事物，如夢顯現出來。	壓抑作用：暫時把衝動擱制一旁，等有適當的時間、地點及對象，才表現出來。

（Atkinson、Smith和Higard, 1987）

（鄭伯勳、洪光遠和張東峰編譯，1991）

音位準大於六十分貝以上者，學校等第一類管制區有6.74％，住家等第二類管制區有32.03％，商業區等第三類管制區有41.37％，工業區等第四類管制區有51.59％（行政院環境保護署，民82）。

俞譽福和毛家駿（民81）指出噪音對健康的危害，在160分貝以上動物可能昏迷或死亡，在140分貝以建築物可能受損（裂縫、玻璃破碎等），人類連續在115分貝以上都可能使聽力或健康受損，Atkinson、Smith和Higard（1987）（鄭伯壎、洪光遠和張東峰編譯，1991）將各種環境分貝的評估和造成聽覺傷害的暴露時間，如表6－5：

此外，俞譽福和毛家駿（民81）指出噪音對睡眠休息、學習效果、干擾談話等各項生活有影響。

(1)噪音將妨礙睡眠與休息，睡眠與休息是消除疲勞維持體力與增進健康的必要條件，若睡眠與休息受到干擾，將影響幼兒的生長發育。

(2)噪音也影響學習效果與工作效率。因此，教師即便有高深的健康教育知識，正向的健康教育態度，若環境或人為噪音太大，將影響教師之健康教學效果，也影響幼兒對健康習慣之學習效果。

(3)噪音將干擾談話，人們談話聲大約60分貝，若環境噪音與談話聲相近時，正常語言交流就會受到干擾，因此，無論教室無人或有人的情況，若聲音響度超過60分貝，將造成教師與幼兒間語言溝通上的困擾，健康教學之效果將會降低。

■表6－5　分貝的評估和常見造成聽覺傷害之暴露時間■

分貝水準	範　　　　例	造成傷害的暴露時間
0	人耳可聽到之最低聲音（聽覺閾）	
30	安靜的圖書館、很輕之口哨聲	
40	安靜的辦公室、起居室、遠離路邊的臥室	
50	交通流量少（隔一段距離）、電冰箱、輕聲的爭吵	
60	離空氣調節器二十呎、正常說話、縫紉機	
70	交通繁忙處、辦公製圖機、吵雜的餐廳（一般最常接觸）	關鍵尺度
80	公路、城市交通流量大的地方、距離鬧鐘二呎處、工廠噪音	超過八小時
90	卡車、吵雜的家用器具、工廠工具、割草機	少於八小時
100	鏈鋸、汽鍋工廠、氣壓鑽孔機	二　小　時
120	在搖滾音樂會的擴音器前、噴沙器、雷響	立即性危險
140	槍的爆烈性、噴射機	一接觸即有危　　　險
180	火箭發射的聲音	不可避免性聽覺喪失

　　黃乾全（民77）指出噪音對人體的危害，可能產生生理及心理兩類不良的影響，心理影響效果上，易造成心煩、緊張、神經

質並刺激特殊行為的發生，在噪音環境下，正常人的注意力會受干擾，減少工作績效或學習效果。

對於生理影響較大者，①是聽覺器官的損傷、②是對全身各系統，特別是神經、心血管和內分泌系統的影響。

(1)對聽覺器官的影響：置身於噪音嚴重的環境內，輕者聽覺疲勞，僅僅是聽覺器官的功能性變化，經休息便可完全恢復。若長期無防護地在強烈噪音環境中持續生活，聽力損失將造成器質性病變，呈永久性的輕重度耳聾。

(2)對神經系統的影響：噪音刺激若長期作用於中樞神經系統，將引起條件反射混亂，噪音病患者常呈現頭暈、失眠、嗜睡、易疲勞、記憶力衰退、注意力不集中、伴有耳鳴和聽力衰退。噪音對神經系統影響的程度與其強度有關。當噪音在80～85分貝時，主要表現為頭痛和睡眠不好；90～100分貝時，常常易激動、有疲勞感覺；100～120分貝時，頭暈、失眠、記憶力明顯下降；噪音增強到140～145分貝，不但引起耳痛而且還可能引起恐懼或全身性緊張感。

(3)對心血管和消化系統的影響：噪音對交感神經有興奮作用，可以導致心跳過速、心律紊亂、血壓變化，並影響胃腸消化的功能。在都市中噪音大，心臟病、高血壓、胃潰瘍、十二指腸潰瘍的患者也多。

(4)其他的影響：如白血球細胞數增多、視覺功能下降。

噪音無論是對日常生活或身心健康的危害，都將影響兒童的生長發育。（俞譽福和毛家駿，民81）

2.水

水是人類生活維持生命的必需物質，一個人每天約需飲水二公斤才能維持正常生存，進行新陳代謝。因此，飲水的質與量的提供與人體健康息息相關（阿部、鹽川、草地、岸野和細谷，昭和55）。

教育部指出，學校給水爲學校環境衛生中重要項目之一，必須具備有水質優良及水量充足兩個條件。水質不良時，不僅危害消化系統且爲急性腸胃傳染病（霍亂、傷寒、痢疾等）和各種寄生蟲病（如蛔蟲、鉤蟲和日本血吸蟲）的媒介，影響幼兒之生長與發育，此外，水的污染有三種污染類型：①化學性污染：包括水中溶解氧減少，水溶性無機鹽增多，水的硬度變大，酸鹼度增加，水中有害物質增多。②物理性污染：包括水溫上升，混濁度和水色發生變化。③生物性污染：使水中的致病性微生物和病原增加。優良水質應備條件如下：

(1)不含有病原體：水中不可含有病原體，否則一旦被污染，極易蔓延疾病。

(2)不含有雜質：水中含有微量的礦物質，如銅、鉛、砷、鐵、錳及無機鹽類，倘含量過多，超過標準時，則影響健康。

(3)硬度適宜：水中含鈣和鎂的鹽類較多時，硬度過高，既不適洗滌，亦會使熱水器具（茶壺、蒸氣鍋爐）結垢，浪費能源。

(4)水應無色、無臭，且有清涼的佳味。

(5)不具腐蝕性：水中如含有大量二氧化碳，則具腐蝕性而損壞鐵管或其他金屬設備，同時會因腐蝕而使給水含有惡臭

和顏色。（教育部，民76b）

臺灣地區飲用水來源主要為自來水，對於上述各項污染，主管單位均做水質監測與管理（行政院環境保護署，民82）。但幼稚園及各學校單位，都以飲水機供應飲水。若水的酸鹼度發生顯著變化，水的pH質低於6.5或高於8.5時，水體自淨能力將受到影響，並對水下的各種設備產生腐蝕作用，而水中若檢出大腸桿菌，則有害飲用者之健康。而臺灣省各縣市各級學校飲水機抽驗情形，檢出大腸菌類者占3.09％，臺北縣學校自來水檢出大腸菌類者占2.81％（行政院環境保護署，民82）。

根據教育部規定，為能充分供應幼兒飲水的需要，在量上，應每三班設置飲水機一臺（或飲水桶一個）（教育部，民78）。在水質的標準，pH值應是6.0～9.0，而大腸桿菌為M. P. N. 0／100ml（M. P. N. －Most Probably Number最大可能數）（教育部，民76b）。

3.廁所

臺灣省政府教育廳指出學校廁所衛生管理是健康環境中非常重要的一環。因為學校是學生學習的主要場所，所以廁所的衛生品質，在保健上甚為重要，和學習效果的提升更是息息相關。學校廁所衛生管理的目的，在於提供清潔、衛生、舒適、方便且現代化的廁所供師生使用，指導學生養成良好的如廁習慣，並能維護廁所的清潔，確實做好衛生管理工作，以杜絕藉糞便傳染的疾病蔓延。經由學校廁所衛生的改善，進而影響家庭、社區，以提升國人生活品質。此外，廁所的設計除了要考慮數量是否足夠，一個現代化的廁所，其便器

應令人覺得清潔、舒適，糞便處理方式達到衛生、環保之要
求，更應該使如廁者感到方便，所以衛生紙的提供、烘手機
或擦手紙等設置都應該視爲最基本的設備。數量規畫上，在
一般的居住單位，最小的廁所設置數量爲一個大便器、一個
洗面盆及一浴缸或淋浴設備。至於學校建築中究竟多少數量
較爲合適，則涉及及最基本的包容需求、經濟因素與預算的
考量（臺灣省政府教育廳，民81）。

　　據主婦聯盟團曾經對國小廁所進行之觀察指出，有不少學校
由於廁所數量不足導致一到下課時間，廁所人滿爲患（李蓁，民
80）。此現象顯示學校對廁所便器數量之規畫有待加強。至於廁
所便器數目之標準，美日學校廁所設置最低標準如表6－6。
（國崎，昭和57；Pollock和Middleton, 1989）。

■表6－6　美日學校廁所設置最低標準■

學　校		大　便　器	小　便　器	備　註
小學	美	男每100人1個 女每35人1個	每30人1個	小數點以下進一位
	日	男每50人1個 女每20人1個	每25人1個	
中學	美	男每100人1個 女每45人1個	每30人1個	同上。
	日	男每50人1個 女每20人1個	每25人1個	

我國的情況，依建築技術規則建築設備篇第二章給排水系統及衛生設備第二節衛生設備第三十七條規定，學校建築的衛生設備之最小設備數量如表6-7所示（內政部營建署編輯委員會，民80）。此數量所規定係最低的法定標準，視必要情況應酌予增設？

■表6-7 我國建築技術規則所規定衛生設備最低設置量■

建 築 物 種 類	大　　　便　　　器		小　　便　　器
	男　子	女　子	
小　　學	每100人1個	每35人1個	男子：每30人1個
中學及其他學校	每100人1個	每45人1個	男子：每30人1個

幼稚園方面，應注意幼兒經常上廁所的生理需要（黃世孟和劉玉燕，民81a）。依據教育部幼稚園設備標準中規定，廁所數量與人數比例如表6-8：

■表6-8 幼兒便器數量與人數比例■

幼　兒　數	79人以下	80～239人	240人以上
大便器個數 小便器個數	$\dfrac{人數}{20}$	$4+\dfrac{人數-80}{30}$	$10+\dfrac{人數-240}{40}$

至於設備方面，應提供衛生紙、擦手紙等衛生設備。（教育部，民78）

4.室內溫度與濕度的調節

黃世孟和劉玉燕指出幼稚園建築物理環境條件，舒適的環
境，包括兩部分：①美學、心理、文化、社會上的舒適，例
如：造型、比例、象徵、符號、色彩等心理感覺。②物理、
生理上的舒適性，例如生理舒適性指音、熱、空氣、光、物
質等物理要素維持在人體之健康、安全、效率之狀況而言。
此外，建築物理環境又可分為①外界氣候、②室內舒適環境
兩部分，室內舒適環境主要由空氣環境、熱環境等構成。室
溫以攝氏20°至25°為宜。

臺灣屬溫溼氣候。濕氣候對衛生不利，物品易潮發黴，
細菌易繁殖，建材容易腐化，影響人體健康。室內溼度以60
～65％為宜。而熱環境品質將影響室內舒適環境，人體與室
內氣候之關係乃立足於微妙的生理及心理反應上，而外周環
境的氣溫與濕度乃人體冷熱感覺的重要因素，一般熱環境的
評價指標，氣溫依乾球溫度計表示，溼度依乾溼球溫度計表
示（黃世孟和劉玉燕，民81b）。

教育部對一般學校教室的衛生條件，指出一般理想的室溫為
攝氏25～26度之間，濕度為60～65％（教育部，民76b）。
對幼稚園園舍建築幼兒活動室、遊戲室之溫濕度則規定室溫
以攝氏20～25度為宜，濕度以60～65％為宜（教育部，民
78）。

加拿大生理學家Selye強調壓力說（stress theory），當動
物遇冷或熱或其他環境刺激時，體內將引起適應症候群，最
初血壓、脈搏、呼吸數、血糖增加，以對抗環境之刺激，此
為警告反應期（alarm reaction）。此時期過後，若刺激繼

續，則副腎肥大，血糖上升，代謝量增加，以增強對環境刺激的抵抗力，此時期稱爲抵抗期（stage of resistance），即適應成立的時期。若環境刺激仍然繼續，人體的副腎機能衰竭，貯藏能量消耗殆盡，全身抵抗力下降，進入疲憊期（stage of exhaustion）（Selye, 1979）。環境刺激愈強，身心反應愈大，因此，長期生活於不當的溫度、濕度環境刺激下，除影響生長發育之外，亦將影響身體的健康（長田，昭和59）。

5.照明

最近由於兒童近視率增加（行政院衛生署，民82d），影響兒童之健康與學習甚鉅。因此，照明在預防近視上更趨重要。

文獻（高石、元山和國崎，昭和57a）指出所謂照明是指使光線對人類生活有益，而學校照明是使書本、或黑板上的文字讓兒童清楚地看見，有效率而舒適地學習。爲了看清物像文字，有四大要件：①物體大小、如教師書寫在黑板上的文字大小。②體和其背景對比，如黑板用白或黃粉筆書寫較清楚，但用藍色或紫色書寫就不容易看清楚。③物體的移動時間，快速移動使得看物體的時間不足，則看不清楚。④照度，例如相同敎室裡黑板面感覺較暗，白色牆壁面感覺比較明亮，因此黑板需要更強的光線照明。一般而言，照度愈大，視力愈佳。如圖6–8：

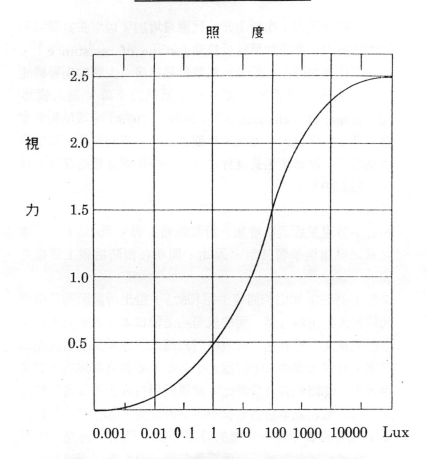

■圖6－8　高石、元山和國崎：照度與視力的關係

　　從0.1Lux至1000Lux之間的照度幾與視力成直線正比增加的關係，因此一般測量照度以示與視力的關係。

　　⑴照明的質與量（高石、元山和國崎，昭和57a）

　　　所謂照明的「量」是指照度（Lux），照明的「質」爲眩

光、影子狀態、光的顏色或照明的氣氛等。

①照度：

照度是黑板、書桌表面或書本紙面光線的強度，用勒克斯（Lux）為單位。所謂勒克斯（Lux）是以黑色標準物體達到一定溫度時發出光的強度，即1平方米的面上所給的光量。通常亦指物體表面之一點距離標準燭光源所受到的光量，其單位為呎燭光（foot candles）（黃松元、鄭雪霏、江永盛和劉俊昌，民80）。我們日常經驗的照度如圖6-9：

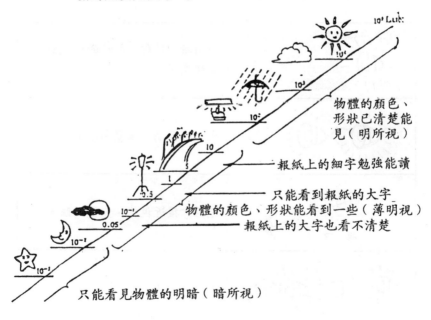

10⁵ Lux

物體的顏色、形狀已清楚能見（明所視）

報紙上的細字勉強能讀

只能看到報紙的大字
物體的顏色、形狀能看到一些（薄明視）
報紙上的大字也看不清楚

只能看見物體的明暗（暗所視）

■圖6-9　高石、元山和國崎：日常生活經驗的照度■

眼睛所需的照度到底多少？一般而言，若僅是讀書，只要10Lux就看得到，但長時間在10Lux照度下讀書，將會造成眼睛疲乏、頭疼、眼內充血，因此並不適當。適當的照度，應是不讓眼睛疲乏，很有效率的學習，舒服的明亮度。醫學心理學的觀點，100Lux以下的照度易引起眼睛疲勞，最好能在500Lux以上（高石、元山和國崎，昭和57a）。我國教育部規定教室桌面照度不得低於200Lux，黑板則因反射率低，需要較高照度，規定照度不得低於350Lux（教育部，民76b）。

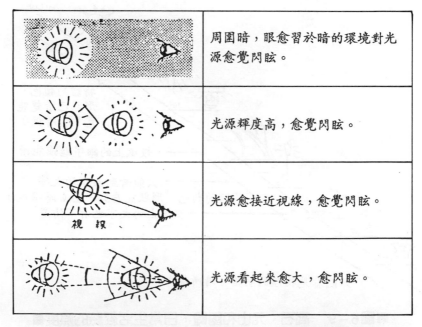

	周圍暗，眼愈習於暗的環境對光源愈覺閃眩。
	光源輝度高，愈覺閃眩。
	光源愈接近視線，愈覺閃眩。
	光源看起來愈大，愈閃眩。

■圖6-10　高石、元山和國崎：影響眩光的條件■

②照明的質

通常指眩光（glare）的有無，影子的有無、光的顏色、明暗變化等。輝度是能見視野內光線會閃爍，通強的明暗對比，愈看愈感覺閃眩不舒服等。圖6-10是影響眩光的條件。

③檢查方法

一般而言，所謂良好照明環境應包括照明的質與量兩方面的檢查，量方面照度的檢查可用照明儀器客觀地測定之，眩光等質方面的程度通常爲主觀的判斷（高石、元山和國崎，昭和57a）。輝度之計算則源自照度（黃松元、鄭雪霏、江永盛和劉俊昌，民80）。

6.空間及活動面積

兒童的動作發展與空間規畫息息相關。學前兒童動作發展有下列特徵：①以大肌肉發展的動作爲主要特徵，小肌肉則遲至6歲時才完成。因此在幼稚園的空間規畫上，應以大肌肉的發展爲主。②兒童的生活即遊戲。因此空間規畫足以塑造人格，影響其行爲（李政隆，民76）。教育部明訂培養幼兒運動的興趣爲幼稚園的課程內容（教育部，民76a），培養運動的興趣有助於運動習慣的養成。研究報告指出運動有益兒童體格生長（Kuland和Tottossy，1983；梁金銅，民78）。許多臨床上，流行病學上及實驗室的資料支持運動量與心血管疾病發生率呈反比（Berlin和Colitz，1990）。一般而言，適度的運動可以防止壯年期以後的體力弱化。運動量愈少，則死亡率越高。適度運動有益心血管疾病的預防、體重控制，改善心理健康，促進身體健康（Dychtwald,

1986）。然而幼兒運動習慣之養成需藉助於空間活動面積的規畫，美國近期研究指出，家庭、學校直接教育以及環境的配合，使得少年兒童的運動行為指數持續增加（Kelder, Perry和Klepp, 1993）。教育部幼稚園設備標準中規定園舍建築空間應包括室外運動場，而室外運動場可區分為動態運動場及靜態運動場。動態運動場為提供大型遊樂設備如溜滑梯、鞦韆、攀爬架等之活動場所。靜態運動場為寬闊草坪，供幼兒活動使用。運動場中至少須置有南北向二十五公尺長之跑道一條（教育部，民78）。

7.園舍建築

幼稚教育法施行細則第八條中規定幼稚園園舍以地面層使用為限，若不敷使用時，在不影響兒童安全原則下，可申請核准利用二樓房屋（國民大會憲政研討委員會，民79；陶百川、毛澤鑑、劉宗榮和葛克昌，民82；吳清山和盧貴美，民77），以二樓為限，三樓以上不得使用，且樓梯縱條間隙不可超過12公分，以防範幼兒發生意外。此外，走廊撐柱最好砌成圓形，以利幼兒安全（教育部，民78）。根據調查結果顯示幼稚園使用一樓之比率約65％，使用一、二樓或地下室者約30％，使用一、二、三樓者仍有3％左右（朱沛亭，民81；柳麗珍，民66；信誼基金會，民76）。

8.洗手設備

清潔習慣影響人體健康甚鉅。

清潔習慣的養成是幼兒健康教學的重要內容（教育部，民76a）。但是如果只有洗手清潔有關的教學活動，而學校環境中並沒有足夠的洗手設備，則難以達到知而後行的行為實踐

效果。教育部幼稚園設備標準規定每三班應有洗手臺一座。洗手臺高度以五十公分爲宜。且洗手臺設備應附裝清潔液備用（教育部，民78）。

9.消防安全設施

減少所有火災的危險性較難，但是提供環境以確保火災危險性減到最小卻是重要的。緊急出口的指示標誌是火災安全的重要考量之一，並且通常應該設置防火的設備。（李叔佩、王國川、楊慕慈和姜逸群，民84）。有關防護用品類，教育部規定五班以下應設置三個滅火器，六班至十班設六個滅火器，十一班至十五班設九個滅火器，十六班以上應設九個以上滅火器。並應定期檢查滅火器的可用性（教育部，民78）。

 學校衛生行政組織與相關法令

民國十八年教育部與衛生部協同組織學校衛生委員會，學校衛生正式列入教育系統。民國四十八年臺灣省衛生處設立衛生教育科。民國六十九年臺北市政府教育局成立第五科（體育科）下設衛生保健股。民國七十年臺灣省教育廳增設第六科（體育科），下設衛生保健股。今日，我國學校衛生行政組織如表6－9：

■表6-9 我國學校衛生行政組織■

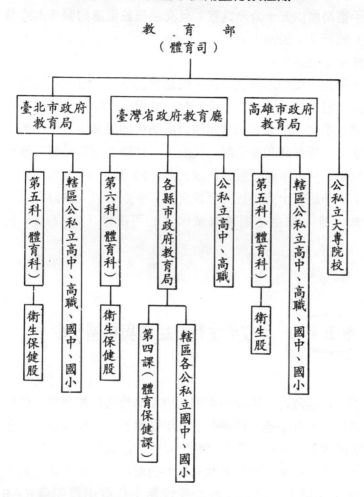

　　而學校衛生依據之相關法令有：學校衛生保健實施辦法、臺灣省各級學校衛生教育實施辦法、臺灣省學校傳染病預防規則、「國民教育法」施行細則、臺北市各級學校傳染病防治規則、「國民小學與國民中學班級其教職員工員額編制標準」、加強維護學生安全及校區安寧實施要點、維護野外活動安全實施要點、防止運動意外事件注意要點、學生健康檢查實施辦法等。世界各先進國家，如鄰國日本早於昭和三十三年（即西元一九五八年，我民國四十七年）即頒布學校衛生保健法，使得各級學校實施學校衛生有所依據。而臺灣地區迄今未設立學校衛生法，因此，在執行學校衛生相關業務時無法依循。早日頒布學校衛生法，乃促進保障學生健康的根本之道。

摘　要

　　學校橫跨幼稚園、小學、國中、高中職、大專、研究所等青少年年齡層，青少年是國家的棟樑，國家未來的主人，所以，在青少年時期應提供健康、良好的學習環境。因此，本章以學校衛生爲題，依序介紹學校衛生的意義歷史與內涵、健康教學、健康服務、健康環境。並主張早日頒布學校衛生法，以規範學校衛生的工作內容，保障學生健康之權利，促進學生之健康。

問題討論

1. 學校衛生三大範疇是什麼？
2. 學校衛生成立的要因與條件是什麼？
3. 幼稚園、國小、國中健康教育課程有何異同？
4. 如何量身高、體重？
5. 健康環境可分為那三方面？
6. 如何訂定健康教學計畫？

參考文獻

中文：

內政部營建署編輯委員會（民80）。《建築技術規則》。臺北：營建雜誌社。

朱沛亭（民81）。《幼稚園空間因應幼教理念轉變之研究》。國立臺灣大學建築與城鄉研究所碩士論文。

行政院環境保護署（民82）。《中華民國臺灣地區地方環境資訊》。臺北：行政院環境保護署。

行政院衛生署（民82d）。《國民保健計畫》。臺北：行政院衛生署。

李叔佩、王國川、楊慕慈和姜逸群（民84）。《學校健康教育》。臺北：五南圖書出版公司。

李政隆（民76）。《都市中幼稚園的規畫理論與實際》。臺北：大佳出版社。

李蓁（民80）。「北市國小廁所問題座談會」記。臺北：《主婦聯盟資訊，46期》，35～50頁。

吳清山和盧美貴（民77）。《幼兒教育法規彙編》。臺北：五南圖書出版公司。

信誼基金會（民76）。臺北市幼稚園托兒所現況訪問調查之分析報告。《教育資料文摘，第七期》。134～172頁。

俞譽福和毛家駿（民81）。《生活環境與人體健康》。復旦大學出版社。渡假出版社有限公司。

柳麗眞（民66）。《臺北市幼稚園園舍建築與設備之調查研究
　　》。國立政治大學教育研究所碩士論文。

陶百川、毛澤鑑、劉宗榮和葛克昌（民82）。《最新綜合六法全
　　書》。臺北：三民書局。

教育部（民76a）。《幼稚園課程標準》。臺北：正中書局。

教育部（民76b）。《學校衛生工作手冊》。臺北：正中書局。

教育部（民78）。《幼稚園設備標準》。臺北：正中書局。

梁金銅編譯（民78）。小孩與雙親：成長、發育和運動。《運動
　　醫學》。臺北：合計圖書出版社。

張玉成（民82）。《思考技巧與教學》。臺北：心理出版社。

黃世孟和劉玉燕（民81a）。《建築設計資料之調查及彙編，教
　　育部門──幼稚園》。臺北：內政部建築研究所籌備處，中
　　華民國建築學會。

黃世孟和劉玉燕（民81b）。《幼稚園建築計畫準則研究》。臺
　　北：內政部建築研究所籌備處，中華民國建築學會。

黃松元、鄭雪霏、江永盛和劉俊昌（民80）。《健康教育》。臺
　　北：新學識文教出版中心。

黃乾全（民77）。《環境偵測與分析研究報告》。臺北市政府環
　　境保護局，國立臺灣師範大學衛生教育研究所。

溫若男（民85）。《健康教育，第77期》，國立臺灣師範大學衛
　　生教育學系。

國民大會憲政研討委院委員會（民79）。《中華民國法律彙輯
　　》，第12冊。

蔡保田（民81）。《學校建築學》。臺北：正中書局。

臺灣省政府教育廳（民80）。《學校廁所衛生管理指引》。臺

　　　中：臺灣省政府教育廳、中華民國學校衛生學會。

鄭伯熏、洪光遠和張東峰編譯（Atkinson, Smith, & Hilgard,
　　　1987原著）（1991）。《心理學》（Introduction to Psyc-
　　　hology）。臺北：桂冠圖書股份有限公司。

日文：

小泉明（昭和51）。環境之概念——醫科學與環境理解。《輯於
　　　岡博等編輯，新醫科學大系11A環境與人間Ⅰ》。日本東
　　　京：中山書局。

文部省（平成2）。《學校保健法必攜》。日本東京：建帛社。

阿部達夫、鹽川優一、草地良作、岸野泰雄和細谷憲正（昭和
　　　55）。《人之機構與病態》。日本東京：第一出版株式會
　　　社。

長田泰公（昭和59）。《環境への適應，輯於岡博等編集新醫科
　　　學大系11A環境と人間ェ》。日本東京：中山書局。

宮坂忠夫和川田智惠子（平成四年）。《健康教育論》。日本東
　　　京：フレント社。

高石昌弘、桶口滿和小島武次（昭和58）。《發達——身體發達
　　　學》。日本東京：大修館書店。

高石昌弘、元山正和國崎弘（昭和57a）。《照度照明環境》。

國崎弘（昭和57）。《「學校環境衛生之基準」解說》。日本學
　　　校藥劑師彙編。

船川幡夫和高石昌弘（1988）。《學校保健管理》。日本東京：
　　　杏林書院。

英文：

Ajzen, I., & Fishbein, M.（1980）. *Understanding Attitudes*

and Predictuing Social Behavior. Englewood Cliffs. N. J.：Practice－Hall.

Ajzen, I.（1985）. From Intention to Actions：A Theory of Planned Behavior. In J. Kuhl & J. Beckman（eds.）, *Action Control；From Cognition to Behavior.* New York：Springer－Verlag.

Allensworth, D. D., & Kolbe, L. J.（1987）. The Compre-hensive School Health Program. Exploring An Expan-ded Concept. *Journal of School Health, 57（10）,* 421－427.

American Assocoation of School Adminkstrators.（1990）. *Healthy kids for the Year 2000：An Action Plan for School.* Arlington：Author.

American College of Sports Medicine.（1980）. *Guideline for Graded Exercise Testing and Exercise Prescription,* 2nd ed. Philadelphia： Lea and Febiger, 12－15.

Atkinson, R. L., Atkinson, R. C., Smith, E. E., & Hilgard, E. R.（1987）*Introduction to Psychology*（9th ed.）. Florida：Harcourt Brace Jovanovich, Publlishers.

Averill, J. R.（1982）. *Angger and Aggression：An Essay on Emotion.* New York：spring－Verlag.

Bem, D. J.（1977）. Predicting More of the People More of the Time：Some Thoughts on the Allen－Potkay Staudies of Intraindividual Variability. *Journal of Personality, 455,* 327－333.

Bem, D. J., & Allen, A.（1974）. On Predicting Some of the People Some of the time：The Search for Cross－Situational Consistencies in Behavior. *Psychological Review, 81,* 506－520.

Berlin, J. A, & Colitz, G. A.（1990）, A Meta－A Aanalysis of Physical Activity in the Prevention of Coronary Heart Disease. *An J.Epidemiol, 132,* 612－628.

Cohen, W. S.（1992）. The Role of Federal Government in Promoting Health Through the School：Health Through the School：Opening Statement. *Journal of School Health. 162（4），*126－127.

Dignan, M. B., & Carr, P.Aa.（1987）. *Program Planning for Health Education and Health Promotion.* Wachington：Lea & Febiger.

Dychtwald, K.（1986）. *Wellness and Health Promotion for the Elderly USA.* Aspen Publisher. Educational Research Service.

Fishbein, M.（1967）. Attitude and the Prediction of Behavior：Result of a survey Sample. In M.Fishbein（ed.）, *Readings in Attitude Theory and Meassurement.* New York：Wiley.

Fishbein, M., & Ajzen, I.（1975）. *Beliefs, Attitudes, Intention, and Behavior：An Introduction to Theory and Research.* USA：Reading Mass Addison－Wesley.

Green, L. W., & Kreuter, M.W.（1991）. *Health Promotion*

Planning—An Education and Environmental Approach.
USA：Mayfield Publishing Company.

Greene, W. H., & Stmons, B. G.（1984）. *Introduction To Health Education.* New York： Macmillan Publishing Company.

Hewlett, S. A.（1991）. *When the Bough Breaks：The Cost of Neglecting Our Children.* New York： Basic Books, Division of Harper Collins Publishers.

Inverson, D., & Kolbe, L. J.（1983）. Evolution of National Disease Prevention and Health Promotion Strategy：Establishing a Role for School. *Journal of School Health, 5,* 53.

Kelder, S. H., Perry, C. L., & Klepp, K.（1993）. Community—Wide Youth Exercise Program end the Class of 1989 Study. *Journal of School Health, American School Health Association, 63（5）,* 218—22.

Kohlor, W.（1925）. The Meneality of Apea. New York： H-arcourt Brace Kuland, D. N., & Tottossy, M.（1983）. *Warm up, Strength and Power.* Orthop. Chin. North Am., 114, 427.

Kuland, D. N., & Tottossy, M.（1983）. Warm up, Stvength and Dower. Orthop. Chin. *North Am., 14,* 427.

Lavin, A.T., Shapiro, G.R., & Weill, K.S.（1992）. Creating an Agenda for School—Bassed Health Promotion. A Review of 25 Selected Reports. *Journal of School*

Health, 62（ *6* ）, 212－228.

McConnell, J. V. & Philipchalk, R. P.（ 1992 ）. *Understanding Human Behavior*. USA. Harcourt Brace：Jovanovich College Pubishers.

National School Boards Association.（ 1991 ）. *School Health：Helping Children Learn*. Alexandria：Author.

Pollock, M. B., & Middleton, K.（ 1989 ）. *Elemontary School Health Instroction*. times Mirror： Mosby College Publishing.

Selye, H.（ 1979 ）. *The Stress of Life*（ rev. ed. ） New York：Van Nostrand Reinheld.

Skinner, B. F.,（ 1981 ）. Selection by Consequences. *Science, 213,* 501－5004.

Tolman, E. C., & Honzik, C. H.（ 1930 ）. " Insight " in Vates. *University of California Publications in Psychologh, 4*（ *3* ）, 215－2331.

Walker, J. E., & Shea, T. M.,（ 1988 ）. *Behavior Management*. USA：Merrill Publishing Company.

Watson, J. B., & Rayner, R.（ 1920 ）. Conditioned Emootional Reactions. *Journal of Experimental Psycholgy.,*（ *a* ）*3,* 1－14.

WHO World Health Organizations.（ 1969 ）. *Expert Committee on Planning And Evaluation of Health Education services*. USA： Author.

7

環境衛生與環境保育

　　生活是人的基本，一個新生兒從出生後，便無可選擇的經歷了人生的成長、學習，以至成熟、衰老……。這一整個過程是生活的綿延，而藉以衍續的所在便是環境。

　　環境的好壞密切影響一個人的一生，精神上的環境指文化，實體上的環境則是我們賴以生活的地球。整個地球環境，快速的污染產生變化，明顯的影響了人類的生活，是促使有識之士不遺餘力保護環境，救我們的地球。國內多年來在環境衛生與保育工作上（合稱環境保護）已有長足的進步，但理念仍大於實踐，想達到一個理想安居的樂園，距離仍遙遠，探究原因還是在於全民未具足夠的環保知識，以致不能從生活中隨手實踐做環保（張隆盛，民83）。

　　台灣素有美麗的寶島之稱，然而曾幾何時，環境污染的問題、環境災害的新聞，常成為報章媒體的重要議題。主要原因是過去三、四十年來的都市化及工業化的發展過程中，人口的集中、資源的需求與消費俱增，造成環境負荷過重、污染問題叢生，使國人品質未能趕上經濟發展的速度。（環保署，民84）本章就台灣地區的環境問題、環境公害、環境保育、能源問題，做一探討，提供讀者最新的環境資訊，以利實踐環境保護行為及環境教學時之需要。

第一節　環境問題

　　自十九世紀以來，因為人口急速的增加，資源利用方式的錯誤，使得整個地球的生活環境遭受嚴重的污染，並引起世界各國的注意。

　　台灣是一個小島環境問題尤為嚴重：據統計在台灣三萬六千平方公里的土地上，大約有二千一百三十萬人口（密度之高居世界第二位）。九萬七千餘家工廠，近九百餘萬輛機動車輛、汽車也有近三百七十餘萬輛，同時還繼續的在快速成長中，此外還有九千七百餘萬頭豬。而這些人、車、廠的活動及豬隻的排放物，均已造成嚴重的污染，再加以上往的未加注意防範及有效處理，已使得台灣的天空蒙上一層灰霧，清新的氣息不再，大小河川由綠變黑，水中游魚不復見，垃圾堆積如山，問題重重，大小建築工程的興建、車輛與機器的噪音處處可聞，在夏季停水停電的日子，影響了我們生活的品質。（環保署，民84）

　　這些因為經濟成長而造成的負作用，若不能有效的解決，將使人們的健康深受危害。農林漁牧生產被破壞，同時抵消經濟建設帶來的成果，並減緩我們邁入已開發國家的行列。今針對今日的環境問題如：廢棄物產生及處理、海洋環境污染、各項環境公害、能源問題分別加以探討。

一、廢棄物產生及處理

隨著經濟成長、人口集中、大量消費使得垃圾量劇增，且成份愈趨複雜，台灣地區每人每日產生垃圾量由民國七十四年的〇·七四公斤，至民國八十一年增爲一·〇九公斤，七年之間增加百分之四十七，使得現有垃圾清運人力、機器處理廠均不勝負荷。再加上近年來社會大眾逐漸形成一種「不要把垃圾倒在我家後院」的心態，使得原本已經一地難覓的掩埋場和焚化爐的建地，更加困難重重。

爲了要解決這垃圾的危機，必需要做好垃圾分類及資源回收，爲解決廢棄物處理之問題，政府已實施了下列各計畫：

㈠資源垃圾回收

1.紙類

台灣地區垃圾成分中，紙類佔了22％，而紙類爲目前資源回收項目中最大的一項，對垃圾減量及再生資源有很大幫助。

2.塑膠類

目前有保特瓶、牛奶罐回收的工作，應大力宣導少用塑膠袋，改用紙袋的新觀念，使塑品在處理中對人體和環境的危害降到最低。

3.廚餘類

屬可焚化之垃圾，較易於處理。

4.金屬玻璃類

回收工作正加強進行中。

社區中現行廢棄物回收管制政策及執行現況有：

目前已公告的廢棄物回收項目有保特瓶、廢輪胎、廢鐵罐、廢鋁罐、含水銀廢電池、環境衛生用藥廢容器、發泡塑膠廢容器、廢潤滑油、廢日光燈管、飲料食品廢塑膠及鋁箔包等十三項物品為應回收之一般廢棄物。

(二)垃圾減量

1.教育及宣導

預防垃圾產生及垃圾減量的工作，主要由教育和強宣導兩方面來著手。而資源回收、再利用，更是一個大重點，不但可以減少垃圾產量，也可節約能源的使用。

2.重複使用

使用可重複使用之產品。

(1)可重複使用之瓷杯及玻璃杯等取代用後即丟之紙杯或塑膠杯。

(2)使用可重複使用之餐具。

(3)使用布尿片取代紙尿片，抹布及海綿取代紙巾。

(4)選用內容物可再填充或瓶罐可重複使用之產品。

(5)選用充電式電池或低汞電池。

(三)垃圾掩埋或焚化

對於易腐化的垃圾以掩埋的方式處理，而土壤不可分解的垃圾採焚化的方式處理。目前，政府將於民國八十五年十二月底設置海岸垃圾掩埋廠一處，陸地衛生掩埋廠五十九處，堆肥廠一座

及垃圾化場二十三座，以達成垃圾妥善處理率達85％之目標。

㈣企業責任

　　環境保護之責任亦需由企業共同參與協助。一個成功的現代企業必需以綠色行銷之理念經營，也就是企業必需為後代子孫保護環境並創造更安全、更乾淨之空間，而其產品之製造及廢棄過程之技術必需兼顧資源永續利用與環境保護之目的。因此必需以產品生命週期評估之理念，從原料、製造、銷售、產品使用、廢棄物產生及處理等方向檢視其產品對環境之影響並作評估，以達成對環境及企業皆有利之目標。

㈤消費者責任

　　垃圾的減量工作不僅要在教育方面加強宣導，更要影響人民在日常生活中行動有所改變。個人消費者可藉由下列原則逐漸減少垃圾量：

- 減少丟棄之垃圾量。
- 重複使用容器及產品。
- 回收、使用再生產品。
- 過簡樸的生活。

二、海洋環境污染

　　相信每個人都有到海濱觀賞風景、釣魚、潛水、游泳、撿貝殼等，進行各種一不同型態的休閒活動的經驗。為了讓海洋恆久

保持美麗，我們必須思考並了解海洋的一切，並能進一步保護
她。

(一)海洋的重要性

1.地球氣候的支配者

　海水的溫度變化並不大（約$15\sim25℃$），因此能緩和地球
溫度的變化，而海洋也是水循環的起始。

2.動植物的故鄉

　海洋是生命的起源，其中孕藏有各式各樣的生物。

3.能量與礦產資源的寶庫

　海洋利用潮汐及溫差發電，供給我們能量；而其資源包括鹽
的提鍊、海底石油的開採。

4.自然環境的淨化工廠

　藉由海洋的物理稀釋及自然分解還原的淨化作用而達到穩
定。

(二)海洋污染的因素

1.油的污染

　海洋遭受油污染的主要原因是船舶的活動。

2.廢水污染

　含毒的工業廢水，一旦排入海洋，將會影響到海中生物；人
類食用後，健康便會遭受嚴重的威脅。

3.其它污染

　核電廠的設立，對海洋環境所可能產生的影響亦不容忽視。

(三)防止海洋污染的對策

　　法令的訂定：維護海域生態環境平衡，需要民眾與環保機關訂定法令的通力合作。監視取締及國際間的合作行動。

三、空氣污染

(一)空氣污染的意義

　　所謂空氣污染是指一種「不良空氣品質狀態」。有些空氣污染是自然發生的例如森林火災等；也有人為產生的，例如鍋爐用油燃燒、汽車排放的廢氣物……等。當這些污染物質的存在超過大氣的涵容能力（即一種自然的自淨能力）時，便會造成污染，嚴重的空氣污染，對人體健康及自然生態產生嚴重的不良影響。

(二)空氣污染的來源

　　空氣污染源通常可區分成移動性排放源與固定排放源等兩大類。前者多指車輛、飛機或船舶等交通工具與曳引機、農耕機等使用燃料之動力機械，後者多指地點固定而排放污染物達到某一程度之排氣物而言。空氣污染乃是空氣中任何污染之濃度超過其正常濃度值而對人類及以動、植物等產生不良影響而言。而污染物乃是指空氣中足以直接妨害公眾健康之物質或足以引起公眾厭惡及惡臭的物質。

1.天然污染源
　　像火山的噴煙或灰塵便是。

2.人為污染源

如交通工具、工廠、焚燒垃圾、工業及住宅燃料燒、工業生產過程。

當污染物藉由大氣之輸送、擴散、轉化、混合等作用而影響或改變空氣品質濃時，會立即造成呼吸者之不良反應。

(三)空氣污染的物種

1.懸浮微粒

是森林大火、火力發電燃燒煤炭、石油及柴油及產生粉塵的工廠，和營建工程產生。

2.二氧化硫

工廠使用含硫燃料，如燃燒重油、生媒，及柴油引擎車所排放。

3.一氧化碳

機動車排放不完燃燒之廢棄，煉焦廠、電石工廠及家庭瓦斯洩漏所致。

4.氮氧化物

機動車輛、火力電廠及工廠鍋爐之燃料在高溫燃燒時，空氣中過量的氮和氧反應產生氮氧化物，溫度越高時越易產生。

5.碳氫化合物

正常大氣下以氣態存在，是產生臭氧和光化學空氣污染物的主因。

6.光化學性高氧化物

石化燃料生產過程中，排放的氮氧化物和碳氫化合物，在空氣中累積，經日光照射，而發生一系列光化學反應的產物。

7.鉛

　　燃燒含四乙基鉛的汽油及燒煤，以及鉛製造有關工廠所排
放。

　　在所有的空氣污染源中，以機動車輛污染量最大。

㈣空氣污染的危害

1.對人體健康之影響

　　不論是氣體或顆粒性污染物，當濃度太高、量太多或吸入的
氣體毒性太強時，均足使呼吸器官內正常防禦功能及清除功
能喪失，危及生命。

2.對植物的影響

　　空氣污染會毀損果蔬，使植物葉子組織破壞，而致枯黃、掉
葉等病態。同時亦會使河湖及土壤酸化，終至破壞整個生態
系。

3.對金屬、建築等的影響

　　空氣污染可使金屬腐蝕生，如電纜、鐵軌、橋樑、屋頂等，
使粉刷牆、紡織品褪色且減低耐久性。引起輪胎的龜裂、造
成經濟的損失。

4.對藝術寶藏之影響

　　空氣污染致使藝術品逐漸被損壞、薰脆、以至於面目全非。

㈤汽機車廢氣對人體及生態環境之影響

1.對人體健康的影響

　　從以上分析可知污染物對人體健康、建築物、藝術寶藏等都
有非常重大的影響。而其影響人體健康的器官，主要為呼吸系

統、眼睛、皮膚等。影響之程度則端視氣體或粒狀污染物之濃度高低，量之多少及毒性強弱而定。人類因穿著衣服覆蓋皮膚面積達90％以上，因此在正常的空氣中，污染物對皮膚無甚大影響。對眼睛的刺激，主要是顆粒性污染物及具毒性的氣體，呼吸系統則是空氣對人體的主要攻擊位置，而引起若干器官致病。以下就各項污染物所造的影響逐項分析如次：

(1)懸浮微粒

　　各種粒狀污染物進入肺部後，會依其不同的顆粒大小及化學性質，而對人體有不同程度的影響。大於10微米的顆粒沈積在上呼吸道部位、氣管、支氣管的部份；小於1微米的顆粒沈積在肺部最遠的部位氣囊（或肺泡）。所以小於1微米之粒狀物質很容易進入支氣管而沈積肺部，影響肺功能，它如攜帶毒物質或致癌物質時，會引起嚴重傷害，因此懸浮微粒為重要空氣污染防制項目。

(2)二氧化硫

　　①影響能見度——0.10ppm 的 SO_2 濃度加上百分之五相對濕度可使能見度減至只有5哩，此時必須減少主要機場飛機之降落比率。

　　②損害材料——通常硫氧化會在大氣中或金屬面形成硫酸，而加速金屬的腐蝕，除金屬物外還能腐蝕各種建材，包括石灰、大理石、屋頂瓦石以及水泥，而可溶解的硫酸鹽形成後將隨雨水滲流、尼龍製品，尤其尼龍管，亦會受污染物的侵蝕。

　　③形成酸雨—— SO_2 形成酸雨的主要原因，而使自然界水源產生酸化現象，致使魚類滅亡；另外泥土中之養分因

而流失，礦物質減才致使農物及森林的產量減低，或改
變自然植物。

④影響人體健康——與 SO_2 有關的呼吸病症有：呼吸短
促、咳嗽、氣喘、支氣管炎、長期的傷風感冒等，SO_2
若與其他污染物共同存在會有比污染物個別作用的總和
更壞的影響，尤其是懸染微粒和臭氣。

(3)一氧化碳

一氧化碳對人體健康的危害主要是降低血液運送氧氣的能
力。故人吸入CO後CO即取代O_2結合即取代O_2結合氧氧
血紅素，而不與O_2結合氧血紅素，而使血液中含氧量降
低，無法供應身體各器官充足的氧，造成腦組織缺氧，首
先會出現知覺及思考力減低的現象，進而使反射動作減
慢，然後會有暈眩，無力的昏昏欲睡的症狀，嚴重者會因
心臟衰竭或窒息致死。

(4)氮氧化物

NO因易與血紅素快速結合，影響其正常的功能，吸入濃
度過高時，會造成體內缺氧，中樞神經機能減退，中風等
影響。NO_2 則有刺激性臭味；會刺激眼、鼻、肺部，其症
狀有氣管炎、肺炎及降低抗力造成呼吸器官受感染，發生
如感冒的症狀。NO_2 不會直接損害材料，然而NO_2 能和
大氣中的濕度反應而形成硝酸，對金屬表面有相當的腐蝕
性。另外，硝酸亦是造成酸雨的主要原因之一。

(5)碳氫化合物

碳氫化合物低濃度時，會對人體呼吸系統產生刺激，濃度
高時對中樞神經系統產生影響，甚至致癌。HC還會和

NO2等起光化學反應產生臭氣、甲醛等發生煙霧，造成人的眼睛不適、咳嗽、胸部不適等症狀。

(6)光化學性高氧化物

光化學煙霧可大量地減低能見度，且使大氣層呈現褐色。由光化學反應的作用產生臭氧會對肺產生刷激，造成呼吸系的疾病，降低肺功能，增加呼吸系統感染，若長期暴露，則可能造成肺纖維化。其結合O_3，又能刺激鼻子和咽喉，引起胸腔收縮，在濃度高時，會引起嚴重咳嗽，以及精神不能集中等現象。

(7)鉛

約90％的鉛是以小於1微米粒子存在大氣中，當被吸入肺部時進入肺泡吸收，進入血液循環。剛暴露時鉛留在血液中，然後約90％的鉛累積在骨骼內，其餘留在血液，肺部、腎臟及腦部等器山官中，鉛中毒症狀包括腹部痙攣、便秘、食慾減退、貧血、失眠、運動、神經麻痺和腦神經症狀等。在孩童則可能增加腎臟疾病、智力障礙、視神經萎縮等症狀，且最近亦發現可能與高血壓有關。

（資料來源：國北師院，民82，空氣污染之防治）

第二節　環境公害

台灣是一個島，三萬六仟平方公里的面積，卻容納上二仟一

百三十萬人，在這有限的面積裏，卻擠滿了如此多的人，是世界上，人口第二高密度的。由於人口多，又過於密度集中，都市形成以及經濟的成長，生活形態的改善，資源的需求與消費的俱增，造成環境負荷過重，環境污染的問題造成環境的公害，使國人生活品質未能趕上經濟發展的速度，本節就台灣地區的環境公害的現況，成因以及防治的方法加以探討。

一、水污染公害

㈠台灣的水質污染現況

　　台灣省二十一條主要河川和二十九條次要河川中，有二分之一以上都已遭受到中、重度的污染見表7-1。湖泊、水庫更時常在優養化的邊緣徘徊。地下水污染、鹽化的情形也時有所聞。台灣地區的水質現況可以說已經亮起了紅燈。（環保署，民84）

　　淡水河是台灣北部最大的河流，對台北人而言，更是給養運輸的生命之源，台北地區早期的商業文明，就是沿著淡水河水域發展的。淡水河附近的居民藉著它交通運輸、撈魚捕蝦、灌溉洗衣，一天的作息都與它息息相關。

　　黃昏時刻，在淡水渡頭看落日，夕陽殘紅倒映在觀音山下的淡水河上，優美的景致令人動容難忘。不過，這一切已是幾十年前的景況，如今的淡水河已成為一條黑色的臭水了。

■表7－1　台灣地區主次要河川污染情形統計分析表（82年）■

污染程度	主要河川（21條）		次要河川（29條）		合　計（50條）	
	公　里	%	公　里	%	公　里	%
未受污染	1288.75	61.57	502.3	59.4	1,783.94	60.7
輕度污染	279.34	13.35	138.4	16.4	414.83	14.12
中度污染	235.14	11.23	126.7	15	356.74	12.14
嚴重污染	289.97	13.85	78.3	9.2	383.39	13.04
合　　計	2,093.2	100.0	845.7	100.0	2,938.9	100.0

在發臭的淡水河裏，有隨意棄倒的垃圾，有家庭未經處理排放污水，有沿岸養豬戶排出的豬糞，河面傳出的陣陣惡臭，使人們掩鼻而過。河中已無魚蝦供人捕撈，倒是有人駕著舢舨回收在河面上四處漂流的寶特瓶。

淡水河已經病入膏肓，不幸的是，台灣大多數的河川都和淡水河有著同樣的命運。

1.河川奄奄一息

根據台灣省政府環保處民國八十年河川水質年報所監測的結果顯示，台灣省二十一條主要河川和二十九條次要河川中，有半數的河川下游，已遭到不同程度的污染。

另一項在民國八十二年發表的研究調查報告指出，中南部二十條重要的灌溉圳道中，沒有一條符合灌溉用水質標準，河

川污染在台灣已是十分嚴重的問題。讓河川奄奄一息的殺手究竟是誰呢？

它們有家庭污水和工業、礦業、畜牧業、水產業、洗染業等的廢水、垃圾、農藥、肥料、落塵與酸雨等等。這麼多可怕的殺手都要置河川於死地，台灣河川的命運真是岌岌可危。

2.湖泊水庫優養化

湖泊、水庫具有蓄貯及調節水量的功能，安定性大、流動性小，是很重要的水資源，日常生活的飲用水、工業用水及農業用水，都少不了它，湖泊和水庫也常應用於水力發電和防洪。

但是據行政院環保署委託研究調查的「台灣地區水庫優養化」發現，所調查的十六個水庫中，具優養潛勢者竟高達十三個，水資源的安全性又再亮起紅燈。

造成湖泊、水庫優養化的污染源，主因是人們在水源的集水區開墾、種植高冷蔬菜、闢建社區和高爾夫球場、排放各種廢水，使得湖泊、水庫中淤積土沙，並因各種污染而使藻類大量繁殖，引起水質變化，並且阻塞自來水廠的過濾池、腐蝕管線，使得自來水處理困難，增加了處理成本。

㈡水質污染的成因

造成水污染的工業、畜牧廢水很可怕，但你可能不知道家庭污水才更嚇人。

以淡水河為例，它的主流每天納入的污水量就有93％是來自家庭污水。所以造成水污染的主要元兇其實不是工廠、不是豬隻，而是每個家庭所排放的洗衣、洗澡、洗碗水。

1.**家庭污水的危害**

在一般的家居生活中，每人每天使用的自來水大約在250～300公升。這些水經由各種生活行為變成生活污水，它們的種類及所佔百分比各為廚餘20％，洗衣30％，洗臉、刷牙、洗手等10％，洗澡20％，沖洗廁所馬桶13％，其他佔7％。此外，我們人體排泄的屎尿廢水，每人每天也有五十公升左右。

不幸的是，台灣地區污水下水道鋪設率非常低，連首善之區台北市都只有兩成左右的接管率，台灣省的接管率甚至低到只有3.5％。

以污水下水道如此之低的普及率來看，台灣地區90％以上的家庭污水都是直接由水構流入小溪、湖潭、河川，最後再注入海洋，造成一連串公共水域的污染。

2.**水污染的影響**

(1)對公共衛生的影響：病患含有大量病菌的排泄物如果流入水體，健康的人可能會經水或水產物而成染病菌。

(2)對水中生物的影響：水污染會造成水中生物死亡或遷徙，數年前發生的牡蠣變綠、西施舌含毒，都是具有代表性的例子。

(3)對農作物的影響：如果用污染的水源來灌溉，將會使農作物受到損害，程度輕的是枯萎或減產；嚴重的話，將導致土質變劣而使農地廢耕，像桃園某些農地即因此種出含鎘的稻米，農地也只好廢耕。

(4)對自來水的影響：根據調查，台灣地區324個淨水廠中，有1／5的原水水源遭受污染，輕者增加淨水場的操作成

本，嚴重時連水廠都得被迫放棄，例如南港水廠因為基隆
河遭受嚴受污染而放棄。

因此水污染的牽連甚廣，尤其台灣地區的水質現況不良，水
污染的防治更得大費周章。

(三)水污染的防治

要使水資源保持清澈，應該是保護水資源和防治污染雙管齊
下，才能達到效果。它的方法大致可歸納成以下幾點：（環保署
民84）

1.水源涵養
在集水區內造林是最有效的水源涵養的方法。簡單的說，樹
葉、樹枝、樹根能貯存水分，樹根則能降低土壤流失量，所
以造林既能增加水資源，又能防止土壤、砂石被沖刷到河
川、水庫中造成淤積。

2.水土保持
台灣地狹人稠，因此土地往往被密集開發利用，但在集水區
要闢建農地、道路、建築物、挖礦時，應該做好水土保
持（如坡面排水、防砂工程等），才能防止坡地及溪流的沖
蝕，及因豪雨地震造成土石崩坍。

3.集水區的管理與經營
應對集水區內的土地利用，做全盤的規畫，並設立河川專業
的管理機構，執行保護河川的法令。

4.保護水質
以削減流入河川的污染量為主要手段，其方法有：

(1)生活污水的控制（興建污水下道等）。

(2)工業廢水的控制（嚴格查察工廠放流水的水質等）。

(3)畜牧廢水的控制（輔導水源水質水量保護區與都市計畫區內的養豬戶遷移或轉業等）。

(4)輔導農民正確使用農藥及肥料，以減少污染。

　　根據上述原則，政府即將或正在進行多項水資源開發和保護的工作，其中在國家建設計畫中即爲此斥資8,228億元，從事水源開發、公共給水、興建農田水利設施、區域及都市排水設施、防洪防潮、水土保持、水污染防治、水力發電等建設。

　　除了以上政府在進行多項水資源開發及河川污染整治工作，以改善台灣的河川水質外，民眾更應參與配合河川污染的整治工作。例如台北市文山區家家社區的環保媽媽於八十年籌組景美溪清流綠化委員會，結合社區民眾和附近學校的人力資源，帶領附近住家的學生和民眾，利用假日發起一系列認識景美溪沿岸污染源、識別水中污染生物等活動，讓民眾有機會體認河川與人類生活的休戚相關，並勇於舉發污染源，以實際行動愛護河川。此外，大甲溪保護組織已有十年歷史，是民間保育團體的模範。這些年來由於這一群大甲溪釣友從民國七十四年開始組織的保育團體，經由十年的努力使大甲溪的命運改觀了。

　　光靠政府的力量來維持水資源是不夠的，必須人人都像大甲溪和景美溪沿岸居民一樣，以愛護水源爲己任，這樣台灣的水資源才有光明的遠景。

二、空氣污染

空氣污染可能是自然發生的，例如火山噴出的煙塵、森林火災等。但是，不可否認地，在我們生存環境中的空氣污染大部分來自於人為，例如由工廠、事業場所運轉而排放的污染物，而在大都會裏，汽機車更成為空氣污染的禍首。

㈠台灣地區空氣品質的現況

民國六十八年新竹附近，因為農民燃燒稻草而引起煙霧，造成行車視線不良，引起連環大車禍。

民國七十二年台南灣裡地區的戴奧辛污染問題，也曾引起極大震撼。

民國七十四年空污事件更是層出不窮，台塑高雄仁武廠因氯氣外洩，致使廠內八名工人中毒；中化高雄前鎮廠則因鐵路運輸的罐裝液體氨外洩，造成附近十戶居民受到影響；此外，台南永康鄉的明豐化工原料行，因二十噸無照貯槽頂爆裂，導致液氨外洩，造成三九二人送醫，九人住院，幸好無人傷亡。

㈡台灣地區的空氣品質監測網

我國對於空氣品質的監測工作，於民國八十年開始建置「台灣地區空氣品質監測站網」，依照不同監測目的可以分為一般大氣測站（59站）、工業測站（4站）、交通測站（1站）和國家公園測站（2站）等類型，通常可以監測二氧化硫、氮氧化物、一

氧化碳、臭氧及懸浮微粒等五大污染物。

更進步的是，若干測站還增加了：

1.酸雨監測儀器

以追蹤全球性日益嚴重的酸雨分布情形。

2.交通流量

以分析交通流量與污染物濃度的關係。

3.氣壓與日照監測

以輔助空氣品質分析模式執行。

4.空氣中毒性物質的採樣設備

以採樣分析逐步建立毒性物質的環境背景資料。

除了這種無人看管，二十四小時得空氣品質自動連續測站外，台灣地區還有一三四個人工測站，而人工測站最擅長監測落塵和懸浮微粒。

(三)空氣污染指標反映的意義

要知道台灣地區的空氣品質現況，首先要懂得空氣污染指標（PSI），其計算方式乃是將測站當日空氣中懸浮微粒、二氧化硫、二氧化氮、一氧化碳及臭氧等五種主要的空氣污染物測值，換算爲0～500的數值來表示空氣污染的程度。

另外，依空氣污染防制法訂定的「空氣品質嚴重惡化緊急防制辦法」，在八十二年八月二日發布實施。環保署也已完成整體宣導計畫，指定台北市、高雄市、台中市舉辦演習。

演習的目的是爲了在眞正發生狀況時，能迅速採取應變措施，演習的狀況就在初級惡化警告、中級惡化警告、緊急惡化警告三種中選擇：

1. **初級警告**

   指空氣污染指標（PSI）超過200，應採取的管制措施包括不得露天燃燒，火力電廠改用低灰、低硫燃料，金屬基本工業減產以減少空氣污染物排放等。

2. **中級警告**

   指PSI超過300，應採取的管制措施包括建築工程停止運作，中小學、幼稚園和托兒所停止戶外活動，特定行業削減污染排放量等。

3. **緊急警告**

   指PSI超過400，應採取的管制措施包括多種行業必須停止運作，民眾不得外出，學校必要時停課，不得使用交通工具等。

其實，PSI值超過100即表示空氣品質不利健康；超過200時，心臟或呼吸系統疾病者症狀可能加劇；超過300則表示有危害性，連健康的人都可能開始覺得身體不適，更遑論超過400了。

㈣空氣品質監測資料之運用

空氣品質監測資料可以像氣象預報一樣，進行空氣品質預報作業，提供全國民眾各地重要的空氣品質資料，也可以提供空氣品質的基本資料，有效降低開發行為可能帶來環境的負面衝擊。

這樣的功能不但可以減低空氣品質低劣對人體所造成的傷害，而且更能作為政府實施緊急應變措施的重要依據，提供大眾生活環境、健康與財富的更佳保障。

三、噪音公害

何謂「噪音」，就一般而言，令人們生理和心理感到不舒服的音響，就統稱爲「噪音」。只要有人爲的活動，就有噪音發生。在人口密集的都市，如台北市由於人口密度高，住商混合情形很普遍，所以噪音陳情案件也最多。

台灣地區民國八十年噪音陳情案件共計 14,306 件，以工廠站 52％ 最高，娛樂、營業場所佔 25％ 次之，營建工程 0.8％ 再次之。高雄地區則因爲加工區、工廠眾多，噪音陳情案件明顯是工廠居高不下佔 42.8％。

㈠台灣地區的噪音特性

台灣地區，除了工廠、營建工程和汽機車發出吵雜的聲音外，近鄰噪音也相當嚴重。

因爲台灣地區的公寓住宅隔音效果不好，再加上一些不良的生活習慣，近鄰噪音的困擾不斷，如亂鳴喇叭、大聲叫囂、鄰居的鋼琴、電視、冷氣機聲、寵物叫聲，都可能使你感到不舒服，可能妨礙收聽、睡眠、甚至降低工作效率等。

而根據美化環境基金會一項調查資料顯示，台灣地區民眾在日常生活中最厭惡的三大噪音則是：半夜亂響的汽車警報器、辦喪事的擴音器和敲打牆壁的電鑽聲。

㈡你能忍受多大的噪音？

一般而言，噪音有不同的頻率，只要是超過一般聽力所能聽取的頻率上限20000赫茲以上，就稱為超高頻噪音；反之，低於其最低限度20赫茲，就是超低頻噪音，不過，通常在16赫茲以下，噪音就失去原有音質、音色了。

國內一項調查指出，不同社會經濟階層的居民對噪音的厭煩程度會有滿大的差別；社會經濟階層愈高的居民，對噪音的敏感度愈高，單單鄰居的音樂聲就覺得受不了；而低階層居民則從小喊叫聲以上，才會認為「吵」。

美國環保署評估，只要噪音值超過七十五分貝，就會有50％的社區居民表示厭煩、憤怒。

而長久在音量八十分貝以上的環境中生活，可能會導致聽力障礙；四十分貝以上的音量則會把人從夢中吵醒。

㈢噪音種類對人體健康的影響

噪音是無形的，對人體的傷害卻極直接。長期忍受噪音會致病，美國曾做過測驗，發現經常在噪音中生活的兒童，較其他同齡的兒童，平均血壓較高，語音辨別和閱讀能力較差。

長期生活在超過七十分貝的噪音中，身體健康會受到嚴重的危害，如：神經系統會出現頭痛、頭昏、出冷汗和手發抖的症狀；消化系統則有腹痛、食慾不振的現象；或是呼吸急促、呼吸困難，更甚者會永久失去聽覺。而在日常生活中，也會影響學習及思考能力，降低工作效率，使精神無法集中。

另暴露在九十分貝以上的聲音下數小時，會產生一種短暫的

聽力損失，就是平時某一音量水準就可聽到的聲音，如今得多加幾個分貝，才聽得到。

(四)噪音源有那些

噪音、空氣污染和水污染，並列為公害的3大殺手，而噪音問題是台灣民眾感受最深刻、最直接、反應最普遍的環境污染問題，不論是上班、上學、遊玩，甚至待在家裏也避免不了近鄰噪音干擾。

都市中常見到噪音種類不外是工地施工的打樁、敲打聲、車輛飛馳時而發生的引擎聲及刺耳的喇叭聲，百貨公司的叫賣聲，擴音傳送的誦經聲，還有印刷廠、地下工廠隆隆的機器聲，學校過大的擴音，以及營業場所處處可聞如小鋼珠、電動玩具店發出的吵雜聲。

而依據政府公布的「噪音管制標準」，噪音源可分為下列五類：

- 工廠。
- 娛樂場所。
- 營業場所。
- 營建工程。
- 擴音設施。

(五)噪音的管制

如何使噪音減低影響程度，即稱為噪音管制，主要途徑是音源本身的改良及管制、傳音路徑的改變、受音者活動行為的改變。

1.交通噪音的改善

你知道嗎？汽車的喇叭聲高達110分貝，台北市捷運系統通車後，電聯車通過市區鐵橋的聲音也有110分貝，再加上常在半夜莫名其妙響起的汽車警報器聲音，這些都屬於煩人的交通噪音。

因此，環保署在七十七年元旦起就實施汽、機車出廠噪音抽驗，以管制新出廠及進口的交通工具噪音聲；另外，也不忽略使用中的車輛噪音稽查制度，建立道路交通噪音陳情處理程序。位於大馬路邊的校舍也經常受到交通噪音的影響，台北市目前優先採行交通管理、校舍防音和減低噪音等示範措施，未來將推廣到整個台灣地區。

2.如何減低居家噪音

日常各種活動所造成的噪音干擾，需要民眾相互尊重提高生活倫理的素養，並對下列近鄰噪音能加以注意規範：

①學校活動使用擴音設施應調整使用音量。

②婚喪喜慶時，注意擴音設施音量。

③MTV、KTV等娛樂場所應加強室內外的隔音設備。

④公園晨間活動、聚會、應避免高量擴音器的使用。

⑤廟宇、神壇、民俗活動使用擴音設施音量應適當。

（本節資料由環保署提供）

第三節　環境保育

　　台灣由於有特殊的地理環境和氣候，而孕育出特有的生態體系，其間植物種類繁多，又因地形複雜，極適合各種動物的棲息，因此動物種類需多樣性，且部分為台灣特有品種，十分珍貴。

　　可是這昔日曾譽稱為「福爾摩沙」的美麗之島，卻因我們不重視自然資源保育，而破壞殆盡。

一、生態系被破壞的原因

㈠棲息地的破壞

　　由於人口急劇的增口，土地不斷的被開發利用，但事先並沒有做好環境影響的評估，導致森林過量砍代，成為動物滅絕及水土流失嚴重的主要原因。

㈡野生動物的濫捕

　　由於國人喜愛「食補」，不斷有人獵殺野生動物，製作標本、藥材、皮革等，甚至以違法的手段毒魚、炸魚等，對野生動

物進行濫捕。

㈢環境污染

經濟的快速發展，人們消費增加。人口又過度集中，導致各種污染問題發生。空氣、水、噪音以及土壤等污染，均對生物系造成嚴重影響。

㈣外來物種不當的引進

在未經審慎評估，隨意引進外來的動植物，在生存競爭下，導致生態危機，例如引進福壽螺就是一例。

二、自然保育的重要

人類爲了本身的物質享受，在積極的開發中，破壞了地球環境的生態，使野生動植物的種類急劇減少，即使國內外保育人士大聲疾呼生態保育，但還是有很多人認爲：弱肉強食是一自然法則。所以國家的環境保護政策上，爲了要進一步保護特殊的自然景觀，生態體系乃孕育瀕臨絕種動植物的場所，政府自民國七十五年起，陸續公告了十八個「自然保留區」，並早在民國七十一年，成立了第一座「國家公園」，其意義是以國家的力量來保護一個特定的地區，使該地區的生物、自然景觀受到保護，並且提供學術研究、教學，及人民休憩和旅遊；不過，人們的休憩活動不得傷害園內的一草一木，否則將依法受罰。

三、國家公園的設立

　　世界各國爲保護特殊地質地形以及動植物人文資源，相繼設立了千餘座國家公園，分布在世界上一百個國家之內。民國七十一年九月，台灣的第一座國家公園——墾丁國家公園終於成立，此後相繼有玉山、陽明山、太魯閣、雪霸等四座國家公園設立，目前內政營建署正規劃之金門國家公園亦於八十四年十月成立。

　　現在就讓我們先來認識國內的五座國家公園：

㈠墾丁國家公園

　　墾丁於恆春半島最南端，區內地形變化多端，景觀資源極爲豐富，包括有孤立山峰、貝殼砂海岸、裙狀珊瑚礁、海蝕平台等，並有老年期湖泊、沙丘及沙瀑等風成地形等，成爲台灣從事研究、遊憩最具特色的地區。

　　植物生態方面，南仁山區的天然熱帶季風林及香蕉灣原始海岸林，均極具學術研究價值。動物方面，孕育多種野生物外，並爲紅尾伯勞、灰面鷲、赤腹鷹等多候鳥遷移路線的中間站，名聞中外。目前管理處已規劃有完善的解說設施與遊憩公共設施，能發揮獨特的育樂與保育功能。

㈡玉山國家公園

　　玉山主峰三九五二公尺，堪稱東亞第一高峰，主峰及玉山山塊的壯麗高山，中央山脈南段秀姑巒山、達芬尖山等雄偉山峰，

構成了玉山國家公園的景觀主題——崇山峻嶺、深邃溪谷、完整而未爲人爲干擾的動植物生態。玉山國家公園面積達十萬餘公頃，爲典型的高山型態國家公園，並以保育生態景觀維護爲管理主要目標。

㈢陽明山國家公園

陽明山位於台灣最北端的富貴角海岸與台北盆地間，範圍以大屯火山群彙地區爲主，完整以火山地形地質景觀，蘊涵了千餘種植物及蝴蝶、鳥類、兩棲類、哺乳類等主要動物景觀。因鄰近台北都會區，屬於都會區之屋脊，對都會區的水土保持及國土保安，極爲重要。

㈣太魯閣國家公園

太魯閣以立霧溪峽谷，中部橫貫公路沿線及其外圍山區爲主，構成一個三面環山一面向海的完整獨特生態體系。

地形景觀上有深切峽谷、斷崖、湖泊、瀑布等，其中躋身「台灣百岳」的高山有二十七座。地質方面除大理石峽谷爲世界級景觀外，其他如片麻岩、片岩、硬綠泥石、砂金等皆爲學術研究的重要資源。

動植物景觀方面，因海拔由海平面至三七〇〇餘公尺垂直分布，從亞熱帶到亞寒帶，整區幾乎統括了全省不同海拔高度的植物，也提供了各種動物的生存樂園。而人文史蹟中有史前遺址、原住民泰雅族文化及中橫開拓史料等，使本區成爲兼具保護、研究、遊憩各功能完備的國家公園。

(五)雪霸國家公園

雪霸國家公園範圍包含雪山山脈及其周圍山地、大雪山、大霸尖山等三千公尺以上的名山,增添雄偉山谷氣勢,並因氣候跨越暖溫、寒帶,動植物種類相當豐富。其中玉山圓柏、台灣冷杉、台灣二葉等,皆有大面積純林,加上各種混生林相孕育保護了許多珍貴及瀕臨絕種的動物。本區同時是中北部主要河流——頭前溪、淡水河、大安溪、及大甲溪的集水區域,其水資源與國土保安的保護功能更形重要。

四、植物的自然保留區

為了進一步保護特殊自然景觀、生態體系及孕育瀕臨絕種植物的場所,政府自民國七十五年起陸續公告了十八個「自然保留區」。

區內禁止遊憩發展以及相關的設施,務求保留景觀的原始狀態,不准引進外來種,也不允許採集標本,是一個嚴格保護僅供學術研究的地區,一般人不准進入。其管理、限制較諸國家公園更嚴格,目的是保存特有植物的基因庫,以免繼續遭受人為干擾,導致寶貴的資源滅絕。

除了自然保留區之外,台灣還有國有林自然保護區、自來水水源保護區、海岸保護區等自然保護區的設置。除了絕對嚴格保護的自然保留區,其他自然保護區的條件許可的情況下,也會開放給一般大眾遊覽,以增進民眾對大自然的認知,例如近來重新

開放的福山植物園，就涵蓋了兩處水源保護區及哈盆自然保留區（不得進入），總面積1100公頃，是台北植物園的45倍，也是台灣目前最大的植物園。

福山植物園位於海拔400～1400公尺之間，大部分屬於天然闊葉林，以樟科和殼斗科為主，幾乎所有大樹上都附生著蕨類和藤本科植物，常見的如山蘇、鳥巢蕨、書帶蕨等將喬木粧點得熱鬧有趣，偶爾發現的石吊蘭，更是令人驚豔。

福山植物園曾經在民國七十九年十一月起開放，但是，三個月後立刻關閉，為什麼呢？因為每天二千人的遊客，不僅嘈雜聲嚇跑了動物，更不時有人摘折花木，或用石頭丟擲水生植物池裡的小魚，對園內的動植物而言，簡直是浩劫一場。

因此，在民國八十二年十二月重新開放後，每天只准許事先申請參觀的三百名遊客進入，不過，倘若每個遊客都還是對野生動植物動手動腳或大聲吵鬧，植物園也有可能再度封閉。其實，只要我們懷著尊重原始生物的心，在我們拜訪牠們的家時，當然就會知所收斂囉！

五、為什麼要保護野生動植物

每一種生物都是由無數的生命基因構成，在科學家努力研究下，人類對種種生命現象有了初步的了解，並利用這些動植物所組成的基因庫，改良家禽、家畜及糧食的品種，使我們有品質更好的豬肉、稻米食用。

野生動植物對人類有什麼重要性？野生動植物經常是生物醫

學研究的實驗對象，許多的新藥都是從牠們身上發現萃取而來，人類在過去和未來能克服許多疾病，很可能都是從野生動植物身上獲得解答的。

根據統計，美國每年處方用藥的主要成分中，動植物就佔了40％以上。例如從「毛地黃」中萃取毛地黃素作爲強心劑；自「蛇根草」中提煉出的蛇根鹼，能製造降高血壓劑；而從「金雞納樹」中取得的奎寧，更是治療瘧疾的仙丹。

在動物方面，黑猩猩可用來確認B型肝帶疫苗的安全性，其心臟也有可能取代人的心臟，延續病人的生命，而「犰狳」則是除了人類以外，唯一會罹患麻瘋病的動物，是研究麻瘋病治療方法的重要試驗動物。

其實，除了作爲人類的食物，並用以研究人類病痛的治療方法外，野生動植物更有維持地球生態平衡的功能。

六、爲什麼野生動植物種類會減少

大約三、四十億年前地球上有生命誕生以來，進化的過程中，產生了很多生物種類，後來由於氣候、地形等環境變化的影響，再加上生物間的生存競爭淘汰，許多生物都因此銷聲匿跡，恐龍就是一個例子。

野生動植物面臨最大的生存危機，就是生態環境的破壞。尤其是低海拔的熱帶雨林、珊瑚礁、溼地、島嶼等，所遭受的人爲破壞最嚴重。熱帶雨林之所以迅速減少，是由於林地轉爲農耕用地，樹木砍伐殆盡，及無節制的放牧所造成。

　　雖然台灣的生態被破壞的情形不像熱帶地區那麼嚴重，但狀況也相當令人憂心。

　　中低海拔的原始森林蘊藏了台灣最豐富的動物相，而這個地帶卻也是近百餘年來承受最大開發壓力的地區，至今原始闊葉林幾已蕩然無存。森林砍伐、溼地填土是對原有環境徹底的改變，也等於對生存其中的動植物徹底的破壞；除此之外，有些自然環境也因為人為污染譬如土壤污染、水污染或是空氣污染等，已惡化到不能再被生物利用的地步。

　　而國人向來迷信野味進補、嗜食野生動物，數百年後已經使台灣黑熊、藍腹鷴、帝雉等二十三種動物瀕臨絕種，再加上近年來國人喜歡飼養野生動物，使野生動物遭濫捕的情形更為嚴重，即使在野生動物保育法頒行之後，仍有些稀有種物承受著高度非法獵捕的壓力。

七、 自然保育淀自己做起

　　在知道那麼多人類對於野生動物的傷害後，我們不禁要問自己能做些什麼來保護牠們？

　　事實上，只要我們秉持物種平等、悲天憫「物」的胸懷，不買不養也不吃野生動物，更不要熱衷於「放生」，那麼，現在蓬勃的野生動物市場，就會不得不因為沒有顧客而消失，野生動物被捕捉而死亡的比率也會大幅降低。

　　其次，在我們的日常消費上，應儘量避免購買本島產的高冷蔬菜或溫帶水果，因為這些農產品是在大規模破壞原生環境，導

致大量水土流失，及使用大量農藥和肥料的情況下才培育出來的，對自然環境、野生動物及社會長遠的福利，都是弊大於利。不購買這類產品，就是不鼓勵更多中海拔山地被濫墾爲果園、茶園，自然就保護了一些野生動物的棲息環境。

　　最後，我們每個人都應該參與垃圾減量、資源再回收的環保運動，像廢紙回收再利用、不購買過度包裝的商品等，這些雖是我們人類的一個小動作，卻能減少對森林的破壞、對環境的污染，對保育野生動植物是一大貢獻呢！

（註：本節資料摘自：環保署，民84與環境有約②）

第四節　能源問題

　　台灣地區自產能源非常有限，僅有煤及水力可供經濟開發。煤炭之蘊量約爲一億九千萬公噸。但由於煤層甚薄，目前年產量只有三十三萬噸。而台灣地區雨量雖豐，卻因分配不均且受地勢地形限制，水力資源的開發相當困難，估計技術上可開發的蘊藏量約爲511萬瓩，而目前台電公司水力發電容量計有258萬瓩（含抽蓄水力），未來十年則將再增加202萬瓩，開發日益困難。

　　自產的能源不足，再加上經濟成長，國民生活水準提高，致使能源使用量日益增加。台灣地區對於進口能源之依賴逐年加重，進口能源依存度由民國五十年之18.9％逐年劇昇至六十年之61.1％；七十年之85.1％及八十年之95％，顯示我國對於進口能

源倚賴之嚴重。

一、經濟成長與電力需求之關係

　　電力爲經濟發展之主動力，亦爲現代生活所不可或缺的能源。而國家經濟發展須有充裕的電力供應，電力需求則又隨經濟發展而提高，因此電力建設與經濟發展，兩者實循環相關、相輔相成。根據世界各國發展經驗，以宏觀的角度視之，經濟持續發展，雖可透過節約能源手段抑減耗電成長，但長期而言仍有一定的電力需求；以個體的角度觀察，平均每人國民所得愈高，則平均每人用電量愈大。「經濟成長」與「電力需求」大約成正比例關係。

　　或許有人說我國節約能源努力不夠，耗電過多，一九九一年我國平均每人國民生產毛額爲8,788美元，每人年發電量爲4,694度；與日本在一九七九年平均每人國民生產毛額爲8,736美元時，每人年發電量爲5,089度比較，顯見我國的續效並不遜色。

　　展望未來，我們期望在公元二千年時，邁進平均每人國民生產毛額爲二萬美元的工業國家之林，我們節約能源的同時，對必要的電力需求亦應力謀穩定充分供應。

二、台灣現有電力系統

　　台灣現有水力電廠35座、火力電廠大型8座、核能電廠3座，

合計57座電廠。全系統裝置容量1,935萬瓩，水力發電佔13.3％，火力發電佔60.1％（其中燃油478萬瓩佔24.7％，燃煤583萬瓩佔30.1％，燃氣103萬瓩佔5.3％），核能發電則有佔26.6％，扣除電廠內之用電、水力電廠枯水期出力減少、火力電廠夏季冷卻水溫提高及機組老化等出力減少原因，實際全系統淨尖峰能力（最大供電能力）計有1,851萬瓩。八十二年最高用電負載為1,767萬瓩，備用容量率僅4.2％，今年預估僅8.5％，顯見現階段電力供應甚為緊澀，宜謀求長期規劃開發徹底改善解決。

　　再生能源發電如太陽能、風力、海水溫差、波浪、潮汐及地熱等，雖有些在技術上已臻成熟，但由於其發電規模與經濟上仍難與傳統之發電方式競爭，故未來之電源開發仍將著重於水力、火力、核能等傳統之發電方式。

　　而其中水力為珍貴的自產能源，只要技術可行且經濟合格的水力發電計畫，均已優先開發；惟目前存量已所剩無多，將不足以因應未來巨額電力需求。火力發電方面，規劃上除必須考慮燃料來源的可靠以避免被壟斷之外，尚須考大宗進口能源之卸運儲存問題、環境污染問題及國際間日益關切地球溫室等效應課題之因應餘裕。核能發電由於並無二氧化硫、氮氧化物、灰塵及二氧化碳排放衍生問題，且燃料供輸便捷，有「準自產能源」之稱，世界上缺乏自產能源的國家，無不適度興建核能電廠，我國近十五年來亦依賴核能發電，提供清潔及穩定可靠的電源。

三、核能的用途

　　核能是指進行核反應而產生的能量。人類利用核能開始於二次世界大戰初期，戰後，美國和其他國家都繼續研究發展核子武器及核能的和平用途。

　　利用核能最重要的成就是：將核反應所產生的巨大能量應用於動力系統及發電用核能電廠。

　　核能的應用並不僅限於核子動力系統，具放射性的同位素也有許多重要的應用。例如：

㈠使用微量放射性同位素做為追蹤化學反應機動設備流程的監測。

㈡活化分析：每種放射性同位素之原子核均可發出其本身特有的輻射，利用這個特有的放射性來分析化學之成分，應用在醫藥學、犯罪學和其他微量工程學上很廣，是極具價值的分析方法。

㈢放射性同位素發電機：小的放射性同位素發電機在手術後嵌入人體內，以提供心律調整機的動力，使它可以週期性地刺激心臟的肌肉。

㈣保存食物：食物的敗壞是由於微生物所引起的，如果讓食品先經過適量輻射照射以消滅這些微生物，就可以防止腐壞。同樣的，許多醫藥備，如外科工具、縫線等可以用相同的方法加以消毒。

㈤醫療：特別是利用高強度的人造同位素輻射來治療癌症。

四、核能發電與能源供給

地球上可利用的能源，大略可分為兩種——再生能源與非再生能源。再生能源有太陽能、水力、風力、木材、潮力等。非再生能源又可分為兩種，一為化石燃料，如煤炭、石油、天然氣等。另一為核燃料如鈾、鈽等。

人類的歷史，是一部能源消耗史。至十九世紀前半為止，人類社會主要係利用再生能源中的木材或農產原料。其後煤炭的消耗急遽增加，進入所謂煤炭文明時代。及至廿世紀後開始大量利用石油，廿世紀中葉以後，核能發電才開始被採用。隨著文明的進步，全世界的能源消耗持續的在增加中；以電力消費來說，愈是高度發展的國家，其國民平均每人消耗的發電量也愈高，隨著文明的進步，各新興國家的逐步開發，世界能源需要量顯然仍是易增難減的趨勢。

由能源供給方面的來看，目前能源的主流——石油，確定的可採取存量約為一兆桶，每年消耗量為二百三十億桶，維持這樣的石油消耗率，四十三年後，則將開採殆盡，何況每年的消耗都在成長。目前如何由石油轉換到其他的能源是很重要的課題。太陽能、地熱、潮力、風力等新能源，很多國家都在進行研究，具有很大的潛在能力，但在期望到達實用階段估計約在廿一世紀以後。在此時況下，「核能」被視為是一種非常良好的替代能源。世界各國為因應其能源供給問題，皆根據其資源與政經背景訂有其能源供給政策。大抵如我國與法國、日本及韓國等倚賴進口能

源國家，爲確保能源供給，都採取進口能源種類及來源多元化政策，適度以核能、煤炭及天然氣等替代石油，以分散能源供給風險。

㈠核能發電的貢獻

核能發電的一種技術成熟的發電方式。目前世界上有二十多個國家四百多座核能電廠，正在運轉發電中。

爲什麼有那麼多國家都熱中發展核能呢？它的確是有水力和火力發電無法比擬的地方。它的燃料是鈾，一噸的燃料鈾等於六萬六千噸石油的能量或十萬噸煤的能量，在體積上減少不了許多。而且發電時，因爲不必進行燃燒作用，不會產生二氧化碳和其他化合物，對生態環境的保持，有極大的貢獻。

此外台灣地區自產能源不足，對進口能源依賴極重（民國八十一已高達百分之九十五），爲分散風險，適度發展核能實有必要。而核能發電之燃料成本僅佔百分之二十至三十，遠較火力發電之百分之六十至八十爲小，因此當能源危機發生致使燃料價格大量變動時，核能發電將因其價格變動較小，有助於穩定長期電價。

㈡各種能源發電對環境的影響

能源爲國民生活所必需，不可一日或缺，爲解決能源不足問題，如何有效調配使用各種能源（煤、石油、水力、天然氣、核能）而且不致引起嚴重的環境污染，已是世界各國關切的問題。

電力爲未來能源需求的主要型式。但不論採用那一種能源發電多少都會影響生態環境，確實值得大家比較探討。

明顯地，核能、火力電廠均為利用熱能的發電方式，根據熱力學第二定律並無法避免溫排水的產生，而各種火力電廠最主要的影響環境問題，是會排放出大量的空氣污染物，如二氧化硫（ SO_2 ）、氮氧化物（ NO_x ），這些污染物是形成酸雨的主要來源；由於酸雨降至地面，湖泊、河川的水質開始酸化，魚類等無法生存，水域生態遭受破壞，而土壤酸化的結果，樹木、植物也將開始枯萎，大自然生態系統將因此無法平衡，人類生存面臨考驗。另外還有二氧化碳（ CO_2 ），是造成全球溫升現象的主要原因之一。根據全美科學院的預測，由於人類不斷地燃燒各種化石燃料（煤、石油、天然氣），大氣中的二氧化碳濃度不斷地增日，到西元二○三○年，地球表面附近的溫度將會因溫室效應的影響而升高攝氏一・五到四・五度（在過去一萬年間，表平均溫度也不過上升攝氏二度而已）。到時候全球氣象會發生很大的變動；地球部分地區將急速沙漠化，南北極冰山也會溶解，造成海平面上升，世界各國主要大都市如紐約、東京、雪梨、台北等大部分市區域將被海水淹沒，嚴重影響人類的生存空間。至於核能電廠呢？它的運轉對環境帶來的長期的影響，因為核分裂作用將產生一些放射性廢料。但為了避免放射性廢料排放到環境裡，造成輻射污染，故對放性廢料的處理的均須採取嚴密措施，並做長期安全之貯存。

以目前的工程及科學技術而言，放射性廢棄物的處置及酸雨問題均可有效解決，但是對於因二氧化碳產生的全球溫升，則很難處理，除非減少使用煤、石油等化石燃料。

台灣在未來電源的開發中，核電不是唯一的選擇，但亦無法單獨摒置不用。為何鄰國日本在曾遭核武傷害後，仍持續開發核

能，並以每年約一座核四廠的容量，建設電廠，值得我們深思。加強對核能安全的管制，執行必要的選擇—及早興建核四廠，是我們的對策。

（註：本節資料由台灣電力公司核能溝通中心提供）

摘　　要

　　環境的好壞密切的影響個人的一生，我們賴以爲生的地球，高度工業化的結果產生污染的問題日益嚴重。台灣地區污染的問題更爲嚴重，主要原因是工業化、都市化發展過程中，人口的集中、資源的需求與消費日增，造成環境負荷超重、污染問題產生，使生活品質趕不上經濟的發展。

　　在污染問題中最爲嚴重的是：垃圾的產生與處理、空氣污染、水質污染、噪音公害以及海洋的污染水土保持等。爲解決這些問題除必需了解問題的發生的前因後果，政府制定有效的防治策略，民眾切實的去實踐，企業家的配合，更重要的是透過教育的宣導，改變大家的態度及生活習慣，實施環保行爲以落實在日常生活中。

　　自然生態保育，是積極的拯救我們的環境的重要一環，台灣地區自民七十一年開始便成立了第一座國家公園——懇丁國家公園，此後相繼有玉山、陽明山、大魯閣、雪霸及金門國家公園，並設有十八個自然保留區表7－2，以供學術研究、教學及人民休息和旅遊。

　　經濟成長及土地的開發，帶來了能源及水土保持的問題，在能源不足依賴進口能源日益嚴重的情況下，是否應從節約能源及開發多元化的能源方面著手。核能發電是否可行，是值得我們深思的。

■表7－2　台灣十八個自然保留區分布表（八十四年）■

名　　稱	保　護　對　象	面　積（公頃）	地　　點	公告日期年月日
淡水河紅樹林自然保留區	水筆仔	76.41	台北縣竹圍附近淡水河沿岸風景保安林	75.6.27
關渡自然保留區	水鳥、水筆仔	55.00	台北市關渡堤防外沼澤區	75.6.27
坪林台灣油杉自然保留區	台灣油杉	34.60	台北坪林附近	75.6.27
哈盆自然保留區	天然闊葉林、山鳥、淡水魚類	332.70	宜蘭福山植物園	75.6.27
鴛鴦湖自然保留區	湖泊、沼澤、紅檜、東亞黑三稜	374.00	新竹、大石鄉	75.6.27
火炎山自然保留區	崩塌斷崖地理景觀、原生馬尾松林	219.04	苗栗、三義	75.6.27
台灣蘇鐵自然保留區	台灣蘇鐵	290.46	台東、鹿野	75.6.27
台灣穗花杉自然保留區	台灣穗花杉	86.40	台東、大武	75.6.27
大武山自然保留區	野生動物及其棲息地、原始林、高山湖泊	47,000.00	大武山區及大鬼湖、巴油池	77.1.13

名稱	保護對象	面積	地點	日期
插天山自然保留區	櫟林帶、稀有動植物及其生態系	7,759.17	台北，北插天山一帶	81.3.12
南澳闊葉樹林自然保留區	暖溫帶闊葉樹林、原始湖泊及稀有動植物	200.00	宜蘭，南澳山區，神秘湖	81.3.12
澎湖玄武岩自然保留區	玄武岩地景	滿潮19.13 低潮30.87	澎湖縣錠鉤嶼、雞善嶼及小白沙嶼三島嶼	81.3.12
台灣一葉蘭自然保留區	台灣一葉蘭及其生態環境	51.89	阿里山區	81.3.12
出雲山自然保留區	闊葉樹、針葉樹天然林、稀有動植物、森林溪流及淡水魚類	6,248.74	高雄，出雲山區	81.3.12
烏山頂泥火山自然保留區	泥火山地景	4.89	高雄縣燕巢鄉深水段183之8地號	81.3.12
挖子尾自然保留區	水筆仔純林及其伴生動物	30	台北縣八里鄉	83.1.10
烏石鼻海岸自然保留區	海岸林景觀	311	南澳事業區第十一林班	83.1.10
墾丁高位珊瑚礁自然保留區	高位珊瑚礁及其特殊生態	137	墾丁熱帶植物第五區	83.1.10

問題討論

一、環境對人類生活的影響如何？

二、台灣地區的環境問題有些什麼？

三、討論台灣的環境公害問題：

  1.垃圾的產生及處理的方法。

  2.水質污染的情形及其防治方法。

  3.空氣污染對健康的影響。

  4.噪音公害產生的來源。

四、台灣地區的國家公園有那幾個？你曾去過那些個？它們的特色為何？

五、自然生態保育的重要性？

六、台灣自產能源有限，為要配合經濟成長你認為我們應該怎樣面對「能源問題」？

七、你對核能發電廠的興建（核四廠）的看法如何？為什麼？

八、如果在你所在地的空氣品質監測資料中，發現當地空氣品質指標（PSI）達到300或以上，你將該如何反應及行動？

參考文獻

中文：

王紹漢（民79）。《環境污染與健康》。科技圖書股份有限公司。

台灣省環保處（民79）。《環境保護教育宣導系列》。台灣省政府環保處。

台灣電力公司。《電源開發與核四廠興建計畫》。台灣電力公司。

台灣電力公司（民83）。《核能知識小品》。台灣電力公司核能溝通中心編印。

郭瓊瑩（民80）。《自然、環境、人》。台灣省教育廳。

國立台北師院（民82）。《空氣污染的防治》。國北師院，環教中心。

張隆盛（民83）。《美麗新家園—家庭垃圾減量手冊》。環保署。

陸杰人（民80）。《環境污染與防治處理》。新學誠文教中心。

鄧天德等（民78）。《陽明山國家公園環境教育親子手冊》陽明山國家公園鄧天德等。

環保署（民80）。《環境教育你我他》。環保署。

環保署（民80）。《環境保護ㄅㄨㄇ》。教育部、環保署。

環保署（民84）。《與環境有約（一、二冊）》。環保署。

簡又新（民79）。《環境保護入門》。環保署。

簡又新（民79）。《意識、共識與環保》。環保署。

墾丁國家公園（民75）。《風景據點簡介》。內政部營建署。

8

消費者健康

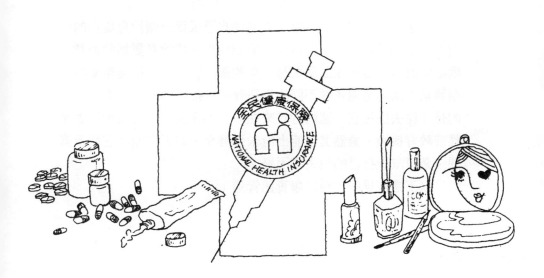

第一節　健康資訊

一、健康資訊來源

　　為了自己與家人的健康，必須使自己成為一個消息靈通的消費者（informed consumer）。要能成為一位消息靈通的消費者就必須對各種健康產品與服務不斷的獲取新知。各種健康產品與服務是不斷的透過各種不同的資訊管道來接近你的，其唯一的目的是要你去採用它。國內近年來在政府與民間都成立有消費者保護或教育機構，雖然其功能上尚未臻健全，如果你能向它們多詢問，必可減少自己的損失或困擾。

　　以下是常見的各種健康資訊管道：
- 家人與親友
- 廣告
- 商品標示
- 民間傳說
- 商品說明會
- 大眾傳播媒體
- 業者

- 健康有關雜誌
- 圖書館
- 消費者唱導機構（民間）
- 政府機構
- 學校中的健康有關教師

二、健康資訊的判斷

　　就如前述，由於健康資訊的提供者甚多。各個提供者使用的管道也不相同。提供者提供的資訊是否正確可靠，就須由消費者來作明智的決定。以下幾點建議可作為判斷資訊的參考：

- 資料是由何人（單位）提供？
- 該提供者的教育程度如何？有否此方面專業訓練、技能？外界對他的評價如何？
- 該人是否持有專業證照？證照是否過期？證照是由什麼單位發給的？
- 問該人所提供的訊息是出自何處？報紙、一般雜誌、教科書、專書、專業雜誌？
- 將其所提供的資訊向專業機構請教查證。或向國家的消費者保護機構確認。
- 檢查該資訊引用的參考資料來源。是否出自學術研究機構或有公信力的科學性組織。

（第二節）　**健康照護的提供者**

一、醫事人員的種類與醫師之基本責任

　　依行政院衛生署的分類，目前執業的各類醫事人員計有醫師、中醫師、牙醫師、藥師、醫檢師、醫用放射線技術師、護理師、護士、藥劑生、鑲牙生、助產士、醫檢生等。其中以醫師和病人的關係最密切，有關醫師的資格、職責和義務等與患者有直接關係的規定可參考醫師法及其實施細則。以下為其重要部份。

　　醫師法第一條規定：「中華民國人民經醫師考試及格者，得充醫師」。有關中醫師、牙醫師等的資格，在該法第一章中都有詳細規定。同法第十一條規定：「醫師非親自診察，不得施行治療、開給方劑、或交付診斷書」。同法第二十一條規定：「醫師對於危急之病症，不得無故不應招請，或無故延遲」。

二、如何選擇適合自己需要的醫師

　　全民健保的實施，人人有選擇適合自己需要的醫師，以下各

點供你參考：

- 該醫師的性別、年紀等是否能讓你相信或感到安心？他能夠讓你和他溝通嗎？
- 該醫師有把你當作他的患者看待嗎？
- 該醫師的專長適合你目前想醫療的問題嗎？
- 該醫師收費合理嗎？有沒有超出你的經濟能力負擔？
- 該醫師對你初診是否夠詳細？你的病歷記錄是否夠詳實？
- 你從別處帶來檢查資料或病歷他是否也能仔細閱讀參考？
- 有否給你一些健康教育資訊？
- 該醫師在你的治療過程中是否不太願意採用新的方法或急於嘗試新法？
- 該醫師在無法應診時是否有安排其他合格醫師代診？
- 和他預約時（電話），是否能在適當時間內安排就診？
  經過上述各點考慮後，可以決定是否須換個醫師。

三、如何選擇醫療機構

- 設法瞭解該機構的設備與人員專長。
- 非不得已，盡量避免看急診。
- 問一問他人的意見（避免一個人立即作決定）。
- 要動手術或作檢驗時，先考慮是否另有其他代替機構。
- 多利用該機構正常營業時間就診。非不得已，盡量避免於其他（週末假日）時間就診。
- 先瞭解該機構（醫院等）的規約與收費狀況。

- 瞭解該醫師或醫院如何處理健康保險事宜。
- 如果收費有疑問或不公平，應提出異議。
- 選擇住處宜考慮該處是否有就近理想的醫療院所。
- 要確知該醫院是否會誠心把你當做他們的病人。
- 居家附近無適當醫師或醫院時，應轉診外地，請教「高明
　」。

四、患者的基本權利

作為一個患者，你可要求醫療機構作到下列事項：
- 要被治療的有尊嚴。
- 要能為你個人保密或不透漏個人隱私。
- 要能提供患者的保險單位要求的必須資料。
- 要能在患者要求下提供適度合理的服務。
- 要能瞭解照顧者（醫師或護理人員）的身份。
- 對自己的病情、治療過程、恢復狀況、預後要能夠知道。
- 訴說對自己所擔心與想要知道如何被照顧的情況時，要有人
　聽。

此外，作為一個患者你隨時有下列權利：
- 拒絕接受治療。
- 尋求其他治療方法。
- 隨時辦理出院。

五、診療機構有下列權利

病人有權要求醫院,當然醫院也有權要求病人。
- 要求病人遵守約定。
- 要求病人提供有關病情的所有資料。
- 對診療機構內的服務人員尊重。
- 有詢問有關病情與澄清問題的權利。
- 有遵照醫囑處理患者的權利。
- 有訊問有關保險與給付的權利。

六、何時該看醫師

雖然目前全民健保已實施,只要有加保,醫師應該是人人看得起的,可是醫師也並不是二十四小時隨侍在你左右,而且在可以自行處理,不必看醫師時你去看醫師,不但浪費醫療資源也浪費自己寶貴時間。因此人人都應該學會如何決定何時該看醫師。此種決定當然得依過去的經驗與目前的症狀為依據。下列數點供參考:
- 症狀是否嚴重如果狀嚴重或強烈,例如劇痛、傷口大量出血,當然得立刻看醫師。
- 問題是否不尋常雖然不痛不癢,但狀況特殊,有異於尋常,而且自己也不明所以然,最好看醫師。

- 症狀的持續性症狀雖不是很難受，但一直持續不斷，例如微痛或持緒發熱，應立刻看看醫師。
- 症狀是否反復發作同樣地，症狀雖不是很難受，但一直反復發作，得立刻看醫師。

七、如何做好自我照護

　　國人傳統上對就醫的觀念頗爲保守。所謂「有疾亦不汲汲近藥石，久多自平」是一般人對疾病處理的觀念。隨著數十年西方科學與衛生教育的輸入，此種觀念被屛除轉而爲「有病一定要看醫師，早期發現早期治療」。此種新的醫療觀念固然喚起國人重視疾病，但並未喚起國人對自己的健康負責，而且在醫療資源有限的今天可能造成濫用資源或浪費本身時間。因此，自我照護（ self – care ）是目前國人必須提倡的觀念。隨著教育與醫學衛生的進步，有許多健康問題，在過去，交由醫護人員來處理的問題，應該可以自行解決，例如普通感冒、流行性感冒、喉嚨痛、頭痛、一般小外傷、蚊蟲咬傷又無過敏現象發生時，應可自行照料。此外，一些慢性非緊急性疾病如氣喘、某些過敏性疾病、糖尿病均可由專業人員的照顧轉爲居家自我照顧。基本的健康促進，如體重控制則更應屬於自我照顧範圍。

　　要能做好自我照顧，就必須使自己成爲一個熟練的消費者。隨著時代的演進，將來在市面上將可買到更多自我健康照顧的產品，例如血壓計、聽診器、檢驗套（如驗血糖、驗孕）裝設備、成藥，這些產品的優劣當然需要消費者不斷去瞭解、去辨別。明

智的應用，將省下消費者不少的金錢與時間。此外還可將專業人員的資源與時間讓給真正需要的人利用。

使用自購的保健箱（急救箱）或檢驗套裝設施時，下列事項宜注意：

- 檢查其失效日期（以免變質影響功效導致傷害身體）。
- 保存在該用品指示該保存的場所（如適當的溫度、濕度、與光線）。
- 仔細閱讀並遵照標示使用。
- 保持正確測試結果。
- 使用後發生的結果如何、應遵照其指示處理後續工作。
- 一有問題立刻向醫師或藥師請教。
- 如果是檢驗器材，進行檢驗時要有準確時間，須備有告時錶（鐘）以提醒時間。

第三節 與健康有關的產品

我們日常生活中所使用、所接觸的物品，無一不與健康有關。本節只對醫療用品，和食品作簡要說明。

一、醫療用品

　　一般人對醫師的處方藥都會遵照指示服用，不易產生問題。許多人有自行購買成藥使用的行為。使用成藥時，總認為成藥危險性小，甚至沒有看標示就服用。服藥如果不遵照指示的劑量、時間、用法，則不管是成藥或處方藥都會產生危險。此外，市面上還充斥著各種偽藥、劣藥，消費者購買時，須看清楚，問明白，自己更應作明智的決擇，以免受騙，造成健康與金錢的損失。以下簡釋有關醫療用藥之名辭。

(一)藥物

　　我國最新版之藥事法規（於中華民國八十二年二月五日總統修正公布，共有106條）第一章第四條的定義，所稱的藥物是指藥品及醫療器材。此外，有許多藥物在正式上市以前都須經過一段時日的試用，此類藥物稱為「試驗用藥物」，此類藥物因其醫療效能及安全尚未經證實，專供動物毒性藥理評估或臨床試驗用（第五條）。同法第六條指出，藥品為載於我國或者我國政府認定之各國藥典之藥品、使用於診斷、治療、減輕或遇防疾病之藥品、其他足以影響身體結構與生理機能之藥品。

(二)成藥

　　所謂成藥是指不待醫師指示即供治療疾病之藥品。這類藥物攙入之麻醉藥品、劇毒品不超過衛生機關規定之限量，作用較緩

和，無蓄積性，耐久儲存，用法簡便。製造者在成藥上應明示其效能、用量用法標明許可證字號。

(三)偽藥與劣藥

所謂偽藥係指藥品經稽查或檢驗有下列各款情形之一者：

- 未經核准，擅自製造者。
- 所含有效成分之名稱，與核准不符者。
- 將他人產品抽換或摻雜者。
- 塗改或更換有效期間之標示者。（第二十條）

所謂劣藥係指核准之藥品經稽查或檢驗有下列各款情形之一者：

- 擅自添加非法定著色劑、防腐劑、香料、矯味劑及賦形劑者。
- 所含有效成分之質、量或強度，與核准不符者。
- 藥品中一部或全部含有污穢或異物者。
- 有顯明變色、混濁、沈澱、潮解或已腐化分解者。
- 主治效能與核准不符者。
- 超過有效期間或保存期限者。
- 因儲藏過久或儲藏方法不當而變質者。
- 裝入有害物質所製成之容器或使用回收容器者。（第二十一條）

(四)管制藥品

所謂管制藥品係指依麻醉藥品管理條例管理之麻罪藥品及主

管單位認為使用後會產生習慣性、依賴性之製劑及其原料藥或認為有必要加強管理之毒劇原料藥。

(五)藥物之標示

依藥物法第七十五條規定藥物之標籤、仿單或包裝，應依核准，分別刊載下列事項：

- 廠商名稱及地址。
- 品名及許可證字號。
- 製造日期或批號。
- 主要成分含量、用量及用法。
- 主治效能、性能或適應症。
- 副作用、禁忌及其他注意事項。
- 有效期間或保存期限。
- 其他依規定應刊載事項。

二、食品與食品標示

我們每天必須飲食，食品對人體健康影響重於其他產品。食品的功用與藥品不同。依我國食品衛生管理法（72.11.11修訂）第二條中指出。係指供人飲食或咀嚼之物品及其原料。

現在的人，越來越少自製食品，購買食品時應看清其標示。食品衛生管理法（72.11.11修訂）第十七條規定。有容器或包裝之食品、食品添加物和食品用洗潔劑，應以中文及通用符號顯著標示下列事項於容器或包裝之上，見圖8-1：

製造日期

製造廠商

營養標示

保存日期

品名

註冊商標

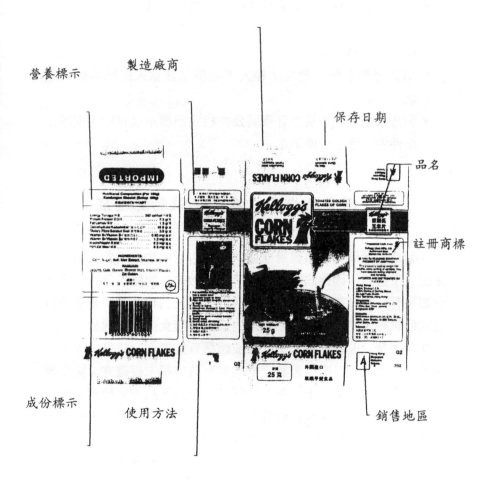

成份標示

使用方法

銷售地區

■圖 8-1■

- 品名。
- 內容物名稱及重量、容量或數量；其為兩種以上混合物時，應分別標明。
- 食品添加物名稱。
- 製造廠商名稱、地址。輸入者並應加註輸入廠商名稱、地址。
- 製造日期。經中央主管機關公告指定須標示保存期限或保存條件者，應一併標示之。

三、避免使自己成為藥物試驗的老鼠

　　通常一種藥物必須經過種種試驗，包括動物與人體試驗後，才能上市行銷。因為政府機構對藥物試驗的管制難以周全，消費者如果有意嘗試新藥，不可不瞭解自己的權利與義務，避免使自己成為試驗用的老鼠。例如在國內以「健康食品」出現於市面的一種荷爾蒙–「退黑激素」，因被認為有抗老化、抗癌、改善睡眠等效果而流行日廣，但其安全性與有效性都未經確立，衛生署為求審慎，於民國八十五年八月擬禁止再以食品方式行銷，改以處方藥列管，亦即非經醫師處方不得販售，以確保消費者安全。許多先進國家，對種種藥物或醫療技法的人體試驗都有嚴格的法規管制，以確保受試者的權益與健康。通常，發展新醫藥的業者應取得受試者的同意書，受試者有充分被告知試驗的方法、目的、可能發生的副作用或危險性等義務。受試者也有權瞭解其他可能的治療方法與有關說明，受試者的個人資料亦應受到絕對保

密。受試者在接受試驗的過程中，如果覺得不妥亦可隨時退出試驗。

第四節　與消費者保護有關法令

　　許多產品與服務都與健康有關，消費者必須對消費者保護有關法令有所瞭解，才能保護本身權益。除了前述的醫師法、藥事法、醫療法等中的有關法條外，行政院於民國八十三年通過的消費者保護法更值得消費者去了解。該法是政府保護消費者的一種基本法規，茲將其中直接與消費者有關且重要者（第七條、第八條、第九條、第十、第二十二條、第二十三條）條列於下供讀者參考。

第　七　條　從事設計、生產、製造商品或提供服務之企業經營者應確保其提供之商品或服務、其安全或衛生上之危險。商品或服務具有危害消費者生命、身體、健康、財產之可能者，應於明顯處爲警告標示及緊急處理危急方法。企業經營者違反前二項規定，致生損害致消費者或第三人時，應負連帶賠償責任。但企業經營者能證明其無過失者，法院得減輕其賠償責任。

第　八　條　從事經銷之企業經營者，就商品或服務所生之損害、與設計、生產、製造成品或提供服務之企業經

營者連帶賠償責任。但其對損害之防免己盡相當之注意，或縱加以相常之注意而仍不免發生損害者，不在此限。前項之企業經營者、改裝、分裝商品或變更服務內容者，視爲前條之企業經營者。

第　九　條　輸入商品或服務之企業經營者，視爲該商品之設計、生產、製造者或服務之提供者，負本法第七條之製造者責任。

第　十　條　企業經營者於有事實足認其提供之商品或服務有危害消費者安全與健康之虞時，應即回收該批商品或停止其服務。但企業經營者所爲必要之處理，足以去其危害者，不在此限。商品或服務有危害消費者生命、身體、健康或財產之虞，而未於明顯處警告標示，並附載危險之緊急處理方法者，準用前項規定。

第二十二條　企業經營者應確保廣告內容之眞實，其對消費者所負之責之義務不得低於廣告之內容。

第二十三條　刊登或報導廣告之媒體經營者明知或可得而知廣告內容與事實不符者，就消費者因信賴該廣告所受之損害與企業經營者負連帶責任。前項損害賠償責任，不得預先約定限制或抛棄。

第五節 醫療與健康保險

為增進全體國民健康，政府於八十三年八月九日公布全民健康保險法，八十四年一月九日公布實施細則。同年三月正式實施全民健保。全民健康保險法共九章八十九條。全民健保的實施，關係到每個國民的健康。大家都須對全民健康保險法及其相關法令有所了解。以下簡單對該保險作說明，詳細情形請參考有關法令。

一、全民健康保險的意義

全民健康保險是以全體國民為保障對象，在自助互助、共同分擔危險的基本原則下，每一位參加保險的人按月繳納保險費，一旦發生生育、疾病、傷害事故時，由保險醫事服務機構提供醫療保健服務的一種社會保險制度（中央健保局，民84）。全民健康保險的實施，是對已經參加公保、勞保與農保的被保險人繼續提供醫療給付，又把尚未參加的八百六十萬國民一起納入保險，提供同樣的醫療服務，其目的是使全國國民都能免除就醫的財務障礙，而獲得妥善的醫療照顧。（中央健保局，民84）。全民健康保險的開辦，有賴全體國民的支持和協助，必須大家都能按期

繳納保險費，合理使用保險權利，適當利用醫療資源，共同避免浪費，全民健康保險制度才能順利推行和健全發展，全體國民才能獲得有效和高品質的醫療服務。（中央健保局，民84）

二、全民健保的目的方法與內容

　　在全民健康保險法第一章第一條中明白指出，其目的爲「增進國民健康」而其方法爲「提供醫療保健服務」。第二條指出其服務內容爲對被保險對象在保險有效期間內發生疾病、傷害、生育時給與保險給付。

㈠保險對象

　　同法第二章第七條指出保險對象分爲被保險人及其眷屬。第八條指出被保險人分的分類。中央的全民健康保險，把保險對象區分爲被保險人和眷屬。被保險人依照就業身分、所屬投保單位、保險費計算方式和負擔比率的不同，區分爲以下六類：

　1.第一類被保險人：
　　⑴在政府機關、公私立學校服務而且參加公務人員保險或私立學校教職員保險的專任有給人員，或公職人員（包括沒有職業的鄰長）。
　　⑵受僱於公民營事業、機構的員工。
　　⑶前二項被保險人以外，有一定雇主的受雇者。
　　⑷雇主或自營作業者（指自己從事工作，但沒有僱用員工（而且不能加入職業工會的人）。

(5)依專門職業及技術人員考試法或其他法規取得執業資格，自己開業而且沒有僱用員工的人。

2.第二類被保險人：

(1)沒有一定雇主或沒有僱用員工、獨立從事勞動或技藝工作，而且參加職業工會的人。

(2)參加海員總工會或船長工會為會員的外僱船員（指受僱於外國船公司的本國船員）。

3.第三類被保險人：

(1)農會和農田水利會會員，或年滿十五歲以上實際從事農業工作的人。

(2)漁會的甲類會員，或年滿十五歲以上實際從事漁業工作的人。

4.第四類被保險人：

領有軍眷補給證或軍眷身分證的志願役軍人眷屬、軍事機關編制內領有補給證的聘雇人員眷屬、無依軍眷或在卹遺眷的家戶代表。

5.第五類被保險人：

合於社會救助法規定的低收入戶戶長。

6.第六類被保險人：

(1)榮民，或榮民遺眷的家戶代表。

(2)不屬於前面所列各類被保險人及其眷屬的其他家戶戶長或代表。

有關各類被保險人之眷屬，在該法第九條中有明確規定。

㈡**投保資格**：

1. 全民健康保險法第十條規定，凡是具有中華民國國籍，符合下列資格之一的人，都應該參加全民健康保險：
   ⑴在臺閩地區設有戶籍滿四個月。
   ⑵在臺閩地區設有戶籍，並且由固定雇主僱用的人或軍眷家戶代表，及其沒有職業的眷屬。
   ⑶在臺閩地區辦理戶籍出生登記，並且符合被保險人眷屬資格的新生嬰兒。
2. 具有外國國籍，在臺閩地區領有外僑居留證，並且由固定雇主僱用的人或軍眷家戶代表，及其沒有職業的眷屬。
3. 第一類第一目到第三目和第四類被保險人的眷屬，如果具有外國國籍，在臺閩地區領有外僑居留證，並且符合眷屬資格的人，也可以投保。

　　該局規定，有下列情況的人，為喪失資格者，不可以投保；已經投保的人，應該退保：

1. 現役軍人、軍校學生和軍事機關編制內領有補給證的聘雇人員。
2. 在監獄、看守所接受刑的執行或接受保安處分、管訓處分的執行，其執行期間在二個月以上的人。
3. 失蹤滿六個月的人。
4. 喪失前頁所列投保資格的人。
5. 死亡。

㈢全民健康保險就醫須知

就醫時應帶證件如下：

1. 全民健康保險卡或兒童健康手冊（四歲以下兒童適用）。
2. 國民身分證（十四歲以下未領有國民身分證者免用）。

就醫後應繳費用，請見表8－1。

全民健康保險法第八章與該法實施細則第五章爲有關罰則之規定，加保者爲維護本身權益宜詳加閱讀。此外，爲了讓大家了解參加全民健康保險會有那些權利和義務，中央健康保險局特別印製有關全民健康保險手冊、單張多種，以供民眾參考。該局也歡迎利用080－212369免費服務電話或去函查詢。

■表8-1■

全民健康保險保險對象門診醫療費用自行負擔金額及住院醫療費用自行負擔金額

壹、門診醫療費用自行負擔金額

中央健康保險局八十四年五月二日
健保醫字第八四○○四五九八號公告

一、門、急診自行負擔金額

	一般門診	牙醫	中醫	急診
診所	50元	50元	50元	150元
地區醫院	50元	50元	50元	150元
區域醫院	100元	50元	50元	210元
醫學中心	100元	50元	50元	420元

二、領有殘障手冊的保險對象，門診一律自行負擔五十元。

貳、住院醫療費用自行負擔金額

依急、慢性病房及住院日期長短加重其不同之負擔比率：

一、急性病床：30日以內負擔10％，第31日至60日負擔20％，第61日以後負擔30％。

二、慢性病床：30日以內負擔5％，第31日至90日負擔10％，第91日負擔比率如下表：

病房別	部　分　負　擔　比　率			
	5％	10％	20％	30％
急　性	——	30日內	31-60日	61日以上
慢　性	30日內	30-90日	91-180日	181日以上

※住院部分負擔上限：
1. 入住急性病房三十天以內，慢性病房一百八十天以內出院者，每次最高部分負擔金額為一萬五千元。全年最高部分負擔金額總計為二萬五千元。
2. 若超出上述期限，仍應按所需負擔比率自行負擔部分金額。

摘 要

　　個人對有關健康資訊、服務、與產品所作的決定會直接、間接影響本身或家人的健康。作爲一個消費者，必須對有關健康資訊之來源與正確性加以分析。一個消費者是由各種不同的健康照護提供者（單位）得到健康服務。隨著時代的演進，消費者對自我照顧的責任越來越重要。健康照護之耗費，由國內外的長期趨勢觀之，將越來越多，個人在參與各種保險時應審愼加以衡量。健康產品的提供者（單位）須讓使用者在明確被告知的情況下使用該產品，使用者亦該對自己的使用行爲負責。處在今日複雜的消費社會中，個人須對各種消費資訊隨時充實、不斷接受教育，才能避免受騙。

問題討論

一、李一明昨天騎機車來上學，在校門口因不小心撞到電線桿而造成股骨骨折，他的要好同學黃永春把他送到健康中心，中心裏的醫護人員要將他轉送往某綜合西醫院處理，可是這時他家長正好趕到，並堅持要送往一家開業的「接骨師」處理。究竟該送到那裡醫療？如果你是黃永春，你會如何給他們做建議？

二、請自行設計一張調查表，到學校附進的商店或路攤調查香菸販售的情形。調查內容須包括：品牌、一般人購買的數量單位、單價。

三、請自行設計一張調查表，選擇學校附近一至三家超市，調查售賣的酒之種類、那些為國產酒？那些為進口酒？注意各種酒的酒精濃度、注意各種酒的包裝或標籤上是否有提供消費者有關健康之標示。

四、張太太要張先生到藥房買一瓶維他命，這時正好鄰居黃太太到來。黃太太告訴張太太說：「把你的健保卡交給我，我去換幾瓶免費的給你，反正你也從來不看病。」張先生說：「怎麼可以這樣做？」黃太太答：「我家只有我老公偶爾看病，我和兩個小孩跟本沒使用過健保卡，每月繳那麼多健保費，換點營養品來保健康有什麼不可？反正大家都這麼做，你們何必故作清高！」

你遇見過這類事情嗎？如果你是張太太或張先生，你會怎麼

做？

五、在許多公共場所如車站、百貨公司、辦公大樓、或醫院中，常可看到「善心」人士或機構免費提供許多有關保健、治病、減肥的書刊或單張小册。你曾經注意到嗎？是否會去取閱？你是如何判斷其價值或眞僞？

參考文獻

中文：

中央健保局（民84）。《編印全民健康保險手冊》。

中央健保局（民85）。《全民健康保險法規要輯》。

林世宗（民83）。大家來認識消保法。《消費者報導，第155期》。

許君強（民82）。《醫事及衛生法規》。台北市：桂冠圖書股份有限公司。

劉俊昌（民84）。《健康教學法》。台北市：五南圖書出版公司。

9

傳染病防治

食物
空氣
環境
水
病媒
帶原者

　　臺灣地區近年來醫藥科技的進步、生活水準的提高、公共衛生的發達、環境衛生的改善及防疫措施的加強，皆使傳染病對我們人類的危害已經逐漸減低。然而傳染病的防治仍是公共衛生的重點工作，因爲新生兒的誕生，新傳染病的發現、病原菌抗藥性的增加、人與人接觸的頻繁、性開放與藥物濫用的猖獗、國際交通的便捷等等情形，都使傳染病的控制更爲不易，因此傳染病的防治工作更值得重視。例如近幾年來臺灣地區登革熱的流行，另外，退伍軍人症候群及後天免疫缺乏症候群（AIDS）近十幾年來也在美國甚至世界各地的相繼流行，這些都是傳染病防治工作需要再加強之處。

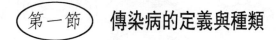

第一節　傳染病的定義與種類

一、傳染病的定義

　　一般來說，如果人體的組織或功能有了變異或失去常態，就可稱之爲疾病，也可以說是個人的身心健康發生故障、不穩定或不安寧的狀態。疾病的種類很多，依照傳染性的有無，可分爲傳染病和非傳染病兩種。

　　凡是由某種病原體所引起的，由一人以直接或間接的方式傳

給他人，或由動物傳至人體的疾病，稱之爲傳染病，如肺結核、登革熱、霍亂等等。而非傳染病即非經由傳染過程而得的疾病，如糖尿病、高血壓、心臟病或中風等一般常見的慢性病。

二、傳染病的種類

若依傳染病病情的發展，可分爲急性傳染病和慢性傳染病。一般而言，前者發病突然，潛伏期短，病程亦較短，如霍亂、傷寒、白喉；後者發病緩慢，潛伏期長，病程亦較長，如肺結核、淋病、梅毒等。

(一)法定傳染病

我國法定傳染病是法律規定應行報告和嚴格管制的傳染病，多屬傳染力較強、致死率高及嚴重性較大的急性傳染病，共十一種。其病名如下：霍亂、傷寒及副傷寒、桿菌性及阿米巴性痢疾、斑疹傷寒、猩紅熱、黃熱病、白喉、流行性腦脊髓膜炎、鼠疫、回歸熱、狂犬病。醫師診治病人或檢驗屍體時，發現傳染病或疑似傳染病時，應立即消毒及實施預防措施，並應於二十四小時內報告當地衛生主管機關。

(二)臺灣地區報告性傳染病

臺灣地區除法定傳染病外，較常見的傳染力強需報告的傳染病，計有十種，其病名如下：瘧疾、恙蟲病、小兒麻痺、日本腦炎、百日咳、破傷風、開放性結核病、麻疹、後天免疫缺乏症候

群,簡稱 AIDS 或愛滋病)、急性病毒性肝炎。

(三)學生易患的傳染病

除法定傳染病及臺灣地區報告性傳染病外,學生常見的傳染病有:流行性感冒、麻疹、腮腺炎、德國麻疹、水痘、病毒性肝炎、蟯蟲病等。

第二節　傳染病的發生

傳染病是由病原體所引起的,但是病原體如果無法進入我們的人體,人體便不會發病。病原體即使侵入人體,假如在人體內沒有一個適合這種病原體生存和繁殖的環境,人也不會發病,由此可知傳染病的發生必須具備有三種條件:①是須有引起疾病的病原體(agent)存在,如:細菌、病毒、立克次體、衣原體、黴菌、寄生蟲等;②是須有適當的傳染途徑;③是須有抵抗力較弱的人體(宿主)。三者皆具備時,才易發病。

一、宿主與病原體

不同的病原體侵入人體時,所產生的危害程度也不一樣。最輕微的感染是病原體在人體內維持一定的生長速率,保持一定的

數目，但不造成宿主任何的反應者，例如經常存在於鼻腔粘膜的金黃色葡萄球菌的菌落等。更進一層的感染是不顯性感染，此時病原體不僅在宿主體內繁殖，而且使宿主產生病理反應，但無法察覺臨床上的症狀，例如結核菌素測驗呈陽性（表示已感染結核桿菌），而又無結核病症狀的人，絕大部份屬於不顯性傳染。再進一層的感染是已出現臨床症狀者，稱之為顯性感染或臨床感染。

　　同時，我們也可以將人體感染病原體後的反應再細分為五級：不顯性感染、輕度反應、中度反應、重度反應和死亡。而病原體對人體所造成的嚴重程度，常以致病力和毒力來表示。前者是指病原體導致人體生病的能力；後者是病原體導致人體產生嚴重疾病的能力。根據致病力和毒力的不同，可將傳染病的病原體分成三類：第一類是以不顯性感染為主，即大部分的感染者不會出現臨床症狀，僅有極少部分會有症狀發生。例如結核桿菌、幼兒期感染的肝炎病毒及腦膜炎球菌等。第二類是已有明顯的臨床症狀且為中度反應者為主的病原體，其不顯性感染、嚴重或死亡的情況甚少，例如麻疹病毒、水痘病毒均屬之，其致病力雖高，但毒力並不高。第三類則是嚴重反應和致死居多的傳染病原體，如狂犬病病毒，一旦侵入人體，即會造成相當高的死亡機率。

　　另外，即使同一病原體也會因其型別的不同，而對人體的危害程度也有所差異。例如溶血性鏈球菌可分成A至O等十三型，而對人體會致病的，90％以上是屬於A型。病原體致病力和毒力的大小，並非完全決定於病原體的種類。宿主本身的特性，諸如體質、性別、年齡、種族、生活習慣、社會經濟地位等，都扮演著重要的角色。例如：正常的健康成年人感染肺炎球菌和沙門氏

菌所產生的致病反應，就比老年人、兒童和虛弱的人來得輕微。

　　不同疾病其傳染期間也不相同。一般而言，呼吸系統傳染病的傳染期間，是由潛伏期的末期開始，藉由咳嗽、痰、噴嚏和鼻涕等分泌物的增加，而將病原體排出體外傳給他人。過了這段期間，病原體的排出量即大大的減低。消化系統傳染病往往是在症狀達到高峰狀態時，病原體才隨著排泄物大量排出，其傳染期間較呼吸系統傳染病為長。

　　除了正在患病的人，有可能將病原體傳給他人之外；受到病原體的侵入，但無明顯症狀的人，也可能將病原體傳給別人，這些人稱之為帶原者（carrier），如常見的B型肝炎帶原者或愛滋病帶原者等。

　　根據帶原時間的長短，又可分為暫時性帶原者和慢性帶原者。其次，並非每一個受感染的人，一定會成為帶原者，有些病發後，經過一段時間之後就痊癒了。

二、傳染途逕

　　傳染病之所以能由一個人傳染給很多人，是因為它有各種不同的傳染途徑。傳染途徑可以說是病原體侵入人體的過程，這種過程包括了病原體從傳染窩游離出來，傳送到易被感染的宿主而進入其體內。主要可分為直接傳染和間接傳染，而間接傳染又可分成媒介物傳染、病媒傳染及空氣傳染。

(一)直接傳染

　　直接傳染是指病原體直接由受感染宿主傳至被感染人的傳染途徑。它不僅包括了和病人或帶原者的口、粘膜、血液或皮膚的接觸，如接吻、性交和撫摸等行為的接觸感染，也包括經由飛沫而傳至口鼻腔粘膜的感染。所謂的飛沫是指病人或帶原者在咳嗽或打噴嚏時，從口、鼻噴出的口水泡沫稱之。飛沫中含有大量的病原體，散布在空氣中，能進入健康人的口、鼻而致病。由於飛沫在空中飛行的距離有限，因此飛沫的散播是在很近的距離內發生。所以列入直接傳染之中。

(二)間接傳染

1.媒介物傳染

是指經由接觸受病原體污染的物體，如餐具、盥洗用具、玩具、床舖、食物、水、手術用具和注射藥物等而間接傳染到病原體。病原體可能在進入人體之前，已在媒介物的表面或裡層發育繁殖但也可能不會。

2.病媒傳染

是指病原體藉由動物為媒介傳染至易感受宿主的過程，如蒼蠅、蚊子、蝨、蚤、恙蟲、鼠、狗等。其所傳染的疾病如瘧疾、登革熱、恙蟲病、鼠疫、狂犬病等。

3.空氣傳染

是經由塵埃和飛沫所傳播。附有病原體的塵埃，會散播該病原於人體的皮膚、口鼻粘膜表面，或傷口上而引起感染。另外，有些飛沫能在空氣中浮游相當長的一段時間，再經由人

體吸入體內而感染。

第三節　傳染病的防治方法

　　針對傳染病發生的三個必要條件：病原體、傳染途徑及宿主。傳染病的防治措施可分成三個方面來進行：管制傳染病原、中斷傳染途徑及增強宿主抵抗力。

一、管制傳染病原

(一)消滅傳染病原

　　撲殺窩藏病原的動物，或降低其感染力，或將之治療使其失去傳染能力。例如透過接種家犬，捕殺野狗，血清治療等努力，而根除臺灣地區的狂犬病。

(二)減低傳染機會

　　要減低或消除宿主的傳染性，首先要發現病人、帶原者或接觸者，可藉由疾病報告、集體篩檢和接觸者的調查，來確定傳染病原，再以隔離、檢疫和治療等方法防止傳染性病原的散播，減低傳染機會。

　　隔離病人，使其勿接觸健康的人，對於天花、鼠疫和霍亂等傳染病的管制非常有效。利用檢疫來限制接觸者或可能受感染者一段期間的行動，以防止傳染病的蔓延。然而隔離和檢疫在執行上需花費相當多的人力、財力和物力，其效果並不如想像中理想，再加上人口密集、交通頻繁，使它們的執行成效相當有限。

　　消毒是管制非生物性傳染窩的最有效方法。消毒是指殺滅病原體而言，可分爲隨時消毒與終期消毒。隨時消毒是隨時隨地將可能傳染的排泄物、分泌物或污物加以消毒。而終期消毒是指病人或動物因痊癒或死亡離開病房後的最後一次消毒工作，包括整個病房及其所涵蓋的東西物品都必須加以消毒。消毒的方法包括：焚化、煮沸、紫外線滅菌等物理方法及化學方法等。

二、 中斷傳染途逕

㈠避免接觸

　　避免和具有傳染力的人或動物接觸，以杜絕直接傳染的疾病，如性接觸傳染病等。

㈡改善環境衛生

　　改善環境衛生對於胃腸傳染病的預防最爲有效。可藉由清除積水、糞便及垃圾的處理、飲食業的督導、取締等方法來達到改善環境衛生的目的。

(三)實施衛生教育宣導

　　加強民眾衛生教育，以期增進安全衛生的認知，並進而改善飲食及生活習慣，將可有效的抑止傳染病的流行。另外，透過學校的衛生課程教學，提供學生學習如何預防傳染病，均有利於學校傳染病防治工作的進行。而餐飲衛生教育的實施，改良膳食處理程序如不同砧板的使用，改進餐具洗滌滅菌方式，藉以切斷傳染途徑，皆有助於傳染病的預防。

(四)撲殺病媒

　　經由病媒傳染的疾病可藉由殺滅病媒來控制流行。例如引起瘧疾、日本腦炎和登革熱的病媒蚊，可依其不同的習性，使用化學物質如噴灑殺蟲藥劑、消毒劑等，來殺滅或抑制病媒的滋生。

(五)管制空氣

　　空氣造成的傳染，是經由塵埃及飛沫所傳染的。可藉由加強房屋衛生、減少塵埃，避免過分擁擠、保持空氣流通、不到公共場所等，來減少空氣傳染的機會。

三、增強宿主抵抗力

　　任何一種病原體進入人體後，能否引發疾病，是與病原體的數目、致病力、毒力及宿主抵抗力有關，因此增強宿主的抵抗力是預防傳染病重要的方法之一。要增強抵抗力，除了一般健康促

進的方法外，特殊的預防方法還包括衛生教育和預防接種。如果每個人都知道疾病的發生原因，重視其重要性，而採取適當的預防方法，自然可以增加防疫的效果，這也就是衛生教育的目的。

預防接種的目的是增進一般人對某種傳染病的抵抗力，而人體的抵抗力是身體對抗病原體的一種能力。這種免疫力可分為自然免疫和人工免疫兩種。自然免疫是從母體或感染而得到的抗體，如新生兒免疫、感染免疫及病後免疫等。人工免疫是藉著注射疫苗而使人產生抗體，或注射抗血清來達到抵抗病原的目的。可分為自動免疫和被免疫兩種。自動免疫包括注射活菌疫苗、死菌免疫、類毒素等，而使人主動產生對抗病原的物質；而被動免疫則是注射抗血或抗毒素，如動物免疫血清、復原期病人血清、健康人血清等，而產生的暫時性免疫力。

各種疫苗的效力強弱和有效的持續時間並不完全相同。有些疫苗的效力並不高，必要時尚須追加接種以增高其體內所產生的抗體。一般預防接種時間如表9−1。

■表9-1 預防接種時間及紀錄表■

適合接種年齡	接種疫苗種類		接種日期	下一次接種日期	接種單位
出生24小時內	B型肝炎免疫球蛋白	一　劑			
出生滿24時以後	卡　介　苗	一　劑			
出生滿3～5天	B型肝炎遺傳工程疫苗	第一劑			
出生1個月	B型肝炎遺傳工程疫苗	第二劑			
出生滿2個月	白喉百日咳破傷風混合疫苗	第一劑			
	小兒麻痺口服疫苗	第一劑			
出生滿4個月	白喉百日咳破傷風混合疫苗	第二劑			
	小兒麻痺口服疫苗	第二劑			
出生滿6個月	B型肝炎遺傳工程疫苗	第三劑			
	白喉百日咳破傷風混合疫苗	第三劑			
	小兒麻痺口服疫苗	第三劑			
出生滿9個月	麻　疹　疫　苗	一　劑			
出生滿1年3個月	麻疹腮腺炎德國麻疹混合疫苗	一　劑			
	日本腦炎疫苗	第一劑			
	日本腦炎疫苗（每年3月至5月接種）	隔二周第二劑			
出生滿1年6個月	白喉百日咳破傷風混合疫苗	追　加			
	小兒麻痺口服疫苗	追　加			
出生滿2年3個月	日本腦炎疫苗	第三劑			
國小1年級	破傷風及百日咳混合疫苗	追　加			
	小兒麻痺口服疫苗	追　加			
	日本腦炎疫苗	追　加			
國小6年級	卡　介　苗	普查測驗陰性者追加			
國中3年級、國小學生	麻疹腮腺炎德國麻疹混合疫苗	一　劑			
育齡婦女	德國麻疹疫苗	一　劑			

資料來源：中央健康保險局，兒童健康手冊，民國八十四年。

第四節　一般常見的傳染病

一、水痘（Chickenpoxs, Varicella）

(一)病因

　　水痘是由水痘帶狀病毒所引起的良性高度接觸傳染性疾病。病毒經由直接接觸及飛沫傳染給宿主，潛伏期約為14～16天，在出疹的前一天至疹子結痂後的六天是最具有傳染性的時期。

(二)症狀

　　在出疹的前一天會有發燒、全身無力、缺乏食慾的現象，皮膚開始會出現斑點，然後迅速發展成丘疹，而後成為水痘，水痘的周圍水腫、發紅，皮膚薄而脆弱，一旦破裂就會流出渾濁的液體。這些水泡開始是在軀幹部位，然後很快的擴及臉部、肩部，最後是四肢，在軀幹部位最為嚴重。水泡是非常癢的，到了末期全部會結痂。

㈢治療與處理

水痘是自癒性的疾病，其治療主要是針對其症狀，例如用退燒藥治高燒及全身不適，局部使用抗癢乳液或抗癢藥膏有助於止癢，或以口服抗組織胺的藥物來控制全身搔癢。剪短並保持孩子指甲的清潔，切勿一味的搔抓，以免日後留下疤痕。每日洗澡並更換衣服，同時在水痘上擦抗癢乳液，最重要的是將孩子留在家裡，避免續發性感染及傳染給其他小孩。

二、白喉（Diphtheria）

㈠病因

白喉是由白喉桿菌所引起的兒童急性傳染病。常由病人或帶菌者之飛沫傳染，或因接觸呼吸道排出物所污染的器物而傳染。潛伏期約為二～五天，傳染期間為自發病開始，到細菌培養陰性為止，約兩週之久。

㈡症狀

白喉桿菌所分泌的毒素破壞粘膜之後會形成一層灰白色薄膜，由薄膜所產生的毒素則會遍佈全身，造成心臟、腎臟、肝臟、淋巴腺及神經組織的損傷。因薄膜所在的部位不同，其臨床表徵亦不相同：

1.鼻型白喉

症狀最輕微，往往與感冒的症狀相似，鼻部出現漿液或黏液性的分泌物。

2.扁桃腺和咽型白喉

此型白喉會有不適、食慾不佳、全身乏力、喉痛或輕度的發燒等症狀，輕微者在第七～十天左右薄膜會脫落而痊癒，嚴重者可能會發生毒血症或在數天內死亡。

3.喉型白喉

此型症狀為發燒、聲音嘶啞、咳嗽，有時薄膜會造成呼吸道不通暢而有呼吸困難的情形。

㈢治療及處理

臨床診斷疑似白喉，應立即給予白喉抗毒素或抗生素治療，並嚴格執行病人的隔離及維持呼吸道暢通。

三、百日咳（Pertussis）

㈠病因

百日咳是由百日咳嗜血桿菌，經由病人的飛沫傳染或接觸污染物品而傳染的，是一種嬰幼兒急性傳染病。潛伏期約七～十天左右，傳染期間自初期咳嗽即有傳染力，直到典型咳嗽開始三週後。

(二)症狀

關始時患者有類似感冒的症狀,如傷風、打噴嚏、流淚、咳嗽和低度發燒等,接著就開始有陣發性咳嗽,常在半夜發生,症狀可持續數週。

(三)治療及處理

一般給予抗生素(如紅黴素)治療,控制發燒,保持良好的休息,並多攝取水分等。

四、麻疹 (Measles)

(一)病因

麻疹是由麻疹病毒所引起的一種具有高度傳染力的幼兒急性傳染病。通常是由病人咳嗽、打噴嚏、或說話時的飛沫傳染,或直接接觸到病人的口、鼻分泌物而感染的。潛伏期約九～十四天,出疹前四天到出疹後三天都是傳染期。

(二)症狀

剛開始會有輕微的發燒不適、咳嗽、流鼻水等類似感冒的症狀,然後就會在口腔內臼齒對側的頰粘膜內,出現一種中央白色周圍紅紅的斑點,叫做科氏斑點(Koplik's spot),這是麻疹診斷時的一個重要依據。約三～四天後臉部開始出現紅斑丘疹,

開始是出現在耳後，然後蔓延至臉、頸、上肢、下肢等部位。

㈢治療及處理

　　採症狀治療，發燒一定要臥床休息，補充水分，由於病人畏光，宜置病患於較暗的房間。一般而言，麻疹會自動痊癒，但嚴重的時候，仍可能造成中耳炎、肺炎、支氣管炎及腦炎。

五、德國麻疹（ Rubella, German measles ）

㈠病因

　　德國麻疹是由德國麻疹病毒所引起的一種急性病毒性傳染病。病毒常存在於病人的血液和鼻咽分泌物中，傳染方式為直接接觸或間接接觸患者口鼻分泌物而傳染的，潛伏期約為十四～廿一天，傳染期間由發病至出疹後七天皆具傳染力。

㈡症狀

　　初期症狀為輕度發燒、頭痛、虛弱、厭食等。全身在感染後約三～四天後便開始出疹，起初是在臉部，然後很快地在數小時內擴散到全身，形成粉紅色斑丘疹。

㈢治療及處理

　　無特殊治療，僅症狀治療。德國麻疹患過一次後，便可終身免疫。但懷孕婦女應避免感染，以免生下先天性缺陷兒。因此育

齡婦女最好都能感染過德國麻疹，或接受疫苗注射。然要注意的是接種德國麻疹疫苗後三個月內不要懷孕，以免對胎兒造成傷害。

六、後天性免疫缺乏症候群

㈠病因

　　後天性免疫缺乏症候群（Acquired immuenodeficiency sydrome, AIDS）是由親人類T淋巴細胞病毒第三型（HTLV－Ⅲ）所引起，該病毒侵犯人類的免疫系統，造成免疫機能受損，進而引起伺機性感染，是一種高致死率的病毒性傳染病。主要的傳染途徑是經由性接觸和血液及其製品而傳播的。目前尚不清楚感染病毒到發生症狀所需的時間，一般在六個月到五年之間，或更久些。但並不是每個感染病毒的人都會有症狀發生，也有可能成為帶原者。

㈡症狀

　　絕大部分受感染的人並沒有極明確的症狀，顯示病人失去免疫力的症狀，也不會影響日常生活。有些人會發生一些包括疲倦、發燒、食慾不振、體重減輕、腹瀉、夜間盜汗，及淋巴腫大等症狀。任何人有這些症狀且持續兩週以上時，應該立即就醫。一般AIDS的病人會有以下一種或兩種病情：

1.卡波西氏肉瘤（Kapoasis sarcoma）

　　是一種腫瘤，經常發生在皮膚表面或口部，如臉、唇、舌、軀幹、生殖器官及腳，初期看起來像瘀傷，或呈藍紫、褐色斑點，這類斑點可持續並增大，也可能散布到體內其他器官，包括淋巴結，使其脹大。

2.隆凸性囊蟲肺炎（Pneumocystis carinii pneumonia）

　　是一種肺部的寄生蟲感染症，症狀與其他的嚴重肺炎相似，同樣會有咳嗽、發燒、呼吸困難等症狀。

㈢治療及處理

　　至目前為止，並沒有任何有效的方法，可以治療或恢復病患的免疫缺失及其功能。但可用放射線治療、化學治療等方法治療卡波西氏肉瘤，有些病患可以部分或全部治癒，但免疫的缺損仍在，故有些病患仍會復發。

七、B型病毒肝炎

㈠病因

　　B型病毒肝炎是B型肝炎病毒（Hepatitis B virus）所引起的一種病毒性傳染病。該病原在疾病的急性期或末期於血液及糞便中可檢查到。目前一般人所了解，病毒進入人體後並不直接破壞肝細胞，而是在肝細胞中繁衍，因而改變肝細胞基因及細胞表面抗原性質，宿主對肝細胞表面抗原產生體液性細胞性免疫過敏

反應，而導致肝臟不同程度的破壞，發生壞死性炎症。B型肝炎的傳染可經由輸血、污染針頭注射及直接接觸等途徑傳染，亦可經口傳染但比率較少。潛伏期約八十～一百五十天。主要傳染源為慢性帶原者和急性B型肝炎病人。

㈡症狀

B型肝炎與A型肝炎的臨床症狀相似，如厭食、疲倦、噁心、嘔吐、黃疸症狀等。一般B型肝炎症狀發生較緩慢，且在黃疸前期可能有關節痛，某些病人有肝臟腫大、脾臟腫大和淋巴腺病變等。

㈢治療和處理

可藉衛生教育教導民眾認識B型肝炎及其傳染途徑，鼓勵民眾抽血檢驗，如為帶原者應採適當措施以杜絕水平傳染，母親如為e抗原陽性者，嬰兒出生後二十四小時內，應注射B型肝炎免疫球蛋白，並按規定時間接種B型肝炎疫苗，以杜絕垂直傳染。

八、登革熱（Dengue Fever）

㈠病因

登革熱是由登革熱病毒所引起，藉由白線斑蚊或埃及斑蚊傳染的病毒性傳染病。該病毒按抗原性的不同，可分為一、二、三、四型，在自然的情況下，登革熱病毒只能生存於人類、猴子和

病媒蚊體中，它必需經病媒蚊的叮咬才能使人類互相感染，直接的人與人之接觸並不會傳染此病，病毒離開宿主之後，很快的就會死亡。在臺灣，傳播登革熱的病媒蚊主要是埃及斑蚊和白線斑蚊，埃及斑蚊喜歡在濕熱的環境和屋內棲息，所以在本省的流行以南部地區較多；北部地區埃及斑蚊較不容易生存，相對的不易導致流行。白線斑蚊則遍布全省，它喜歡棲息於屋外。

(二)症狀

登革熱常見有典型登革熱及出血性登革熱。典型登革熱需經過五～八天的潛伏期才開始發病，其前驅症狀是頭痛、背痛、寒戰、眼窩痛，接著開始畏光、肌肉痛、關節痛、食慾不振、噁心、嘔吐等。有的病人也有出血的現象，如鼻出血、牙齦出血等。出血性登革熱的主要特徵是病人會有血漿滲出的現象，表現在臨床上的是腹水和肋膜腔積水，及身體其他部位的水腫。

(三)治療及處理

採症狀治療，目前尚無特效藥及疫苗。有類似發燒、出疹等症狀應儘早就醫診治。一般感染後對同型登革熱有終身免疫力。患者要多休息，補充水分，遵照醫師的指示服藥，大約一星期後就能逐漸康復。在目前尚無有效殺滅登革熱病方的藥劑及疫苗之下，最有效而積極的預防方法是滅蚊及保持良好的環境衛生。

摘　要

　　傳染病是指由某種病原體所引起的，由一人以直接或間接的方式傳給他人，或由動物傳至人體的疾病，如肺結核、登革熱、霍亂等等。而非傳染病即非經由傳染過程而得的疾病，如糖尿病、高血壓、心臟病或中風等一般常見的慢性病。傳染病的種類，若依傳染病病情的發展，可分爲急性傳染病和慢性傳染病。前者發病突然，潛伏期短，病程亦較短，如霍亂、傷寒、白喉；後者發病緩慢，潛伏期長，病程亦較長，如肺結核、淋病、梅毒等。傳染病的發生必須具備有三種條件：①是須有引起疾病的病原體存在，如：細菌、病毒、立克次體、衣原體、黴菌、寄生蟲等；②是須有適當的傳染途徑；③是須有抵抗力較弱的人體（宿主）。三者皆具備時，才易發病。傳染病的防治措施可分爲三個方面來進行：①管制傳染病原，如消滅傳染病原及減低傳染機會；②中斷傳染途徑，如避免接觸、改善環境衛生、實施衛生教育宣導、撲殺病媒及管制空氣；③增強宿主抵抗力，如實施預防接種。

問題討論

1. 試比較傳染病、非傳染病、急性病、慢性病之差異，並探討歷年來十大死亡原因之轉變趨勢。
2. 試說明愛滋病的病因、傳染途徑和預防方法。
3. 試從個人、家庭、學校、社區等方面，舉例說明如何降低B型肝炎的流行及繼續蔓延。
4. 試述登革熱在全省各地區的流行情形，探討其傳染途徑和防制因應之道。

參考文獻

中文：

中央健康保險局（民84）。《兒童健康手冊》。

行政院衛生署（民83）。《中華民國臺灣地區公共衛生概況》。

行政院衛生署（民75）。《肝炎防治教育手冊》。

行政院衛生署（民83）。《愛滋病簡介》。

李叔佩（民77）。《學校健康教育》五南圖書出版公司。

教育部（民76）。《學校衛生工作手冊》。

黃松元、江永盛、鄭雪霏、劉俊昌（民77）。《健康教育》。新學識文敎出版中心。

陳拱北預防醫學基金會（民83）。《公共衛生學》。台北市：巨流出版社。

馬鳳歧等（民81）。《安全教育與醫療常識》。國立空中大學用書。

臺灣省傳染病研究所（民77）。《臺灣省防治登革熱工作手冊》。

10

藥物使用與濫用

別讓它們

成為您生命的枷鎖

　　「藥物問題濫用」的是當前影響國民健康與社會安寧的主要問題之一。「藥物濫用」是一個大家非常熟悉的名詞，打開電視，翻開報紙隨時可見有關藥物濫用的報導。大家都知道濫用藥物會損害健康；濫用藥物甚至會引起社會犯罪問題，是一件不好的事。不過，有些人也許自己正在走上濫用藥物之道而不自知。很多人用過早餐後來一杯咖啡，午飯後燃支香菸，晚餐時來一杯美酒的行為。這些行為不是在使用藥物嗎？個人使用藥物不但須對本身負責，同時也須向社會負責，因為藥物的使用所涉及的層面絕非只限於自己。因此，要能妥善應用藥物，個人不但必須對藥物有所了解，而且還須學會如何應付藥物問題。本章第一節為緒言，將簡述藥物使用的一般問題與現況，第二節將介紹常見的非法藥物之種類，說明人們用藥的原因、方法與藥物對身體的影響，第三節談酒，第四節談菸，第五節談檳榔，最後一節為本章摘要。

（第一節）　緒　言

一、有關藥物使用的名辭定義

　　廣義地說，藥物（drug）是指任何可以改變生物體的功能

或構造的物質（substance）。藥物的作用是由來自其化學或物理性狀。具體的說， 藥物是指任何食物以外的化學物質（chemical substance），被人類有目的地用來影響身體功能（或生理過程）的東西。因此，藥物無好壞之分，是好是壞，端視使用者之使用目的與方法而定。適當的使用藥物可治療疾病或減輕身心的痛苦；未能適當的使用，則可能帶來身心的傷害，甚至導致死亡。依以上的定義，藥物不只指改變心情的非法藥物，還包括菸、酒以及治療用的處方藥與成藥等。

藥物誤用（drug misuse）是指不以該藥物的原有用途用來使用它。例如借用別人處方中的某種抗生素來治療自己的喉嚨痛，就是對該藥物－抗生素的誤用。藥物濫用（drug abuse）一辭，依世界衛生組織（WHO）的定義，是指對藥物的過度使用，以至背離其醫療本意。例如使用合成性類固醇（anabolic steroids）以期產生更多肌肉即是。

對藥物的依賴性，或稱依藥性（dependence），可分為身體的（或生理的）依賴（physical dependence）與心理的依賴（psychological dependence）兩大類。所謂身體的依賴是指因藥物之使用導致身體或細胞在生理上的改變，如不使再用時，會出現戒斷症狀如流淚、打哈欠、嘔吐、腹痛、痙攣等現象。對藥物的耐受性（或耐藥性，tolerance）是指對某藥物之使用導致往後再使用時，如果不增加使用劑量就無法得到初次使用時之相等效果稱之。亦即說，當耐受性漸增，使用的藥量也須跟著增加，才能產生其所欲的效果。以海洛因為例，開始時可能每次只要3mg的劑量即可讓吸食者滿足，但是過不到數個月，其劑量可能要增加到10,000mg才會讓該吸食者感到「過癮」。劑量必

須增加才會「過癮」主要是因為屢次用藥誘使肝臟產生分解藥物的酶（ enzymes ），酶的增加會加快藥物分解的速率，血液中藥物的濃度就不足，人就會產生戒斷症狀（ withdrawl symptoms ）或是感到嚴重的不舒服。戒斷症狀（ withdrawal symptom ）是指重復使用一種或多種藥物，漸漸形成生理依賴性，一旦中止或減少用藥時，所產生之非常焦燥不安之身體症狀，且有強烈需要再使用藥物之慾望。此類症狀因藥物不同或使用程度不同而有別。對藥物心理的依賴或稱習慣性（ habituation ），是指當沒有藥物時，會產生對藥物的渴求，不用它會感到極不舒服，甚至不安或焦慮。由於依賴形成，濫用者就無法不用藥（菸、酒也一樣）。

二、藥物問題的現況

被濫用的藥物種類隨著年代的變遷而有所不同。在國內，六十年代以強力膠為主；七十年代則以速賜康、麻啡居上；八十年代則以安非他命最流行；到了九十年代，有人預測，將有其他藥物（如FM2）最受歡迎。據研究指出目前被濫用的藥物以安非他命為最盛行，其次為強力膠與海洛因等（中時晚報85.6.3），同一報告指出，時下國中生約有1％、高中生1.1％、高職生3.7％在濫用藥物。該報告同時指出，十二歲以下兒童吸毒較以往增加甚多。

根據政府統計，在民國八十年有近五分之一的青少年吸毒，其中近九成為安非他命使用者，其後吸毒青少年比率逐年增加，

因而引起政府重視，開始加強反毒。政府自民國八十三年起，爲加強宣導，於每年六月三日（禁菸節）舉辦全國反毒會議。依劉和民牧師（台灣日報85.6.3）透露，輔導一名毒犯徹底戒毒約需花費一年半時間，一個戒毒中心每年約需花費五十萬元，仍無法做到防毒。

　　根據法務部數據八十四年一至六月新入獄的煙毒再累犯人數爲1,935人，占同類犯罪人數的的43％以上。麻醉品再犯人數爲2,111人，占同類犯罪人數的的44％以上。

三、用藥的原因與方法

　　使用非法藥物的原因至多，每個人的原因也不同。好奇、無聊、自行用藥、同儕影響、藥物容易取得等是藥物被濫用的主要原因。青少年人常因好奇而用藥，許多人嚐了一次就停止，有些人則會以其它原因或藉口繼續使用。因此，好奇不可表現在藥物的使用上，以免深陷其中。許多人是因爲感到生活無聊而嘗試藥物，因此培養各種健康的活動與技能，可以充實生活情趣，避免無聊。有些人不是想要以藥取樂，而是希望用藥使自己過得健康一點而自行用藥，終至上癮。同儕影響是青少年用藥的主要原因，青少年常爲了讓團體認同，而染上藥癮。藥物管制不嚴，容易取得，也會助長濫用。

　　根據近年國內有關研究指出，學生用藥以男性、單親家庭、親友有人使用毒品、本身有抽煙、嚼檳榔、喝酒等習慣、結交社會青年、態度上願意嘗試毒品、人格特質有較多疑心、自卑、有

攻擊性行為且對周遭環境較不滿意等因素有關。使用地點以自家
或同學家居多。首次使用藥物之動機首推好奇，第一次用藥年齡
約在十三～十五歲間，藥物來源主要為校外朋友提供。（衛生署
83.6.3）

四、藥物對身體的影響

　　藥物對身體的影響與其藥理作用、劑量大小、使用方式、使
用時間、與體內累積的藥量有關。表一中呈現各種常見藥物對人
體的主要影響（見表10－1）。

■表10-1　常被濫用藥物■

藥物（品）的名稱	商品名稱或俗名	醫療用途	生理依賴性
鴉片類麻醉劑 鴉片	Dover's Powder, paregoric, parepectolin	麻醉、止瀉	高
嗎啡	Morphine, pectoral syrup	麻醉	
可待因	Codeine, Empirin Compound with Codeine, Robitussin A—C	麻醉	中
海洛因	Diacetylmorphine, horse, smack	癌症末期麻醉用	
Hydromorphone	Dialudid	麻醉	高
Meperidine	Demerol, Pathadol	麻醉	
美沙同	Dolophine, methadose	麻醉、海洛因代用品	
其他麻醉劑	LAAM, Leritine, Levo—Dromoran, Percodan, Tussionex fentanyl, Darvon, Talwin, Lomotil	麻醉、止瀉	高－低
鎮靜／催眠 水合三氯乙醛	Noctec, Somnos	催眠	中
巴比妥類	Amobarbital, phenobarbital, Butisol, Luminal, secobarbital, Tuinal, Nembutal	麻醉、鎮靜、催眠	高－中
Glutethimide	Doriden	鎮靜、催眠	高
白板	Optimil, Parest, Quaalude, Somnafac, Sopor		
Benzodiazepines	Ativan, triazotam, diazepam, Librium, Serax, Tranxene, Valium, Chlorazepane	抗焦慮、鎮靜、催眠	低
其他催眠鎮靜劑	Equanil, Miltown, Noludar, Placidyl, Valmid	抗焦慮、鎮靜、催眠	中
興奮劑、古柯鹼	Coke, flake, snow, crack	局部麻醉	可能有
安非他命	Benzedrine, Dexedrine, methamphetamine, Desoxyn, Mediatric, ice	同於過動兒處理 短期體重控制	
Phenmetrazine	Preluin		
Methylpenidate	Ritalin		
其他興奮劑	Adipex, caffeine, Didrex, Ionamin, Plegine, Prolamine, Dexatrim Tenuate, Tepanil, Voranil, Theophylline		
迷幻劑／幻覺劑 LSD	Acid, microdot		無
Mescaline	Mesc, buttons, peyote, mushroom	無	
Psilocybin			
Amphetamine variants	2, 5—DMA, PMA, STP, DMT, MDA, TMA, DOM, DOB, MMDA, MDMA		未知
Phencyclidine	PCP, angel dust, hog	禽畜用藥	程度不明
Phencyclidine analogs	PCE, PCPy, TCP	無	
Other psychedleics／ hallucinogens	Bufotenine, ibogaine, DET, psilocyn		無
大麻類 大麻	Pot, Aacpulco gold, grass, reefer, weed, sinsemilla, Thai Sticks	處理癌症者化學治療之 噁心症狀	程度未明
Tetrahydrocannabinol	THC	青光眼治療	
Hashish	Hash	無	
Hashish oil	Hash oil		
揮發性溶劑 汽油、強力膠 塗料的溶劑 打火機油、噴霧器	Plastic model cement, hydrocarbons, Toluene, acetone, naphtha	無	未知
氧化亞氮	"Laughing gas"	全身麻醉劑	
亞硝酸式酯	Locker room, Rush	狹心症	
亞硝酸丁酯		無	

■表10－1 常被濫用藥物（續）■

心理依賴	耐藥受性	作用時間（小時）	使用方法	可能發生的作用	一次過量或長期使用之症狀	戒斷症狀
高			口服、口吸	欣快感 昏睡	呼吸淺且慢 皮膚濕冷	流淚、流鼻水 打哈欠、食慾不振
中	有	3－6	口服、注射	呼吸抑制 瞳孔縮吸	驚厥 昏迷、死亡	易激動、顫抖 痙攣、噁心、流汗、痛
高			注射、鼻 吸、口吸	噁心		苦的感覺
		12－24				
高－低	不一定		口服、注射			
中	可能	5－8	口服	頭暈 頭痛	呼吸淺 皮膚變冷	焦慮、失眠 譫語、驚
高－中		1－16		噁心 言語不清 失去定向感 醉酒後之行為	瞳孔擴大 脈搏快而弱 死亡 呼吸制免疫功能	顫抖、死亡
高	有	4－8	口服、注射			
低						
中						
	有	1－2	鼻吸、注射	提高警覺 激動、欣快感	顫抖、體溫升高 幻聽	冷漠、長時間睡眠 易激動
高	有	2－4	口服、注射	血壓增高 脈搏加快 失眠、食慾不振	驚厥 精神錯亂 性無能 死亡	抑鬱 定向失調
			口服			
	有	8－12	口服	幻視 幻聽 對時空感覺不敏 嚴重疼痛 迷幻感覺	延長藥物發作時間 死亡	未見有戒斷症狀
程度未明			口服、注射			
		可能到數天	口服、注射			
高			口服、注射			
程度未明	可能	不一定	口服、注射 、口吸、鼻吸			
中	有	2－4	口吸、口服	欣快感、鬆弛感 食慾增加 對時間感覺不對 肌肉無力	狂躁 精神錯亂 感覺失調 生殖障礙 呼吸障礙 抵抗力減弱	失眠 過度活動 減低食慾
	可能	1－2		肌肉協調喪失 欣快感、思維混亂 定向失調	對疾病腦部機能障礙 神經受損 腎臟受損、死亡	未詳
低－中	未明		鼻吸	欣快感 噁心、呼吸短促	骨質與神經受損 聽力喪失 嚴重貧血	
	有	1		欣快感 頭痛、頭昏 流汗 噁心、昏迷 血管擴張	心率不整 機質性腦綜合症狀	

資料來源：美國 National Institute on Drug Abuse.

第二節 常被濫用的藥物

一、緒 言

改變心情的藥物（psychoactive drug, mood-altering drug）是目前常被濫用的藥物。這類藥物常被稱為非法藥物或成癮藥物。psychoactive一字就是讓人心理或精神活潑化的意思。可以改變心境的藥物很多，但不是每一種都會使人成癮，也不一是每一種都不合法。因為它們有改變心情的功能所以會常被濫用。本節要介紹一些的常被濫用的Psychoactive drugs，如安非他命、海洛因、古柯鹼、CNS鎮靜劑、CNS興奮劑、大麻及其製劑、幻覺劑等。菸、酒、檳榔等將在以後各節介紹。

本節以下將以「藥物」兩字代替各種常被濫用的藥物。在新聞媒體或政府文件上常見「反毒」一語，它是一個傳統的名辭，過去我們稱鴉片為「毒」，反毒是反鴉片煙之意。在我國肅清煙毒條例（81.7.29修訂版）中指出：稱「煙」者指罌粟、罌粟種子、及麻煙或抵癮物品；稱「毒」者指麻啡、高根、海洛因、或其合成製品。因此煙與毒各有所指，各有其定義範圍，使用這些物質是犯法的。在衛生署將這類藥物列為管制藥品。衛生署麻醉

藥品管理條例（80.11.22修定）之麻醉藥品分為四大類，包括：
- 鴉片類及其製劑
- 大麻類及其製劑
- 高根類及其製劑
- 化學合成麻醉藥品類及其製劑（如安非他命等……）
- 巴比妥酸鹽（如紅中、青發、白板等）

二、常被濫用的藥物

　　常被濫用的藥物種類繁多而且有些很難歸類。有些是中樞神經抑制劑（depressants），此類藥物可抑制中樞神經（CNS）的興奮，像一些鎮靜劑、安眠藥如紅中（secobarbital）、白板（methaqulone）、青發（amobarbital）等，它們都是巴比妥酸鹽類。中樞神經興奮劑（stimulants）、可興奮中樞神經（CNS），像安非他命（amphetamine）、古柯鹼（cocaine）、咖啡因（caffeine）等即是。幻覺劑（hallucinogens）是指可以產生幻覺，扭曲現實的藥物。此類藥物在歐美流行於六十年代，被青少年用於開發心境，獲得覺醒。因為其使用而產生的現實扭曲的感覺過程被稱為旅程（trip）。據報告有些人的旅程是美好的，有些則恐怖而且痛苦。此類藥物有LSD、mescaline、psilocybin等。此外還有大麻類、吸入劑與設計者藥物（designer drugs）等。設計者藥物是仿照非法禁藥的配方在實驗室裡設計製造的。此類藥物危險性極大，因為製作可能成份不純或數種藥混合。

(一)安非他命（amphetamine）

　　安非他命是國內目前濫用最廣的藥物。它是一種合成的化學藥品。據有關記載它在一八八九年就被發明，於一九三七年在美國被核准爲新藥而上市。作爲食慾抑制劑、支氣管擴張劑與用於治療抑鬱症。由於安非他命具有高度提神效果，可讓使用者覺得有興奮情緒提高工作效能之作用而廣被濫用。我政府民國六十年將之列爲禁藥。民國七十九年又將之列爲麻醉藥品管理。此類藥物中還有甲基安非他命也常被濫用。俗稱的冰塊（ice）即是甲基安非他命的鹽酸鹽。此類藥物之作用是因其化學結構與杜巴氨（dopamine）和腎上腺素（epinephrine）相似。安非他命能刺激中樞與周圍神經之 α 及 β 受器而造成神經興奮，使用後會使心跳增快、血壓增高。使用者會覺得神智清醒，可以去疲勞與無聊，感到動作輕快，但不一定眞的會增加能力。長其使用會使心血管受傷害。安非他命會對下視丘食慾中樞產生抑制，使人不感到飢餓。它在體內的很快就會被代謝，其半生期約爲二十小時，由於其代謝速率快，可以維持欣快的時間短，不得不在短時間內反復使用。它會造成心理依賴，成癮後有燥狂（paranoid psychosis）現象。血中濃度過高引起中毒導致死亡。長期重復使用時，由於安非他命的會使耐藥性上升，形成對藥物的依賴性，逐漸出現慢性中毒的精神症狀，慢性中毒者都發生精神障礙，有些人即使停止使用也會有精神上的症狀，由於安非他命中毒會產生被人加害或對其不利的妄想幻覺。

㈡海洛因（heroin）

海洛因（heroin）是一種鴉片製劑（opiates）。常見的鴉片製劑藥物除了海洛因外，還有鴉片（opium）、麻啡（morphine）、可待因（codine）、和美沙酮（methadone）等。海洛因是由無水醋酸與麻啡共熱而成。海洛因的鎮痛作用比麻啡強，但其毒性也比麻啡大約十倍，極易導致中毒，而且產生的戒斷症狀亦強，各國均已禁止製造與進口。麻啡與海洛因等同類藥物之使用會有副作用，如抑制呼吸、噁心、嘔吐、暈眩、焦慮、血壓、降低、便秘、精神恍惚等。一次劑量過大會造成急性中毒。其症狀會有昏睡、昏迷、瞳孔縮小、血壓降低、呼吸變慢、衰竭，甚至導致死亡。長期濫用會有耐藥性，產生身體與心理依賴，停藥不用會產生戒斷症狀。戒斷症狀之產生，通常在停藥八～十二小時後出現，會有流鼻涕、流淚、呵欠、發汗等症狀。之後會產生極為不舒服的睡眠狀況持續數小時，清醒後會更不安、更難過，甚至起雞皮疙瘩，易激動發怒。到了第二、三天症狀更劇，會出現虛弱、失眠、發冷、噁心嘔吐、血壓升高、脈搏加速、起雞皮疙瘩、出汗等症狀，因食慾不振體重會減輕。症狀發作約一週，給藥後可解除。

㈢古柯鹼（cocaine）

古柯鹼是由古柯葉所提煉。古柯是產於南美等地的一種植物，可作為外科麻醉劑。古柯鹼（cocaine）也被稱為coke、snow，與lady。過去，古柯鹼（cocaine）是一種很貴的毒品，只有富人吃得起。但是在Crack出現後它就廣泛為貧下階級使

用。Crack也是此類的藥物，因爲它比較便宜。Crack是古柯鹼（cocaine）是混合小蘇打（backing soda）製成，外觀像岩石（rock），因爲點燃時有爆破聲故被稱Crack。Crack比較便宜，據美國的情況以十多美元即可得三十分鐘的高潮，所以許多窮人也吸得起。不過其作用時間短，必須頻頻吸食，不像海洛因每天數劑即可，因此有些Crack的使用者每日需花上千美元才能過癮，花費比海洛因高。Crack的使用會使人感到有活力，狂燥，危險性甚大。Cocaine可以鼻吸（snorting）、口吸（smoking）或注射等方式使用。三種方法都會導致嚴重後果，不過以後兩者爲害較大。就如前述，此類藥物產生高潮維持不到數十分鐘，須經常補充，因此易中毒導致心臟病突發或呼吸衰竭。由於必須常注射，對靜脈也會造成嚴重損傷。有一種由古柯鹼加入海洛因的混合藥物叫作快速球（speedball），用起來更危險。

㈣速賜康（Pentazocine）

速賜康在國內被稱爲「孫悟空」，它是一種便宜而有效的鎮痛劑。但由於其使用會產生欣慰感、陶醉感及脫離現實的感覺。速賜康一直被青少年（或成年人）濫用，鑑於問題嚴重，行政院用生署於六十八年八月八日公告納入麻醉藥品管理。此類藥品長期使用會導致成癮，並且對肝、腎臟功能以及中樞神經有傷害。服用者常有違反社會秩序及法律之行爲，使用過量會抑制呼吸中樞而致死，由於有生理上之依賴性，停藥會有戒斷症狀。其戒斷症狀與巴比妥酸鹽者相似。患常有將之與麻啡等合併使用，此種使用會作用更烈，而使戒除之過程更爲複雜且非常不容易戒治。

㈤巴比妥酸鹽類（Barbiturates）

　　這類藥品常被濫用者主要有Secobarbital（Seconal）因其膠囊外觀爲紅色故，俗稱紅中；Amobarbital（Amytal）因其膠囊外觀爲青色所以俗稱青發，原來均用於治療失眠症。本類藥物會抑制中樞神經、造成意識障礙，偶而有欣快感，具有成癮性及耐藥性，服用過量會造成運動失調、暈眩、呼吸困難、低血壓、循環障礙、視覺陣礙、昏迷、甚至致死。突然停藥會有戒斷症狀，如頭痛、虛弱、焦慮不安、盜汗、顫抖、腹痛，甚至發燒、痙攣、昏迷致死。由於Benzodiazepine類之新型鎮靜劑出現，這類品在臨床上之使用漸少見。另一類安眠鎮靜類常被濫用的爲Methaqualone（Norminox）外觀爲白色錠劑所以俗稱白板，亦有上述巴比妥酸鹽類之副作用，常被青少年當濫用。也會抑制中樞神經，造成意識障礙，也易產生習慣性及耐藥性，服用過量會造成運動失調、暈眩、呼吸困難、視覺障礙、昏迷等，甚至可能致死。

㈥強力膠（Glue）及有機溶劑

　　吸食強力膠及其他有機溶劑，是國內青少年是常見的問題。其中又以國中生或國小等比較年幼而且家庭收入較低者最易濫用。被濫用的有機溶劑包括汽油、煞車油、潤滑油、油漆稀釋劑、油污清除劑、及去指甲油等都有可能。有機溶劑內含有許多揮發性物質，如苯、二甲苯、四氯化碳、氯仿、丙酮、乙醇戊酯、三氯乙鯇烷、石油精、乙醇、異丙醇等。這些物質有些是中樞神經抑制劑，在高濃度下會產生麻醉現象，甚而有致死的作

用。青少年吸食時，通常將強力膠或揮發性物質裝在塑膠袋中，蓋住口鼻，將其揮發性氣體吸入體內。常見的意外是吸食者在迷幻、意識不清下忘了將塑膠袋拿開而造成窒息而死。慢性的毒性則以致命的再生障礙性貧血及造成智力減退、脾氣暴燥、甚至永久性的腦病變等。濫用所引起的身體、精神與神經症狀包括：在急性中毒時，會產生情緒轉變、知覺遲鈍、注意力無法集中、對外來刺激認知上有障礙、有陶醉感、脫離現實感、並有飄浮在空中或在游泳的感覺。無方向感、失去自我控制能力，而易導致一些反社會的危險行為。在神經系統方面有視覺糢糊、步行失調、運動失調、講話不清等。嚴重時會產生全身痙攣而導致昏迷。也會有頭痛、腹痛噁心、嘔吐等症狀。長期使用會產生心肺功能障礙、呼吸困難、末稍神經變性：如肌肉萎縮、運動或知覺障礙、與視神經之病變，也有中樞神經變性，產生錐體束症候群、智能減低、步履不穩等症狀。

㈦ LSD（Lysergic acid diethylamide）

　　LSD 的中文名稱，譯為「麥角副酸二乙醯氨」，是一種最著名的幻覺劑（hallucinogens）。其幻覺（迷幻）作用甚為強烈，只要 50 微克（microgram）對許多人就可發生幻覺作用。在自然界中它是麥角霉菌的產物，也可以在實驗室中合成。在一九六〇至七〇年間合成的 LSD　LSD 之作用曾被科學界廣泛研究。它曾被用於治療酒精中毒、末期病人與精神病患者。可是其作用方式目前仍不清楚，可能與其對神經傳導物質（如血清氨酸，serotonine）之影響有關。使用者會對形態、影像、時間、空間、視、嗅、聽、各方面的扭曲怪異感覺（psydelic or mind

－viewing）。此種幻覺（synesthesia）很難理解，例如有些會人說他「聞到黃色的味道」、「聽到綠色的聲音」等怪異現象。此種幻覺通常是在服藥後數分鐘即遊入「仙境」（trip），可持續六～九小時。正常人進入其境，說感覺很好，是種享受。可是情緒不穩者服用後，此趟旅途就走的很辛苦，甚至在不用藥後仍然有問題。有些用藥者有再發（Flashback）的現像，也就是在停藥過一段時日後，仍有重返旅途的經驗。

㈧大麻（marijuana）

大麻在國內被濫用的情形較少。在美國，大麻的使用曾僅次於酒和香菸而位居第三。

大麻在植物學上稱為cannabis sativa，在美國，大麻稱為marijuana或hashis，是將該植物之某些部位萃取的樹脂，其主要作用成分稱為THC（tetrahydrocannabinol）。各種大麻制品好壞繫於其THC的濃渡，濃渡高表示品質好。

人類使用大麻已有數千年歷史，它是一種鎮痛劑，在阿斯匹林（aspirin）以及其他止痛劑發明後，大麻在一藥上的地位漸被取代。

在作用方面，大麻很難分類，低劑量時它會產生欣快感，可以鬆解心情，高劑量時它有迷幻、人格解離、心神錯亂、增快心跳、眼中血管舒張等作用。長期使用大麻可能損害肺部與腦部。

一、前　言

　　菸的使用行爲之流行狀況僅次於酒。根據中國時報轉載董氏基金會民國八十五年一月至六月台灣地區吸菸人口盛行調查報告，男性成年吸菸率爲28.6％，女性爲11％（中國時報，民國八十五年八月十一日）。近代菸的流行，就如當年鴉片的流行然，主要是菸商爲了其事業利益，極盡所能的推銷所引起。以美國而言，雖目前菸的推銷，已引起許多社區與民眾的反感，菸商仍在思考如何擴展其市場，由其是向海外進軍。以美國爲例，在二十世紀初，菸的主要使用者是一般男性工人，本世紀二〇年代，由於製造者利用各種管道行銷，使用者擴展至專職行業的男性與女性。二次大戰期間，菸商更以影星的英俊蕭灑或漂亮美麗爲廣告招數，誘使無知民眾吸食。六〇年代，其行銷更以青少年爲對象，使得吸菸行爲浸淫日廣。美國衛生部有鑑於菸的流行日廣，爲害日重，部長（Surgeon general）終於一九六四年首次報告香菸之爲害，指出美國有超過半數男性與約三分之一的女性吸菸。其後醫學界與流行病學者們逐漸重示菸對人體健康的研究，

不斷報告菸害的結果。該國國會終於一九七一年禁止菸在電視與
收音電台作廣告，並規定菸的包裝與廣告上必須帶有警告標語。
由於美國社會的反菸聲浪越來越強烈，菸商在無計挽回狂瀾後，
竟透過政治與外交手段轉向海外推展市場。目前我國內青少年吸
菸盛行，且開始吸菸年齡逐漸下降與美國菸的進口有至大關係。

二、 菸對身體的影響

　　吸菸往往要經年累月才可看出它的影響，作用不如喝酒的迅
速與劇烈，但是它對身體的最終為害卻有甚於酒。據估計國人死
亡原因中，約有四分之一可歸於吸菸的結果。據美國的統計吸菸
平均減短每個人四年的生命。香菸的有毒成份不下數千種，至為
複雜。其中以尼古丁（ nicotine ）、菸焦油（ tar ）、一氧化碳
（ CO ）等為最主要。

　　尼古丁會刺激大腦皮質，影響腦中的化學反應，引起吸食者
的興奮、欣快與警醒。尼古丁也是使吸菸者成癮的主要成份。一
氧化碳對呼吸、循環及神經係統的影響不在此贅述。菸焦油是菸
煙中的固體成分，據分析其中有毒與致癌成份有數百種之多，這
些物質的致癌性都已由實驗動物身上得到證實。菸除了口吸外，
還可以咀嚼或鼻吸的方式使用。此種用法也會攝入致癌物質，可
能會導致口腔、咽、喉與食道部位的癌。

㈠吸菸對心血管系統的影響

　　據研究吸菸者比不吸菸者患心血管系統疾病的危險機率約高

出一至二倍。如果本身或家族中有高血壓性疾病者，則其危險性更不止於此。菸吸的越多或吸的越早，則得到心臟病的機會也隨之增高。也有研究指出，吸菸者得心臟病的危險機率會在戒菸後減少，不過須戒除十年以上者，其罹患心臟病的機會才會回歸到與不吸菸者約略相等。因此，還是越早戒菸越有益於心血管疾病的預防。粥狀硬化亦與吸菸有關，吸的越多得到本症的可能性越大，而且本症主要得過一次，以後就很有可能再發。另外，也有研究指出，有抽菸的婦女如果又使用避孕丸，會增加得到心血管疾病的危險性。使用避孕丸又抽菸者比不使用避孕丸又不抽菸者之心血管病的罹患率高出十倍多。美國食品藥物管理局警告說年齡較大又抽的兇者危顯性尤大。

(二)吸菸與癌症的關係

　　有關吸菸與癌症間關係，目前學術界的硏究資料累積甚多。據美國公共衛生單位報告，該國三分之一的癌症死亡與吸菸有關。其中以肺癌與吸菸的關係密切。據我國衛生署的統計資料，肺癌不但是男性的癌症死亡主因，近數年來女性的肺癌的死亡率在諸癌症中的排名也逐漸趨前。有研究指出吸菸者得肺癌的機率約爲不吸菸者的六倍。也有研究顯示如果吸菸者又暴露於其他環境致癌物（如石綿）中，則對癌症的形成有所謂的 synergistic effect，亦即說其得癌機率比單獨暴露於其中任一種致癌物的機率還要大。當然，個人吸食方式不同，得肺癌機率也不同，吸的頻率高、吸入較深、所吸的菸中的焦油與尼古丁含量較高則危險性增高。開始吸菸年齡小，吸的年數多危險性增加。有研究指出戒菸十至十五年以上則其因肺癌所致得死亡率會回復到與不吸食

者的致癌率相近。

三、菸對他人健康的影響

　　香菸對人的為害不止於吸食者本身。母親抽菸，無辜的胎兒與嬰兒會受其害。同一生活環境中，有人吸菸其他人不吸菸者也會受二手菸之害。

㈠孕婦抽菸

　　在懷孕與哺乳期間吸菸，對胎兒與嬰兒之健康與身心發展之影響至鉅。已有不少研究指出孕婦抽菸時流產或死產的發生率高過不抽菸者十倍。早產的發生，抽菸婦女亦比不抽菸者高出二至三倍。低出生體重（low birth weigth, LBW）是造成嬰幼兒死亡的重要原因之一。所謂低出生體重嬰兒即指出生時體重低於2,500公克者。據美國公共衛生單位報導，抽菸婦女生產LBW嬰兒的機率約高於正常（不抽菸）孕婦兩倍之多。抽菸婦女生出的兒女不只是在嬰幼兒期有比較多的健康與照顧方面的問題，已有研究發現這些兒童日後不但在身體發育上較為遲緩，其心理與情緒之發展亦比一般兒童不良，在學業上亦落後於其他同學。

㈡被動吸菸（Passive smoking）

　　所謂「被動吸菸」不是指別人強迫你吸菸，而是吸到「二手菸」。二手菸中有主流煙（mainstream）與旁流煙（side-stream）。當一根菸點燃時，吸菸者所吸入的稱主流菸，未被吸

入，流到空氣中的就稱旁流菸，吸二手菸就是吸入別人點燃時汙染於環境中與吸菸者吐出的菸煙。由於旁流菸是在較低的溫度下燃燒所形成，溫度低燃燒不完全，煙中的有毒成分較多。因此，在一個空氣不流通的場所，如果有人吸菸，其他人所吸入的有毒物質甚至超過吸主流菸菸者。據研究，菸流中的一氧化碳濃度約為 42,000ppm，也就是每百萬分空氣中就有 42,000 分一氧化碳。環保署的空氣品質管制標準對一氧化碳所定的濃度為 100ppm，室內只要有人吸菸，其空氣很容就會超出此標準。其實，空氣中只要有 1 至 5％一氧化碳就對健康有損害。

四、菸的生理依賴

菸中的尼古丁具有生埋依賴作用，使用者必需逐日加重吸入量才能達到所需的快感（或原想要的作用）。其生理依賴可由初期戒菸者表現出對菸的「渴求」或因長時間得不到菸而表現出的焦慮、煩燥、頭痛、噁心、嘔吐、腹瀉甚或出現敵意與攻擊等心理情緒現象得知。戒菸日久之後生理反應會漸恢復原狀，例如血壓與心跳會下降，血中的腎上腺素濃度亦會降低使人體的對外界刺激之反應趨於緩和。

五、菸的心理依賴

吸菸的行為極易與日常生活規律結合在一起，形成一種習

慣。很多人早餐後會來一杯咖啡，再點一支菸以爲一天工作的開始。完成某工作、工作遭遇困難或情緒緊張時也會點燃一支菸來獎勵或安慰自己。晚餐後，除了一杯美酒，也得有一支香菸。習慣既已養成，想要除去，心理自然不舒服。

六、你是在什麼情況下吸菸

　　表10－2是給吸菸者檢核本身吸菸的原因用的，吸菸者可以自我檢核。

■表10－2　吸菸影響因素檢核表■

　　下列有十八道敍述，請依你對每道敍述的情況給分：總是＝5；經常＝4；偶爾＝3；罕有＝2　；從不＝1。每題最少一分，最高五分。

（　）A　我吸菸是爲了能使自己緩和下來。

（　）B　手中刁根菸就如吸菸一般快樂。

（　）C　吸菸讓我覺得愉快和舒暢。

（　）D　對某些事物感到憤怒時我就會點一支菸。

（　）E　我沒有菸時就如失掉什麼似的一定要找回它。

（　）F　我抽菸自在不知不覺中抽的。

（　）G　我抽菸是為了刺激自己給自己清醒一點。

（　）H　我對香菸的愉快感是從菸一點燃開始。

（　）I　我發現香菸可以使我快樂。

（　）J　當我感到不安或心情不舒服時我就會點菸。

（　）K　我不吸菸時，我會很注意到我現在沒在吸菸。

（　）L　我常在菸灰缸中的煙蒂還未熄滅時就新燃上一支菸。

（　）M　吸菸讓我感到輕鬆。

（　）N　我抽菸的目的之一就是喜歡看那裊裊上升的菸煙。

（　）O　當我感到很舒服很輕鬆時我就會想抽菸。

（　）P　當我感到憂鬱或心事重重時我就會想抽菸。

（　）Q　當我有一陣子得不到菸時我就覺得對它非常「飢渴」。

（　）R　我會突然發現嘴上习一根香菸但跟本忘記是什麼時後习上去的。

計分方法：

這十八題可分為六個部分，其中

一、A＋G＋M＝刺激

二、B＋H＋N＝持有

三、C＋I＋O＝輕鬆愉快

四、D＋J＋P＝解除緊張

五、E＋K＋Q＝渴求（有身心依賴）

六、F＋L＋R＝習慣性

每一部份你可得的分數範圍在3至15分間。

每一部份在7分以下表示受該因素的影響輕微；

　　　　　在4至10分間表示中度；

　　　　　在11至15分間表對該因子有高度傾向。

計完分數後，你可自己檢討自己是受到那一類因素影響較大，了解影響因素後就得設法解決問題。

七、戒菸方法

戒菸方法很多，有個別方法、團體治療、專業治療、行為改變等。

許多人戒菸並不需求助於他人，改變生活習慣，以其他物品或活動取代香菸或吸菸行為，往往可以將菸戒除。個人使用的方法不一，某種方法或某些方法也許對你比較有效，得靠自己去嘗試。很多人用閱讀書刊、欣賞音樂、喝冰開水、咀嚼含尼古丁的口香糖等方法即可戒除。有些人需使用藥物，包括成藥與醫師處方（例如：clonidine、bispirone等）才能戒菸。其實有些人靠毅力強忍也可完成任務。

八、香菸企業的發展與求生之道

反菸是社會共同的責任，了解香菸企業的發展與求生之道是對抗菸害的一種方法。以下就是香菸企業的發展與求生技法：
- 增加每包菸中的隻數。
- 把無品牌的菸隨著名牌行銷。
- 精挑推銷的目標群眾，尤其是針對女性、少數民族與教育程度較低的年輕人。
- 企圖改變香菸的味道以迎合使用者的喜好。
- 盡量遊說公共政策決定者，使政策有利於香菸的販售，使年

輕人易於接近香菸。

- 擴展海外行銷的市場。
- 培養草根吸食者，以對抗反菸的政治力量。

九、全民共同支持無菸的社會

整體而言，菸對國民健康的影響遠較其他藥物爲大，行政院衛生署雖已開始實施公共場所禁菸法令，很遺憾的，此種法令就如其他許多法令一般，無法徹底被執行，今日在公共場所，由車站到醫院，雖到處可見禁菸標語，但吸菸者視若無睹，照吸不誤。請問，當你在站在標示非吸菸區的公共場所看到有人吸菸時，你會如何做？

十、學校中的反菸教育

吸菸是影響國人健康的主要行爲。吸菸可導至身心兩方面的依賴。

國外的香菸的產銷企業不斷的擴展市場、改造產品、創造需求。近十年來，他們改變行銷策略與技法，積極的向其本國政界關說，向海外推展。我國就是其主要傾銷對象，由於洋菸的自由進口與加上其優良行銷技法，國人開始吸菸的年齡逐漸下降，而女性吸菸人口比率漸增，根據董氏基金會資料女性吸煙率，於民國八十三年至民國八十四年間由8.5％升高至11％。政府雖已通

過公共場所禁止吸菸法令，可是由於執行不徹底，目前尙未能見
到明顯的成效。禁菸除了法令以外，更重要的是要有積極的教育
宣導配合。在學校教育方面，因爲中小學是義務教育，每個國民
都必須接受中小學教育，對菸的教育主要在於加強學生拒菸的技
巧，此外改變環境，以降低菸的可得性，減少學生的各種壓力與
增加有益身心的活動與設施有助於減少吸菸的比率或延遲吸菸行
爲的發生。吸菸者造成的環境會使不吸菸者被動吸取二手菸，危
害不吸菸者的健康。不吸菸者重視本身健康，同聲反菸，形成普
遍反菸的社會態度有助於降低吸菸行爲的盛行。

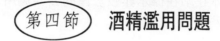

第四節　**酒精濫用問題**

一、前　言

　　酒精是人類濫用最早，流行最廣的的一種藥物。人體對酒精
的吸收與利用比起其他食物更直接，更快速。喝了酒以後，少量
的酒精在口腔、食道粘膜上開始吸收，到了胃裡，約有四分之一
被吸收，其餘在小腸被吸收。空腹狀況下飲酒，約過三十分鐘，
酒精在血中濃度就達到最高點。

二、酒精濫用對人體健康的傷害

酒精對人體各個器官系統幾乎都會產生傷害，其中尤以消化、心血管、神經與腺體為甚。孕婦飲酒不只造成本身傷害更會危及胎兒之正常生長與發育。以下分述之：

㈠對腸胃系統的傷害

酒會刺激腸胃道內壁，對食道、胃腸都會造成損傷。由於酒精的刺激會使胃酸分泌過多，損傷腸胃道內壁造成潰瘍出血。大量飲酒會抑制胰臟分泌胰液的功能，甚至導致胰臟炎（pancreatitis）。酒對肝的損傷尤其值得注意，約80％肝臟病人之死亡與飲酒有關。常喝酒的人會形成脂肪肝（fatty liver），最後可能導致肝硬化（cirrhosis）。酒精性肝炎（alcoholic hepatitis）也是喝酒者常見的疾病。

㈡對心血管系統的傷害

酒對心血管系統的作用仍有許多爭議。有些人認為適量的酒會降低心臟病發生率，但似未有具體資料佐證。過分倡導少量飲酒的好處，可能因而造成更多人嘗試酒精而深陷其中，不可不慎。在冬天，喝酒後可使血管擴張，讓人有溫暖的感覺，因為不覺得冷而暴露於冷空氣中過久，會減低人體的抵抗力，引起感冒甚至造成肺炎。

(三)對腺體的傷害

飲酒會影響性腺功能。男性飲酒過量會使雄性素（睪固酮，testosterone）分泌量減少。據研究，飲酒過量為造成陽萎之重要原因之一。女性飲酒過量也會影響女性素分泌，甚至提早停經。

(四)對中樞神經系統的傷害

酒對中樞神經的影響最顯著，甚至少量都會改變心情狀態與身體行為。長期濫用可能造成中樞神經系統永久損傷，甚至在身上已無「酒毒」存在仍會使感覺、記憶與運動都無法恢復正常功能。據調查有50－70％酒精中毒者皆因中樞神經障礙而求診。酒可以殺菌，當然也可以殺死腦神經細胞。酒對心理與情緒影響更大，常言酒後亂性或酒後失言，是有原因的。酒徒自殺率，據估計約為常人自殺的三十倍。

(五)飲酒與營養不良

營養不良是嗜酒者最常見的健康問題之一。許多人認為酒既然造自穀類與水果，喝酒就如飲食，其實不然。酒精即是乙醇，乙醇只能供應熱能，當熱量足夠時，乙醇會形成脂酸，但無法形成蛋白質、安基酸或醣類等營養素。乙醇之代謝還會耗用體內的其他營養素（如B群維生素），而導至其它營養缺乏。飲酒過量，影響消化道對食物的消化與對營養素的吸收，有時又會引起食慾降低、嘔吐或腹瀉等，這些問題都足以導致營養不良。飲酒過量在肝中形成脂肪酸過多時會造成脂肪肝，繼而轉為肝硬化。

三、酒對胎兒與嬰兒的影響

　　孕婦飲酒可能導致胎兒生長受影響，甚至只要沾到一點酒，就會造成不良後果，因爲每個人對酒精的容受程度不同。重度飲酒可能導致胎兒酒精症候群（Fetal alcohol syndrome, FAS）。受本症影響的胎兒有下列主要問題特徵：心理障礙、產前產後生長皆比正常者遲緩，此外，還有不同程度的身體殘障，包括諸如兔唇、上顎列等。受酒精影響的胎兒即使是足月出生也會有體重過低現象。據美國方面的資料顯示，輕度到中度心理缺陷的小孩有相當大的比例是由喝酒的母親所生。有研究更進一步指出，此種身體缺陷與母親飲酒導致體內鋅（Zn）含量不足有關。據研究，74％有胎兒酒精中毒症的兒童是由母親每天喝十杯酒者所生。嚴重嗜酒的孕婦甚至會導致死產。懷孕的母親對酒精無所謂「安全劑量」，爲確保下一代的健康，懷孕期間最好是「滴酒不沾」。

四、爲自己的飲酒行爲負責

　　酒的害處眞多，除了對健康的直接損害外，喝酒可能使自己無法控制，造成對酒精的依賴。喝酒也可能發生危險事情，如車禍可能害人害己。如果眞的要喝酒，自己須考慮下列事項，並且要自己負責。

- 了解自己的酒量，不管是任何場合，絕不超限。
- 不可每日喝或有規則地喝，此種方法最易成癮。
- 如果必須喝酒，可將純度高的酒混合其它非酒精性飲料，沖淡酒精濃渡再喝。最好是將酒與其它非酒精飲料交替使用。
- 慢慢喝，喝的快醉的快。
- 先吃點食物再喝。食物可以減緩酒的吸收速度。
- 只有在確實想喝時再喝，一旦夠了就應清楚表明，拒絕額外的邀請。
- 作客時，有醉意應睡一覺（過一夜）再開車，萬萬不可帶醉意開車。如果確定此行必醉無疑，應安排由其他人開車。

酒精會造成身心依賴，喝酒會成癮。如果覺得自己已經有些難以自拔，或朋友建議你可能有成癮傾向時，應該審慎考慮，對自己的行為作明智決擇，不可繼續沉迷。萬一自己無信心克服酗酒問題，就應請求幫忙，以免越陷越深。遺憾的是，許多人不但沉迷不自知，而且用盡方法否定事實。

五、酒精中毒的治療

酒精中毒到底是病或只是意不堅的狀態，很難下斷言。如果是病，到底是身體的疾病或是心理的失調，也很難有定論。一般對酒精中毒的治療大都將之視為身心兩方面問題來處理，先療其身體，再療其心理與情緒。

去毒（detoxification）是治療的首要步驟，通常是先禁酒

再對症治療。如前所述，營養不良是酗酒者普遍現象，改善營養狀況，是恢復其他身體功能的先決條件。其他藥物治療則視情況而定。在心理方面，諮商輔導是一種常用的方法。在美國有一個協助戒酒的組織叫 Alcohol　Anonymous（AA），成立於一九三〇年代，是一個頗為成功的協助戒酒團體。求助於該組織的人必須先承認自己對酒已無法控制。該組織鼓勵求助者思考生活的精神層面。

六、如何以積極的方法以代喝酒

喝酒雖然是個人的決擇，但是外在「勸酒」的壓力有時很讓人不得不屈服，亦即說，在許多場合，好像不喝酒是不可以的。不過在應付此種場面時，還是要在理智尚未受酒精影響時，自我思考清楚。因為有時雖是少量的酒也會影響個人的思考、判斷與感覺。最好是對酒要先建立一些可行的規則。作主人請客時，自己要遵循，也要遵重客人。當你宴客時，宜準備非酒精飲料供客人選擇。不要強求客人必須喝醉才表示對主人「夠意思」。萬一客人已醉，你必須負責其全部的安全。有許多人以健康、宗教、道德等理由而禁酒，其實可行方法不止這些。青少年相聚，可以打球、郊遊、以及其他藝文方式進行，何必一定非有「酒食」不可。

第五節　檳　榔

　　檳榔種植對水土保持與人體健康的影響最近幾年來頗受爭議。早在六十至七十年代即有研究報告指出檳榔果（betel nut）之嚼食可能導至癌症。一般所謂的檳榔是指供嚼食的檳榔果以及填加或包裝的物質，如荖葉、荖花或荖藤和石灰等。有些為了增進味感會填加柑仔蜜、豆蔻、茴香、橘皮、玉桂、蜂蜜、高粱酒、糖等或其他佐料。檳榔果俗稱菁仔，是菁仔樹的果實。嚼檳榔除了使牙齒變黑、磨損、動搖、牙齦萎縮造成牙周病。最值得注意的是它還會誘發癌症。據研究，檳榔果成分中的「檳榔素」及「檳榔鹼」均具有致癌性，其添加的「荖花」同樣意有致癌性。其癌症前期病變包括：

　　口腔黏膜下纖維化症，在口腔黏膜下纖維化，常在不知不覺中發生，有些病例早期並無明顯症狀，但一般早期常見的症狀為口腔黏膜有燒灼感，對冷、熱及刺激性食物極度敏感。口腔黏膜，尤其是局部黏膜可能出現水泡。水泡破裂後發生潰瘍、口腔炎、黏膜局部變白及味覺障礙等。至後期，口腔上皮變薄、黏膜下層纖維化、變硬、失去彈性，使人張口及吞嚥皆發生困難。據調查，口腔黏膜下纖維化患者幾乎都有嚼食檳榔的習慣。患者如不停止嚼食檳榔，有些可能會轉化成口腔癌。白斑症可發生於口腔內任何部位，但是常見發生於頰黏膜、舌、口底部及嘴角處，其症狀為局部口腔黏膜變白變厚，且範圍逐漸擴大而成為白色斑

塊，隨後可能表面呈現細小指狀，甚至有菜花狀突起，而有粗糙的感覺。據報告，白斑症患者中切片標本有17％會出現局部上皮變異或癌症。據調查，百分之八十八的口腔癌患者都有嚼檳榔的習慣。此外，有嚼檳榔又有吸菸者，已證實更會導致口腔癌、咽癌、喉癌和食道癌。

　　檳榔樹的種植是目前台灣中、南與東部最主要的農作之一。檳榔樹除了檳榔果供人咀嚼外，其頂端嫩莖也食用，有人稱為「半天筍」。嫩莖是否也含有致癌物仍有待科學界的證實。嚼食檳榔果有害健康、吐檳榔汁有礙衛生、種植檳榔樹又造成山坡地水土流失，拒絕檳榔實為當前藥物教育宣導之要務。

摘　要

　　藥物問題是當前影響國民健康與社會安寧的主要問題之一。國人對藥物的濫用問題不只是表現在安非他命與海洛因等改變心情的藥物方面，菸和酒的濫用情行與危害程度其實遠超過一般非法藥物。據報載（聯合報，85.8.25），美國柯林頓政府已於一九九六年八月二十三日批准該國食品藥物管理局（FDA）提出的青少年禁菸法規。在該法規全面禁止設香菸販賣機（除非專准成人進出的場所）、禁止以香菸為贈品、禁止販售散裝香菸、禁止在學校周圍某一範圍（330公尺）內設置香菸廣告看板、禁止在青少年讀物中刊出彩色有圖片之香菸廣告。該法規禁止十八歲以下兒童吸菸，甚至二十七歲以下者買菸都須提出年齡證明。希望該國國會能順利通過該法案，更希望我國也能採取類似禁菸措施。此外，近十數年來國人對檳榔的使用與濫用更值得各界憂心，據衛生署的透漏，時下吃檳榔的人口約有兩三百萬人，而且其流行正在擴展中。吃檳榔的人口的增加，已被證實與國人某些癌症罹患率的增加有關。吃檳榔行為的流行，不但會增加國家健保費用支出，為了增產檳榔，還會促成山坡地的濫墾，導致坡地水土的流失。

問題討論

一、非法藥物是否應該合法化？

　　對非法藥物是否應該合法化？基本上有下列兩極看法：

　　贊成合法化者認為：

1.目前對非法藥物查禁與處分太嚴格，是造成藥物問題無法解決的主因。

　　他們認為藥價太高，有暴利可圖，常言「重賞之下有勇夫」，目前藥物法規嚴峻正足以圖利國際間的毒梟。而且因此而影響社會安定問題。

2.菸酒的使用人口比一般非法藥物來的多，對國民健康的影響遠比非法藥物嚴重。因此，要禁的話，應該禁菸和禁酒才合理。

3.用藥是個人的決擇，如果會損害健康也只損害吸食者個人，政府何必去干涉？可是，反對者認為：

　　藥物，像海洛因、安非他命等如果合法化，因為價格變得便宜，易於取得，會使更多人沉迷，危害更多人的健康也是國家社會的損失。因此應對目前管制的藥物，應作更嚴格管制才是。

　　你的看法呢？

二、誰在濫用藥物？

　　以下是一則有趣的故事，供你參考。

　　『前天早上，陳太太洗衣服時，在其國中二年級兒子的口袋中，發現兩根香菸，她至感驚訝，恨不得立刻跑到學校，找

到兒子問個究竟。不過，她還是強忍著，直到兒子放學回家。在母親的詢問下，孩子坦然承認，由於同學的的引誘，自己抽菸已有一年。陳太太痛心不已，夫婦兩人日夜勤勞務實，就希望兒子將來成器，萬萬沒想到他居然在進入國中未滿一年，就抽起菸來。她越想越傷心，好不容易挨到晚上丈夫回來，把真象告訴他。她自己實在無法忍受，不得不立即服下兩顆平常準備好的鎮靜藥，才能躺下來休息。當司機的陳先生聽完太太的訴說，心中至為憤怒，只好搬來一箱啤酒到電視機前，邊看電視邊嘆息，啤酒一瓶接一瓶地開，一口氣喝下一打啤酒，終於在沙發上醉倒。』不知你看了有何感想？想想看，陳家究竟那些人在使用藥物？是否有人在濫用藥物？

參考文獻

中文：

（民82）。《行政院衛生署編印防制安非他命濫用宣導教育手冊》。

（民82）。《行政院衛生署編印防制大麻濫用宣導教育手冊》。

（民82）。《行政院衛生署編印防制古柯鹼濫用宣導教育手冊》。

（民82）。《行政院衛生署編印防制麻非海洛因濫用宣導教育手冊》。

劉俊昌（1989）。《健康教材教法》。

英文：

Bender / Sorochan（1989）. Teaching Elementary Health Science.

Green and Kruter（1991）. Health Promotion Planning，Mayfield.

11

安全與急救

第一節　安全教育的意義與重要性

　　由於科技文明的進步，在食、衣、住、行、育、樂各方面的設備及發明日益繁多；民眾在享受科學文明帶來的福址之同時，也面臨其所帶來的嚴重威脅。例如：汽機車、輪船、飛機等交通工具，快速又舒適，然其出事的報導不絕於耳；電器及瓦斯的使用，既方便又經濟，但若使用不當，則將危及我們的生命財產。

　　我國臺灣地區近二、三十年來，由於醫藥及公共衛生的進步，國民營養品質的提昇，已使得許多疾病絕跡或受到良好的控制，死亡率已顯著降低，國民平均餘命逐年延長；然而意外事故的發生，非但沒有降低，反而有逐年上升的趨勢。意外事故是幼兒及青少年期（1～14歲）的首要死亡原因，它也是成年人的主要死因之一。自民國五十九年以來一直高居臺灣地區十大死亡原因之第三位，僅次於腦血管病變和惡性腫瘤，成為嚴重威脅生命財產安全之「文明病」。因意外事故而死亡的，大多為青壯年的生產人口或早夭的青少年，對社會、經濟影響至鉅。

　　儘管意外事故對人類社會已形成嚴重的威脅，然而所有的意外事故，只要能妥善處理，大多可藉人為的力量加以防範或消除。換句話說，意外災害的處理可從兩方面來著手：①是事先的防患，也就是安全教育的實施；②是事後的補救，也就是急救的進行。「預防勝於治療」，安全教育的實施，當然比急救來得重

要。故世界各國對安全教育極為重視，已列入國民教育之目標與教學課程，並積極推行。因此，安全教育是研討國民教育與社會需要之重要課題。

一、安全教育之意義

安全教育的意義在於防止意外事故的發生，它是減少因意外事故所造成的身體殘障，或生命危險的基本對策。它是以教育的方法，教導民眾確保生命安全，避免不應有的意外傷殘。因此，安全教育是使我們能憑著自己的智慧、知識、經驗，對所處的環境作正確的判斷，隨時提高警覺與預防，以保障生命財產的安全，享受幸福美滿的生活。

安全教育亦可解釋為「教育兒童與青年，使之了解有關身體傷害及意外事故發生的原因，並知如何控制或避免此等災害的必要步驟，藉使兒童與青年培養正確的安全態度，獲得安全的知識與技能，在現代世界過一種安全的生活」。

二、安全教育之重要性

安全教育的範圍很廣，幾乎涵蓋所有的生活情境，一九六一年世界衛生日的主題，即訂為「意外事故，不必發生」（Accidents need not happen）。一九七五年，世界衛生組織又建議推動類似防疫的「防止車禍運動」，並說明「我們不該把每年有

二十五萬以上人死於車禍，當作無法避免的。」「假如我們用像防止第一死因的決心，來防止車禍，那麼它可能像瘟疫或麻疹一樣的被控制住。」

　　我國正在加速發展工業，談「意外事故，不必發生」這個課題正是時候。因爲工業發展，使得人口集中，車輛增加，道路擁擠，國民所得提高，一般家庭添置更多的電器用品。凡此種種，均足以增加意外事故的發生率，造成人命傷亡與財產損失。例如，就經濟觀點而言，從每年臺灣地區發生的意外事故的統計數字，尤其是交通事故之件數與傷亡人數，所造成的財產損失；以及從健康觀點而言，意外事故高居世界大多數國家十大死因之第三、四位的事實，不難瞭解安全敎育的重要性。

三、意外事故發生之原因

　　當今社會意外事故頻傳，所造成的傷亡案件層出不窮。所謂「預防勝於治療」，要預防意外事故的發生，必先了解其發生原因。因此，在實施安全敎育之前，必須針對這些足以產生意外的原因詳加探討。通常意外災害發生的原因有下列數種：

㈠知識的不足

　　科學技術發展的速度，往往超乎一般民眾的想像之外。民眾若要生活得既安全又舒適，則必須獲得足夠的知識，以適應科技快速發展的生活環境。然而，安全知識並不如想像的那麼普及，民眾常因知識的不足，而降低應有的安全能力。例如，民眾若不

設法先了解電器設備的使用方法，而冒然使用，常易發生意外。

(二)不當的態度

　　粗心大意，不負責任以及自私的行為，乃是常見造成意外事故的主因。冒險、投機以及認為安全是別人的責任等態度，也是安全生活的障礙。這些不當的態度，常使民眾駕車超速，警察不在時闖紅燈，將沾了油漬的破布堆在閣樓或樓梯的角落，甚至在床上吸菸。

(三)不良的習慣

　　習慣會受到知識和態度的影響。冒險、投機的態度有時會表現在拖延的習慣上。例如，有些駕駛人明知煞車不靈，不立刻予以修理，或瓦斯使用後不立刻關緊開關，因而引起中毒或火災事件等。

(四)不安全的行為

　　人類生活在今日富於變化又複雜的環境中，若我們對適應這種環境而採取的安全生活方式，和過去一樣的話，那麼這種大意的行為，正是造成意外事故潛在的因素。由於人類生活領域的擴大，意外事故已不再是「偶爾」發生，而是未受訓練的行為後果。事實上，導致意外事故之潛在因素，有些深藏於人類的性格內，因此，必須著重於人類行為的改變。各項交通規則及其他機械的安全操作方法的訂定，或許不無幫助，但在意外事故的預防與管制上，最主要的因素仍在於「人」。

㈤不良的身心狀況

　　有些身心因素，如視力不良、反應時間不當、肌肉疲乏無力、衰老、酗酒或情緒過度緊張，也會使人無法安全的完成在平時所能勝任的任務，而引發事故傷害。此外，情緒、壓力及酗酒也會影響民眾的態度。在酒精的影響或極度憤怒的情況下，會使一個人忽略所有的安全規則。例如：有些民眾可能會將怒氣轉移或發洩在瘋狂的飆車上。

㈥不熟練的技術

　　由於技術不熟練而發生的意外事故也不少，尤其是兒童最為常見。例如溺水往往是由於沒有游泳經驗、不諳水性、或高估了自己的能力所致。又如工廠所發生的意外事故，往往也是因工作人員對機器的操作技術不熟練而引起的。

 第二節　**安全教育的心理學基礎**

　　人類的行為是決定意外事故的頻率與嚴重性的重要因素，因為大部份的意外事故是由於不安全的行為所引起的。因此，培養安全的行為，改變不安全的行為，可減少意外事故的發生，並減輕意外事故所造成的損失。

　　在實施預防意外事故計畫之前，必先評估民眾對習俗、環

境、事物變遷，以及人際互動的反應，如此才能有助於計畫的成功。因爲人類的行爲會影響在安全方面的教育、實施，以及工程的設計。例如：道路工程師在建造一條新道路時，即應考慮到各種身心狀態，如疲倦、道路周圍的情境和行車所造成的單調感覺；家庭主婦所使用的器具和傢俱的設計，均需將其危險性減至最低。

　　預防意外事故的安全教育，基於下列兩個觀點將涉及心理因素。①安全教育課程的設計是發展被期望的行爲模式，或改變不被期望的行爲模式。②所有的教育均直接涉及人類的行爲模式。基本上，教育是應用許多社會心理學的原理。因此，本節將討論安全教育的心理學基礎。

一、態度的培養和改變

　　在設計所有預防意外事故的課程時，必須考慮到人類行爲，而爲了了解人類行爲，則必須先徹底研究控制行爲的所有因素。與預防意外事故有關的人類行爲，是依據一個人對每種狀況所持有的態度與價值觀而定的。因爲每種狀況中，都會出現安全或不安全行爲，人們自然的培養出引導和決定行爲反應的態度，態度一旦被建立，將來的行動即依照此態度來決定，亦即由態度來組成行動，例如：一個已具有水上活動安全態度的人，則會安全的操作划槳動作，並避免游泳時所產生的危險狀況。態度是無法看到的，但他們確實存在，且可由人們的行爲觀察出來，亦即人類的行爲和態度之間的關係，是一種正相關，因此，要培養安全的

行為，研究和了解態度的建立與改變是重要的。

㈠態度的定義

　　態度是個人對一特定對象所持有的正、負趨向，或可解釋為個人對某一特定社會對象所產生的一種持續性正、負向評價、情感表現、及贊同或反對的行動傾向。當安全被定義成人類行為的機能時，透過培養和改變成有利的態度來控制行為是最重要的。當一個人培養出渴望安全的態度時，則將可避免或減少可能發生的意外事故。例如：在交通燈號的指示及險峻地形的情況下，駕駛者應減速慢行，或選擇安全道路繞過危險地帶，或耐心的等到路況安全後才通行。安全駕駛態度將控制其駕駛行為，因為態度能幫助駕駛者決定是否等到路況安全才通行。

㈡態度的培養

　　態度是介於刺激和反應之間的一種中介因素。態度的反應結果可能是一具體行動，或是意見、信念、情緒的表達。圖11－1列出態度的三個成分：情緒（Affect）、認知（Cognition）、行動傾向（Action tendency）。雖然情感和信念能有效的發展態度，但卻不是行動的反應，亦非引起意外事故的部分行為模式。而所謂的「行動傾向」確是直接的影響個體的行動表現，有助於避免意外事故的發生。

　　一般安全態度或其他社會態度的培養，均從小時候開始。我們可以從兒童玩玩具車和騎迷你腳踏車的行為，看出其駕駛行為。早在教導小學生過馬路、騎腳踏車及在家周圍玩耍的同時，就已開始發展其對於安全的態度。這早期的態度模式，有助於日

後安全態度的建立，因此，小學特別應加強安全態度的培養課程，及如何避免意外事故。

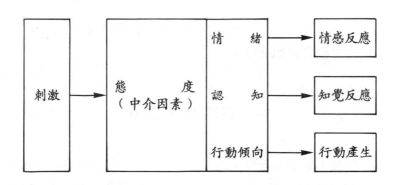

■圖 11-1　態度的三個成分■

(三)態度的改變

由於態度是一種正負反應的持續傾向，因此，很難改變。同時態度又包括人們的情感特質。譬如：某個人他會贊同為了維持交通秩序和預防意外事故，他認為交通規則是有存在的必要，同時他也認為許多交通規則應該廢除，或只適用於老年人和開車較慢的駕駛者。而他自己認為自己是個駕駛專家，可以完全控制車子和駕駛情況。當他故意違規時，他相信他已完全控制駕駛情況，但他的行動嚴重的威脅了他自己和別人的生命。由此可見，此人的信念、是非的判斷，對其自身的評價，應為人所詬病。而這些因素正是他的情感構造的一部分，因此要改變他的行為模式，必先改變他個人的信念，是非的判斷和自我評價。

改變態度的過程是一個持續不斷的過程，伴隨著個體的成長

與新態度的形成。隨著社會不斷的進步，新的態度不斷的形成和被採用，而已建立的舊有態度就跟著被修改或廢除。要改變不為社會所接受的不良態度，是一項非常困難且深具挑戰性的工作，同時態度持續愈久愈難改變，因此，安全教育課程應儘早推行，最好從幼兒教育開始推行。

二、習慣和價值觀

在討論人類安全行為，除了態度以外，尚有習慣和價值觀這兩個因素在支配個體的行為。習慣是個體對某些刺激的自動反應，如看到交通號誌亮紅燈時，隨及踩煞車器的反應動作。而價值觀是指個體對於社會各種事物情境，所持有的信念（beliefs）和意見（opinions）。

㈠習慣

民眾的許多例行性行為往往會形成不須思考的機械式反應，例如：穿衣、與鄰居打招呼的方式、用餐方式、駕駛技術等，這些機械式反應就是所謂的「習慣」。早期安全行為的實習，能奠定日後安全行為的基礎，且形成習慣性的動作；相反的，不安全行為的練習也會變成一種習慣，反覆出現在日常生活中，而易引起意外事故。

習慣和態度的不同在於行為控制的層次和控制的過程不同。習慣是藉由直接而重覆的經驗所形成的，例如：汽車行進間換檔動作，往往是不經思考，經常重覆的動作，最後變成一種操作換

檔的習慣，態度不是行動，而只是行動的一種準備狀態，包含了意識的思想（Conscious thought），且其終結行動（the resultig action）會根據刺激的性質和狀態而有所變更。

(二)價值觀

　　價值觀是個體一生所建立的持續性準則。與習慣和態度比較，價值觀居於控制行為的最高層次，即它包含了習慣或態度。當利益發生衝突時，個體為了保有較優勢的價值，而會征服已經建立的態度和習慣。價值觀是個體不斷成長的結果，要等到個體成熟時才會定型。

　　論及安全這個主題時，強調個體對其家庭、朋友和國家的價值是很重要的。一個人基於保護其家人和朋友的價值觀，會關心到他們的安全，例如：一個母親會冒著自己的生命危險去援救其受難的家人；另外，已婚者發生交通事故或違規事件的機率，遠少於未婚者。這些都說明保護家庭的責任心已成為個體價值觀的一部份。因此，在討論到安全行為的培養時，一定要考慮到個體的價值結構。

三、情緒與人類行為

　　喜、怒、哀、樂和其他情緒，對於意外事故的發生，扮演著重要的角色。被情緒支配或影響的行為，往往是不按牌理出牌的，且無法預測的。這也說明了平常遵守交通規則的人，為何在某些情況下，會出現違規、不安全的魯莽駕駛行為。譬如：一個

人和他的太太發生嚴重的爭執，或被上司責備受委曲時，他可能會表現的很反常，尤其表現在其駕駛行為上，如超車、闖紅燈、開快車等違規行為。

一些醫院的意外事件統計顯示，大多數的意外事故患者在他們發生意外之前，均曾受憤怒、挫折、絕望或其他情緒的影響。而一般交通違規者的情緒也較不穩定、不順從及不客觀。

第三節　運動安全與運動傷害

運動安全旨在探討運動傷害之原因，提供運動安全知識，建立運動安全措施，預防並治療運動所引起之各種傷害，藉以增進運動興趣。近年來政府大力提倡體育，推廣運動，從各級學校到各鄉、鎮、市、區，展開全民運動，在質與量的方面，均有長足快速的進步。民眾皆了解從事運動是達到健康的有效方法之一，然而部分運動具有危險性，偶一疏忽，或運動方法不當、場地設施不良或疏於管理，均易造成運動傷害。因此，在提倡全民運動的同時，如何做好運動安全，減少運動傷害，實為當務之急。

一、運動安全的目標

運動安全的目標在於提倡體育運動，並防止運動傷害，故其

在提升運動興趣，增加運動人口，提高運動水準、充實民眾的社會生活，並研究改善各種運動傷害之預防及治療措施。理想的運動安全措施，就是要能夠避免運動傷害，或將其降至最低限度，尤其是運動場所、設備、器材等的安全。我國近年來運動風氣盛行，關於運動傷害之發生時有所聞，遂有部份人士主張減少或禁止運動，以維護安全，實是一種錯誤觀念。唯有從運動安全教育方面著手，才是根本解決之道。因此，運動安全應強調防止並減少運動傷害的發生，尤其對於危險性較大的運動項目，更應特別加強保護及管理措施，使民眾能快快樂樂的運動，健健康康的生活。

二、運動安全的需要

　　隨著醫藥衛生技術的進步，人類之平均餘命亦愈來愈長，加上經濟不斷的發展，民眾飲食趨於多元化，「營養不足」已漸成歷史名詞，起而代之的是「運動不足」。現代人在社會高度的競爭壓力下，幾乎都是缺乏運動，營養過剩或體脂肪堆積過多，這也是許多慢性疾病發生的根源。因此，部分學者遂倡導「多運動，有益健康」，愈是繁榮進步的國家，愈需要提倡國民運動和休閒活動。

　　適度的運動，對幼兒及兒童可促進良好的生長發育，對少年及青少年可滿足其身心發展變化的需要；對成年及中年可調劑緊張繁忙工作的情趣；對體弱和老年可娛樂身心及維護健康。因此，做為一個現代人，為了使自己更健康，將越來越需要運動，

運動事業愈益蓬勃發展，運動安全的需要也就愈迫切。

三、運動安全教育的實施

體育運動是教育的一部分，教師不僅應注意知識的傳授，亦應重視學生的健康情形。在今日推展全民運動的計畫中，除了響應政府措施及加強學校運動之課程外，更應避免意外事故的發生。有關運動安全教育的實施大致有下列幾點：

(一)建立正確觀念

運動者由於興趣，或為了要達到某一成果，常達「忘我」之境界，故傷害的現象是難免的。但不可因噎廢食，運動雖有受傷的危險，運動亦會有更多的助益，不可因怕受傷而拒絕運動，只要注意安全，當有益身心健康。

(二)注意事前預防

事前的預防能減少傷害的發生率，為了做好預防措施，應針對造成運動傷害的原因，加以考慮，做好生理、心理以及場地、器材、設備等方面的安全措施。

(三)加強師資培育

師資的培育為教育之一大重點，在課程方面，宜加強「運動傷害處理與預防」或「運動安全」等相關課程，諸如急救技術、矯正與復健、生理與衛生、健康教育、護理等課程。在修習該類

課程的同時，為使知行合一，應注重運動傷害與急救實習。

㈣定期舉辦專題座談會或研討會

目前各大醫院均設復健科或運動傷害醫療中心，並指定專人負責，必要時可約請該部門之醫師或專家學者主持座談會或研討會。並加強在職進修及研究等。

㈤調查並統計各校運動傷害資料

調查各校運動傷害資料包括運動傷害的種類、原因、發生地點、時間、性別、年級、活動性質等，以了解學生所遭遇的運動傷害及意外事件，探究各項原因，並檢討改進措施。

㈥強化各級學校體育運動組或體育室的功能

目前各級學校設有體育室、體育運動組或體育衛生組，並有主任或組長，教育行政單位亦明訂該組之職掌，學校當局應遴選穩健而富經驗之教師擔任，使其了解運動安全之重要性及措施，以確實執行。

四、運動傷害的定義與分類

㈠運動傷害的定義

所謂「運動傷害」，廣義來說，凡是和運動有關所發生的一切傷害都可列入運動傷害的範圍。例如：籃球運動員常見的踝關

節外側韌帶扭傷，長跑選手腳底起水泡，短跑運動員的大腿後肌拉傷等等。另外，一些特殊傷害如網球肘、少棒肘、投手肩、跑者膝痛等，亦皆是職業選手常見的運動傷害。

㈡運動傷害的分類

運動傷害的分類方法很多，若依照受傷或症狀出現的病史來區分時，可分爲急性傷害和慢性傷害兩大類（賴金鑫，民82）。

所謂「急性傷害」是指由於一次內發性或外來性暴力所造成的組織破壞，受傷者往往記得是在某次練習或比賽中所發生的。如：滑雪摔倒所造成的小腿骨折或踝關節扭傷，拳擊選手的大拇指發生骨折，短跑或跨欄所發生的大腿後肌拉傷等，都是典型的急性運動傷害。

所謂「慢性傷害」是指累積多次微小傷害所產生的結果，受傷者往往無法肯定在何時何地所發生的，但最後總會因症狀嚴重到影響其運動能力而被發現。如：慢跑者的跟腱炎、長跑選手的脛骨疲勞性骨折、網球選手的網球肘等，都是常見的慢性傷害，也可稱爲「過勞性傷害」或「使用過度性傷害」。

某些急性傷害如處理不當，或尙未痊癒又再度受傷，不但使原有的傷害不易完全復原，而且容易惡化或產生長期的後遺症，如踝關節的外側韌帶扭傷或肩關節脫臼，很容易造成「反覆再發性扭傷」或「習慣性脫臼」。

五、運動傷害的原因

運動傷害的受害者可能是運動選手、學生或一般民眾，但受傷者大多數都不知如何保護自己以預防傷害，也不知如何正確處理急性運動傷害，因此輕度的受傷可能根本不會找醫師診治，而較嚴重的運動傷害往往先找國術師或中醫推拿、上膏藥，等到長期不癒時才會想到給合格的西醫看看，這可能導致延誤病情。

所謂「事出必有因」，凡事皆其來有自，有關運動傷害的原因分析，運動醫學專家常將受傷的原因分為下列幾項來討論（賴金鑫，民82）：

㈠有意或無意的犯規

身體接觸性的運動項目（如：籃球、足球、美式足球、拳擊、角力等），常因對方故意或無心的犯規而造成急性運動。

㈡補助運動或熱身運動不足

肌肉僵硬時不但肌力減退，而且容易發生肌肉痙攣或拉傷的現象。因此，在劇烈運動之前，宜有充足的熱身運動。

㈢運動過度（練習過多）

排球、籃球及跳高等運動員，因集訓時間過長，或運動過度，常容易發生過勞性的傷害。

㈣技巧錯誤

例如以錯誤的姿勢來投擲標槍時，容易發生肘關節的內側韌帶受傷。

㈤身心狀況不佳或疲勞

需高速進行的運動項目或技巧性較高的運動項目，身心狀況不良時，就容易出事受傷。

㈥過分緊張或恐懼感

過度緊張常易引起肌肉協調不良，容易發生內因性的肌肉或肌腱拉傷。

㈦自信心過強或責任感太重

自信心太強的人往往高估自己的能力，容易作出超過體能極限的動作而受傷。

㈧運動場地、器材及設備不佳

例如網球拍握柄太小、球場凹凸不平、跳遠所使用的沙坑太硬、場地下雨泥濘溼滑等。

㈨不可抗拒的意外事件

如賽車所發生的意外碰撞。

以娛樂健身為主的一般民眾及學校上體育課的學生，其受傷

的原因大多是因為技巧不夠熟練、練習不足、補助運動或熱身運動不足、過分緊張而引起肌肉協調不良、自信心過強或責任感太重等。業餘運動員大多是訓練不當（練習過度或技巧錯誤）而受傷的居多。職業運動員的受傷，大多是為了獲勝以賺取更多的獎金，而運動過度，或有意、無意的犯規常是運動傷害的主要原因，如足球、籃球、美式足球、拳擊等危險性高的接觸性運動。

六、運動傷害之處理原則

㈠緊急處理

依RICE原則進行。

1.休息（Rest）
受傷時立刻停止運動，並選擇適當地點休息，對患部可用繃帶或夾板固定，以防止造成更嚴重的傷害。

2.冰敷（Ice）
冰敷可促使患部血管收縮，減少傷處出血、腫脹的程度，並可減輕疼痛及肌肉攣縮。其方法之一是將碎冰塊放在塑膠袋中封好，再用濕毛巾包住，敷於患部，每次冰敷二十分鐘，休息約十分鐘。

3.包紮壓迫（Compression）
使用彈性繃帶，從末端至近端包紮，以減少患部出血。通常包紮二小時，休息約半小時。然後再將患部抬高，再包紮，直到紅、腫、熱、痛的症狀消失。

4.抬高患部（Elevation）

使患部高於心臟位置，以減少腫脹、促進靜脈血液回流。

5.必要時送醫就診

受傷時若有紅、腫、瘀血或內出血時，切勿進行按摩、搓揉患部，亦不進行熱敷，以免組織滲出液或出血量增加，而使紅、腫、熱、痛加劇，反而延遲修補康復的時間。紅、腫、熱、痛一般約二十四到七十二小時才會消失。

(二)復健期的治療

運動傷害應經醫師視嚴重情況，可安排接受下列各項治療：

1.熱療

熱療的主要目的在於促進局部血液循環和新陳代謝，以加速傷處的修復。淺部熱療可用熱敷、泡熱水及紅外線照射，深部熱療則為超音波、短波、微波等處理。

2.冷熱水交替療法

先將患部浸在攝氏38～40度的熱水中，在不痛範圍內活動四至六分鐘，再立刻改浸攝氏10～16度的冷水中一至二分鐘，然後又回到熱水中活動。如此冷熱交替進行五次（約需時三十分鐘），最後一次須浸在熱水中，完畢後將患部抬高約五分鐘，然後使用彈性繃帶包紮。

3.按摩

在熱療或冷熱水交替療法進行中，可實施局部按摩，以加速患部血液循環及促進新陳代謝。

4.運動貼紮和護具使用

受傷部位要活動時先用特殊方式進行貼紮保護，亦可使用護

腕、護膝等護具，以免再度受傷。

5.**復健運動**

復健運動主要在維持關節活動度和肌力，強化受傷組織，包括關節運動、肌力加強運動、增加柔軟度運動及特殊技巧訓練等。

第四節　防火安全與逃生

一場火災可能在一夕之間燒掉數十棟店鋪，使一個億萬富翁，變成一文不名；使一個身心健康的人，成為終生殘疾；亦可能使一個幸福的家庭支離破碎。大部分的人都知道火災的可怕，但因人們存有「僥幸的心理」，認為火災不會發生在自己的身上而疏於預防。近年來，臺灣地區接二連三的發生多次重大的火災，如臺中市衛爾康西餐廳大火、高雄市大統百貨公司火災等等，造成重大的人命傷亡及難以計數的財產損失。究其原因，大多是由於民眾的渺視公共安全違規營業，以及缺乏正確的防火與逃生的知識與觀念所造成的。

事實上，這些意外災害是可以預防的，只要平時做好防火計畫，熟悉各種逃生的要領，並學會基本滅火技巧之後，不但可以確保自身及家人的安全外，更可以協助他人搶救火災。防火安全必需從自身做起，並建立正確的防火逃生觀念，才能徹底解決日益嚴重的火災問題。

一、家庭防火

(一)防火基本常識與設施

1. 每個家庭都應備有滅火設備，如購置滅火器。
2. 家中應準備逃生工具，如避難繩索、避難梯、救助袋、緩降機、塑膠袋等。
3. 任何房屋應有正門和後門通防火巷（火警出路），二層以上的建築物，除樓梯外應另設太平梯。火警出路、太平梯、樓梯通道不可堆置物品，安全門不可上鎖。
4. 鐵窗不可封死，應預留逃生柵門，且將鑰匙放置固定處所。
5. 電線應盡量裝置於配管內，勿壓擠，附近勿堆放易燃物品。
6. 電熱器及蚊香應放置於安全場所。
7. 電器插頭要插牢，用電勿超過電線負荷量。電線走火時，應先切斷電源。
8. 定期檢查屋內配線，屋內外電線如有破損，應通知專業人員處理。
9. 魚缸馬達及錄影帶倒帶器等，會因運轉過熱而發生火災，使用時應特別注意。
10. 打火機、火柴等物品，應存放安全處，並嚴禁兒童玩火及玩弄爆竹等物品。
11. 睡覺前應檢查瓦斯、關閉電器、熄滅火源，並勿在床上吸菸。

12.菸蒂及火柴殘火應隨手熄滅，勿隨意丟棄。

13.作飯燒菜時，避免離開現場，爐灶殘餘火星應熄滅。

14.燒香、焚紙錢時，避免接近易燃物品。

15.酒精、汽油、煤油、紙屑、柴草等易燃燒物品，勿放置木
屋內或靠近火爐。

(二)初期滅火方法

1.一般物體著火時，可用水灌注熄滅；初起的大火可用棉被或
沙土覆蓋滅火。

2.油脂類著火時，應使用泡沫、乾粉、二氧化碳等滅火器施救
或以沙土掩蓋。

3.電器著火時，應先將電源關閉，再用一般滅火方法滅火。

(三)火災報警

最初發現火警者應速撥「一一九」火警專用電話或向附近警
察或消防機構緊急報警。報警時應清楚地說明火災發生的地點，
同時指出火災附近著名的建築物或明顯的標誌。

(四)逃生要領

1.火勢失控時，應盡速離開火場，切勿慌張遲疑，不可只顧搶
救財物，更勿於逃生後再返回搶救財物。

2.勿驚慌失措，而躲入床底或牆角。

3.逃生時應喚全戶人口離開，尤其是午夜發生火災時，應先叫
醒家人，切勿只顧滅火或自己逃生。

4.屋內煙火迷漫時，以濕毛巾掩口鼻或塑膠袋充氣套頭，採低

姿勢貼地沿牆向門口爬行逃生。

5.必須通過火焰區時，應用水浸濕身體及衣服，或用浸濕的棉被、毛毯掩蓋身體衝出火場。

6.身上衣服著火時，應儘速臥倒、翻滾壓熄火焰。

7.出房門時，先以手測試門板，並檢視門外狀況。若門板非常燙熱，則勿開門，以防灼傷。

8.原則上，應往一樓室外逃生，若受困於煙、火時，可往上至樓頂平臺避難，等待消防人員救援；或逃至鄰棟屋頂，再往下逃生。

9.三樓以上，不可跳樓，亦不可搭乘電梯。

10.樓上逃生，樓梯無法利用時，應向窗外呼救，亦可利用繩索、布條、或被單、窗簾等物結成長條狀，或利用竹竿、附近的樹幹、或沿屋外排水管逃生。

11.在室內待救時，可以衣物塞住門縫，防止濃煙進入。

12.呼救時應站在臨窗口易被人發現處呼救、吹警笛或做其他聲響並揮白布以引人注意。

13.跳樓逃生時，應俟消防隊將救生網架好後，才往下跳。往下跳時，身體宜保持直立狀態。

14.逃生後，勿再進入火場，並主動告知救災單位災因、災情、被困火場人數，同時配合搶救。

二、公共場所防火

㈠營業者

1.平時訂定防火逃生計畫並多加演練

(1)分析建築物可能起火之火源，如用火處所或用電設備——廚房、爐具、機房等。

(2)定期檢查與維護消防安全設施，如滅火器、消防栓等。

(3)防火逃生方式的規劃與設施的維護——依據營業場所最大收容人數，規畫足夠的逃生路線；並繪製緊急疏散圖，懸掛於明顯處所。裝設避難方向指示燈、出口指示燈及緊急照明燈等設備。

(4)防火避難逃生編組訓練：

①消防班：平時負責各種消防安全設備的維護，火災時使用消防安全設備進行搶救。

②通訊班：負責報警及通報聯絡等任務。

③救護班：負責傷患急救與搬運等工作。

④避難指導班：負責指導顧客及員工之避難逃生。

⑤警戒班：協助災區四周警戒，防止宵小趁機偷竊等任務。

2.火災發生時，依據防火逃生計畫，執行下列任務

(1)通報消防隊：通報時保持鎮定，並說明地址、場所名稱、災因、災情及建築物情形。

(2)告知顧客：利用擴音器告知顧客，安撫顧客恐慌心理。並
　　冷靜地引導顧客往安全門、梯或火警通道疏散。初期滅火
　　時宜利用滅火器、消防栓及其他滅火設施，迅速撲滅初期
　　火源。

(3)主動告知消防隊災況，並配合搶救。

(二)顧客

　　平時進入公共場所時，應先注意逃生方向，如安全門、安全
梯、通道位置、及窗外景況等，並應熟記兩個以上的逃生路線。
當火災發生時，態度要保持冷靜、不慌張、有秩序，遵從服務人
員引導，並依避難方向指示燈及出口指示燈之指示，迅速地往安
全門梯方向逃生。

第五節　交通事故的預防

　　根據臺灣地區十大死因之分析統計，可知近年來意外事故所
造成的死亡人數高居第三位。其中交通事故所造成的死亡數卻佔
意外死亡的第一位，每年因車禍肇事所產生的傷亡，所造成的家
庭慘劇、社會成本負擔等，都顯示目前交通事故對人類傷害的嚴
重性。在運輸系統的人、車、路三要素中，影響用路人安全最有
效的因素似乎是直接與道路有關的交通環境設計與工程建設。然
而道路與交通的工程所能達到的效果，只局限在仍有改善空間的

地點。不幸的是，絕大部分交通事故的發生地點卻是隨機的。在交通事故的肇事原因中，人為疏失幾乎佔90％以上，且可分為兩方面：①為不守法、不知法、不懂法；②為不懂得「禮讓」的駕駛行為。因此，加強推行各階層的交通安全教育，藉以影響用路人的認知、態度或行為，乃是預防交通事故的積極有效方法。

一、家庭教育方面

家庭乃是一個人社會化的起源，人類自出生開始所接觸到的第一個小型社會便是家庭。因此交通安全應從家庭做起，因為兒童時期的學習及模仿能力最強，而父母又是兒童學習模倣的主要對象。若此時父母能重視交通安全教育的紮根工作，以言教和身教來影響孩子，使其養成遵守交通安全的守法觀念，那麼在兒童幼小的心靈中會留下深刻的印象，而影響其往後一生的行為規範。然而，我們常常可以在馬路上看到父母為了趕時間，抱著幼小的子女穿馬路、不戴安全帽騎機車載子女上下學、闖紅燈、違規停車、高速公路上行駛路肩……等等。凡此種種行為，均可能讓兒童心生模仿，並且認為那是對的行為。等到成年以後再想以其他教育方式來糾正其行為時，效果便相當有限。因此，要落實交通安全教育，首先宜從家庭教育做起。

二、學校教育方面

學生是國家未來的主人翁，學校除了要善盡保護其安全之責外，更負有教導學生充實交通安全知識、遵守交通安全規則、養成守法守紀的良好習慣之責。

㈠教育與宣導方面

各級學校應成立「交通安全教育委員會」，定期召開會議，隨時檢討改進交通安全教育實施之得失。並利用週會或班會時間加強交通安全宣導。同時舉辦交通安全漫畫、作文、演講、書法等比賽，以增進學生認知。最後可以利用家長會籲請家長配合交通法規，實施協同教導。

㈡查察與導護方面

國中、小學之學生宜按學區里鄰選擇安全通學路線，並由教職員工擔任導護人員。高中、高職學生則可由學校依任務編組，配合糾察隊糾舉學生闖紅燈、穿越馬路、無照騎機車等交通違規行為。

三、社會教育方面

㈠交通執法人員需確實執法，以杜絕民眾僥倖的心理。

㈡汽機車執照的取得需從嚴審核。

㈢交通違規遭取締者，除按法規從嚴處罰外，尚需接受交通安全
　教育訓練或講習。

㈣大眾傳播界需負起教育民眾的責任，教導民眾正確的交通安全
　知識，以達到社會教育的效果。

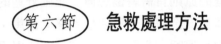

第六節　急救處理方法

一、急救的定義

　　急救是對意外受傷或急症者，在醫師未到達時或送醫前，給
予傷患之臨時緊急救護措施。最主要的目的在於減輕傷患的痛
苦，防止傷勢繼續惡化，減少死亡並使傷患及早獲得處理。

二、急救的任務和次序

　　首先確定傷患和救援者無進一步的生命危險，例如，將傷患
帶離水中、火場、一氧化碳或毒氣瀰漫的場所。接著檢查傷患傷
處，包括傷患有無意識、呼吸、脈搏、瞳孔大小、有無外傷、出

血或骨折等。並立即求援，電話通知救護單位，可打一一九緊急電話，說明災難發生地點、受傷人數、受傷情形、自己的姓名、可聯絡的電話號碼及所需支援事宜，如救護車、消防隊、急救隊等。

急救優先次序為：①維持呼吸道暢通；②重建呼吸功能——呼吸停止時，施予人工呼吸；③重建循環功能——心跳停止時，施予心外按摩。如有嚴重出血者予以止血。

急救應把握的原則首需將傷患置於正確舒適的姿態，防止病情惡化。除非基於安全理由，不要任意移動傷患，不可讓傷患站立或走動。其次是保暖，避免傷患受寒，假如傷患處於寒冷或潮濕的環境中，可用毛毯或其他衣物裹覆。並給予傷患心理支援，安慰傷患，告訴他你將如何幫他做急救，以及急救將對他有何助益，同時隨時觀察傷患病情的變化，並儘速送醫。

三、心肺復甦術

傷患因任何意外傷害，造成呼吸、心跳停止時，應立即實施心肺復甦術（ CPR ），因為腦部缺氧超過四～六分鐘即可能造成腦部的損傷。心肺復甦術就是要幫助傷患呼吸，設法使他的心臟活動起來，以維持大腦所需的氧氣。

在救援尚未到達之前，需給予快速而有效的人工呼吸，必要時合併實施心外按摩，以防止傷患的情況惡化並保住生命。即使在不能確定傷患是否可以救活，也應該施予心肺復甦術，且必需持續到傷患恢復自然呼吸與脈搏，或者有醫師或其他專業人員來

接替處理。

(一)暢通呼吸道

當傷患不省人事時，他的呼吸道可能發生阻塞，造成呼吸困難或無法呼吸。這種現象的可能原因是傷患頭往前傾而壓迫到呼吸道；或是傷患喉部肌肉鬆弛，舌頭後滑而阻塞呼吸道；或是傷患因神經反射失調，使得唾液或嘔吐物流向喉嚨後面而阻塞呼吸道。傷患發生這些情況時，都可能導致死亡，因此，有必要立即暢通呼吸道。

暢通呼吸道的方法有二：①一手放在傷患頸下，另一手按住額頭，使其頭部向後仰。此法能伸展其頭、頸部而暢通呼吸道；②一手放在傷患的下顎往上推，此法能提高舌頭而暢通呼吸道。

暢通呼吸道後，必需先將傷患頭部轉向一側，然後以食指和中指深入口中，清除任何口中異物，例如：嘔吐物、鬆脫的假牙、或食物等。

(二)口對口人工呼吸

口對口人工呼吸法可以幫助傷患呼吸，其進行方式是將急救者肺中呼出的空氣，經由傷患的口或鼻（嬰兒則是口與鼻），吹進傷患的肺中。當急救者嘴巴移開時，傷患會因肺壁的彈性，自動回復原來的大小，而將氣體呼出。口對口人工呼吸的方法如下：

1.先清除傷患口中異物，以暢通呼吸道。

2.施救者張開嘴巴，深吸一口氣，用手指捏緊傷患的鼻子，將

嘴封住傷患的嘴巴。

3.施救者向傷患的口中吹入足夠的氣體。首先快速的吹幾次，然後成人每五秒鐘吹一次，每分鐘約十二次；嬰孩及幼童每三秒吹一次，每分鐘約二十次。

4.吹氣的同時觀察傷患的胸部，直到胸部擴張至最大時，停止吹氣，並把頭抬起、側臉，注意傾聽傷患呼氣的聲音及觀察其胸部的下降情形。

5.如果發現沒有氣體交換的情形，如傷患的胸部沒有上升，則呼吸道可能沒有完全暢通，可能仍有異物阻塞呼吸道。

6.如果發現呼吸道阻塞時，將傷患改為側臥，並用手在傷患背部肩胛之間重擊，以震出異物。若是小孩則將其倒懸在急救者的膝上，面部朝下，用手在其肩胛間重捶幾下即可。

7.再次清除傷患口中異物，進行人工呼吸並重覆吹氣。

㈢心外按摩

如果在進行口對口人工呼吸時，傷患心跳停止，或在急救前心跳即已停止，就必需合併實施心外按摩與人工呼吸。因為如果心跳停止，血液無法循環，帶氧的血液就無法流入大腦。心外按摩的方法如下：

1.使傷患仰臥於堅硬的平板上或地上，急救者跪在傷患心臟位置旁。找出心外按摩的正確位置（胸骨下半部，劍突尖端上方約兩指處）。

2.以一手的手掌根放在正確位置，另一手掌根疊放其上，指尖翹起勿壓在肋骨上。

3.雙臂伸直勿彎曲，垂直向下壓，按壓的深度約四～五公分。

4.重新暢通傷患呼吸道，給予兩次的口對口人工呼吸。

5.持續每十五次心外按摩後接著兩次人工呼吸。

6.只要心跳恢復，即停止心外按摩。繼續做口對口人工呼吸，
直到傷患恢復自然呼吸爲止。

摘　　要

　　我國臺灣地區近二、三十年來，由於醫藥及公共衛生的進步，國民營養品質的提昇，已使得許多疾病絕跡或受到良好的控制，死亡率已顯著降低，國民平均餘命逐年延長；然而意外事故的發生，非但沒有降低，反而有逐年上升的趨勢。意外事故是幼兒及青少年期（一～十四歲）的首要死亡原因，它也是成年人的主要死因，自民國五十九年以來一直高居臺灣地區十大死亡原因之第三位，僅次於腦血管病變和惡性腫瘤，成為嚴重威脅生命財產安全之「文明病」。在各類意外事故中，以交通事故、火災、運動傷害等較為常見。

　　「預防勝於治療」，要預防意外事故的發生，必先瞭解其發生原因。通常意外災害發生的原因有知識的不足、不當的態度、不良的習慣、不安全的行為、不良的身心狀況、及不熟練的技術等。另外，在意外事故發生之後，緊急處理或急救亦扮演重要色角色，其最主要的目的是在於減輕傷患的痛苦，防止傷勢繼續惡化，減少死亡並使傷患及早獲得處理。

　　急救優先次序為：①維持呼吸道暢通；②重建呼吸功能——呼吸停止時，施予人工呼吸；③重建循環功能——心跳停止時，施予心外按摩。如有嚴重出血者應予以止血。

問題討論

1. 分組討論意外事故發生的原因。
2. 分析運動傷害發生的原因。
3. 探討運動傷害的處理方法及就醫過程。
4. 說明家庭防火的基本常識與應具備之防火設施。
5. 分組討論家庭失火時之逃生要領。
6. 交通事故死亡率不斷增加，試就家庭、學校及社會三方面的教育應如何實施，以改善交通事故的發生率。
7. 示範或演練心肺復甦術的處理過程。
8. 分組討論駕車或騎乘機車時，那些是不利於安全的行為。
9. 當發生緊急事件時（如同學在宿舍昏迷等），需緊急處理，請思考緊急處理的程序為何。
10. 分析過去半年來在本校校區內常發生意外事故的種類、地點、原因等，並擬訂改善計畫。

參考文獻

中文：

中華民國交通安全教育協會（民84）。《交通安全教育專論》。

林承平（民75）。《最新急救指南》。逢麒實業有限公司。

屏東縣警察局（民84）。《防火救火逃生要領》。

黃奕清（民79）。安全教育的心理學因素。《德育學報，第五期》，頁15～30。

黃奕清（民85）。運動安全與運動傷害。《屏東縣八十四學年度國小體育科教學觀摩暨研習會手冊》，頁43～49。

黃松元、劉淑媛、張蓓莉（民72）。《實用急救手冊》。中華民國衛生教育學會編印。

賴金鑫（民82）。《運動醫學講座（第一、二輯）》。健康世界雜誌社。

英文：

Millstein, S. G., Petersen, A. C., Nightingale, *E. O.*：*Promoting the Health of Adolescents*. New York： Oxford University Press, Inc., 1993.

一般教育 10

健康生活：健康教學的內涵

作　　　者：鄭雪霏、劉俊昌、黃雅文、黃奕清
責 任 編 輯：郭淑涓
總 編 輯：林敬堯
發 行 人：邱維城
出 版 者：心理出版社股份有限公司
社　　　址：台北市和平東路一段 180 號 7 樓
總　　　機：(02) 2367-1490
傳　　　真：(02) 2367-1457
郵　　　撥：19293172
　E-mail　：psychoco@ms15.hinet.net
網　　　址：www.psy.com.tw
駐 美 代 表：Lisa Wu
　Tel　：973 546-5845　　Fax：973 546-7651
登 記 證：局版北市業字第 1372 號
印 刷 者：翔勝印刷有限公司
初版一刷：1996 年 10 月
初版六刷：2004 年 2 月

定價：新台幣 450 元
ISBN 957-702-197-2

國家圖書館出版品預行編目資料

健康生活：健康教學的內涵 / 鄭雪霏等編著.
－ 初版.－ 臺北市：心理，1996(民 85)
　　面 ；　 公分. -- (一般教育系列 ; 36)
含參考書目
ISBN 957-702-197-2(平裝)

1.　健康教育

527.79　　　　　　　　　　　　　　85011641

讀者意見回函卡

No. _____　　　　　　　　　　填寫日期：　年　月　日

感謝您購買本公司出版品。為提升我們的服務品質，請惠填以下資料寄回本社【或傳真(02)2367-1457】提供我們出書、修訂及辦活動之參考。您將不定期收到本公司最新出版及活動訊息。謝謝您！

姓名：_____　性別：1□男　2□女

職業：1□教師 2□學生 3□上班族 4□家庭主婦 5□自由業 6□其他____

學歷：1□博士 2□碩士 3□大學 4□專科 5□高中 6□國中 7□國中以下

服務單位：_____　部門：_____　職稱：_____

服務地址：_____　電話：_____　傳真：_____

住家地址：_____　電話：_____　傳真：_____

電子郵件地址：_____

書名：_____

一、您認為本書的優點：（可複選）

　❶□內容 ❷□文筆 ❸□校對 ❹□編排 ❺□封面 ❻□其他____

二、您認為本書需再加強的地方：（可複選）

　❶□內容 ❷□文筆 ❸□校對 ❹□編排 ❺□封面 ❻□其他____

三、您購買本書的消息來源：（請單選）

　❶□本公司 ❷□逛書局⇨_____書局 ❸□老師或親友介紹

　❹□書展⇨____書展 ❺□心理心雜誌 ❻□書評 ❼其他_____

四、您希望我們舉辦何種活動：（可複選）

　❶□作者演講 ❷□研習會 ❸□研討會 ❹□書展 ❺□其他____

五、您購買本書的原因：（可複選）

　❶□對主題感興趣 ❷□上課教材⇨課程名稱_____

　❸□舉辦活動 ❹□其他_____　　　　　（請翻頁繼續）

廣　告　回　信
台灣北區郵政管理局登記證
北 台 字 第 8133 號
（免貼郵票）

 心理出版社 股份有限公司

台北市 106 和平東路一段 180 號 7 樓

TEL: (02) 2367-1490
FAX: (02) 2367-1457
EMAIL:psychoco@ms15.hinet.net

沿線對折訂好後寄回

六、您希望我們多出版何種類型的書籍

❶□心理 **❷**□輔導 **❸**□教育 **❹**□社工 **❺**□測驗 **❻**□其他

七、如果您是老師，是否有撰寫教科書的計劃：□有□無

書名／課程： _____

八、您教授／修習的課程：

上學期： _____

下學期： _____

進修班： _____

暑　假： _____

寒　假： _____

學分班： _____

九、您的其他意見

謝謝您的指教！   41010